国际货物运输保险实务

GUOJI HUOWU YUNSHU
BAOXIAN SHIWU

主　编　王锦霞

副主编　谭志强　任靖沙

主　审　王健康

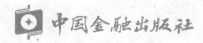
中国金融出版社

责任编辑：张　超　滕耀雄
责任校对：张志文
责任印制：陈晓川

图书在版编目（CIP）数据

国际货物运输保险实务（Guoji Huowu Yunshu Baoxian Shiwu）／王锦霞主编．—北京：中国金融出版社，2012.11
金融保险丛书·高等院校实务教程
ISBN 978 - 7 - 5049 - 6542 - 4

Ⅰ．①国…　Ⅱ．①王…　Ⅲ．①国际运输—货物运输—交通运输保险—高等学校—教材　Ⅳ．①F840.63

中国版本图书馆 CIP 数据核字（2012）第 193759 号

出版
发行　**中国金融出版社**
社址　北京市丰台区益泽路 2 号
市场开发部　（010）63266347，63805472，63439533（传真）
网 上 书 店　http://www.chinafph.com
　　　　　　（010）63286832，63365686（传真）
读者服务部　（010）66070833，62568380
邮编　100071
经销　新华书店
印刷　保利达印务有限公司
尺寸　185 毫米 ×260 毫米
印张　15.5
字数　340 千
版次　2012 年 11 月第 1 版
印次　2012 年 11 月第 1 次印刷
定价　29.00 元
ISBN 978 - 7 - 5049 - 6542 - 4/F. 6102
如出现印装错误本社负责调换　联系电话（010）63263947
编辑部邮箱：jiaocaibu@yahoo.com.cn

总　序

　　教材是教育与培训的基本工具，也是相应领域科研成果的学术积淀与系统反映，任何一个学科领域的成长与发展都离不开教材建设的推动。对于金融保险这样一个急需大力发展的专业领域而言，高质量系列教材的编著工作显得尤其重要。与中国金融保险行业同步互动的金融保险类专业高等院校教材建设，经过多年的发展，已经走过了对国外资料的翻译、介绍、消化和吸收的阶段，开始步入序列化、系统化发展时期，基础理论、应用理论和操作技能层次清晰。为此，全国各高等院校和出版机构都积极探索具有中国特色的金融保险类专业教材建设之路，并已经出现了一批高水平的教材建设成果。

　　有鉴于此，具有近三十年开办金融保险类专业的历史经验和师资、规模优势的保险职业学院（其前身为中国保险管理干部学院），根据教育部关于高等教育"专业课程等依据教学大纲组织自编教材"的精神，结合学院多年教学改革成果，组织编写了这套"金融保险丛书·高等院校实务教程"系列教材。本套教材针对高等院校尤其是高职高专金融保险类专业，以及金融保险系统员工培训的知识结构与素质要求，注意把握金融保险类专业的教学需要，努力做到金融保险理论与我国金融保险行业的具体特征相结合，并以知识性和实用性为基本导向，在重点、扼要、完整论述基本理论知识的同时，增加图、表、典型案例、补充阅读资料等内容的比例，设置课堂讨论题、自测题、实训题和复习思考题，以强化理论与实际的结合、学习知识与开发智力的结合、动脑思考与动手操作的结合，这是本系列教材所具有的鲜明特性。

　　目前，中国的金融保险高等教育教材，特别是高职高专与企业员工培训教材的建设还处于不断完善的进程中。本套教材的出版也只是这一进程中难以计数的群体努力之一，希望能有越来越多的类似成果源源不断地涌现，推动中国金融保险教育与科研工作进入一个新的阶段。

丛书编委会

二○一二年一月

前　言

加入世界贸易组织以来，我国的国际贸易迅猛发展，2009 年成为世界第一大出口国，占全球国际贸易份额的 9.6%。国际贸易已经成为我国国民经济增长的重要推动力量。海洋货物运输具有通过能力大、运量大、运费低、对货物适应能力强等优点，加上全球特有的地理条件，使它成为国际贸易中主要的运输方式。我国进出口货物运输总量的 80%~90% 是通过海洋运输进行的。而在海洋货物运输中，不可避免会面临着自然灾害、意外事故的风险，这就使得通过保险方式转嫁风险，成为国际贸易活动不可或缺的重要一环。保险实务和国际商务等专业的学生，必须学习和掌握国际货物运输保险的相关理论和实务，以适应快速发展的国际贸易与国际保险业务。

国际货物运输保险是保险实务专业和国际商务专业的核心课程。本书共十二章，主要介绍了国际货物运输与国际贸易的基本知识、国际货物运输保险的原则、保险范围、保险条款以及国际货物运输保险业务中的关键环节的实务，如投保单的填写、核保与承保、理赔与索赔等。本教材在编写中注重理论联系实际，既有基本理论支撑，又有相关实务及案例的详细介绍，实用性、操作性强。在介绍基本理论的同时，重点是对海洋货物运输保险实务的介绍，为学生将来从事相关工作和业务能力培养奠定了坚实的基础。本教材编订人性化，为了方便学生学习，帮助学生准确掌握相关知识内容，在每章的开始设有知识点的结构图、学习目标、引导案例等；每章附有思考题，以帮助其巩固相关知识点。

本书由王锦霞主编，谭志强、任靖沙任副主编，王健康主审。全书的编写情况为：第一章、第四章王锦霞，第二章程鹏，第三章贺志勇，第五章、第六章谭志强，第七章张运龙，第八章张运龙、张倩，第九章、第十章任靖沙、谭志强，第十一章任靖沙、张倩，第十二章张运龙、程鹏。赵晔担任本书的资料收集和校对工作。

本书在编写过程中，保险职业学院院长兼党委书记朱甘宁高级经济师、副院长丁孜山教授、院长助理肖举萍教授和教务处处长贺丰教授为本书的编著思路和材料组织提供了宝贵的指导和建议；熊建波在本书的编写和出版过程中给予了大力的支持。为了熟悉海洋货物运输保险实务，本书编写组的成员到中银保险湖南省公司进行了为期一个月的实习，得到了公司领导和相关人员的大力支持和配合，在此一并表示衷心感谢！特别要感谢的是在本书的调研和编写过程中，得到了中国人民财产保险股份有限公司湖南省公司国际业务资深顾问肖志立老同志的热情帮助。

本书既可以作为经济类大学、高职院校国际贸易或保险等相关专业课程的教材，也可以作为保险从业人员的自学参考书。

由于编者水平有限，加之时间仓促，且研究对象变化快，书中错误与疏漏在所难免，敬请各位专家与读者批评指正！

编者
2012 年 5 月

目　录

第一章

国际货物运输概述

【结构图】

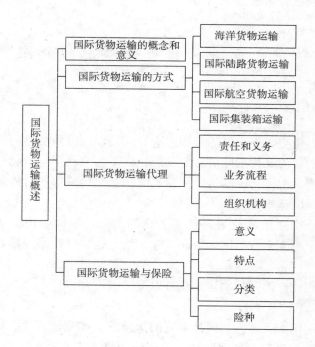

国际货物运输概述
- 国际货物运输的概念和意义
- 国际货物运输的方式
  - 海洋货物运输
  - 国际陆路货物运输
  - 国际航空货物运输
  - 国际集装箱运输
- 国际货物运输代理
  - 责任和义务
  - 业务流程
  - 组织机构
- 国际货物运输与保险
  - 意义
  - 特点
  - 分类
  - 险种

【学习目标】

- 掌握国际货物运输的概念、特点。
- 了解国际贸易中货物运输的重要作用。
- 了解国际贸易中主要的运输方式。
- 了解国际货物运输代理的概念以及委托人与代理人的责任与义务。
- 掌握保险对于国际货物运输的重要意义及国际货物运输保险的特点与种类。

【引导案例】

某货运代理公司接受某货主委托办理出口货物运输事宜。货物抵达目的地前，货运代理接到货主电话要求（后来否认）后，指示外轮代理公司（以下简称外代）凭提单传真件和银行保函放货。外代在通知船公司时忽略了要求银行保函这一重要条件，造成国外收货人提货后不付款，货主损失惨重。货主诉至法院。一审法院认为，见正本提单放货是船公司及其代理的行业惯例和法定义务，无单放货与货运代理的指示没有因果关系。但二审法院认为，货运代理作为原告的代理，擅自指示外代公司、船公司无单放货，而货主的损失与此指示有直接因果关系，所以应赔偿货主的全部损失。

分析：在此案中，货主的指示实际上是不符合船公司见正本提单方可放货的行业惯例的。作为代理人，货运代理应当取得货主的书面授权，使其行为后果归属于货主，以避免承担本不应该承担的责任。

第一节 国际货物运输的概念和意义

一、国际货物运输的性质

国际贸易的发展历史离不开国际货物运输业的发展。国际贸易的发展刺激着运输业的发展，而运输业的发展又为国际贸易的发展提供了可能。国际货物运输是国家或者地区之间的运输。从广义上说，国际货物运输是泛指交通运输部门、外贸部门或者其他货主和货运代理人办理的运输业务。

国际货物运输在交通运输业中占重要的比例，而且是由多种专业运输组成的。例如，我国国际海运中绝大多数是国际贸易运输，航空运输、铁路运输在国际贸易运输中的比例也不小。

与国内运输业相比，国际货物运输具有以下特点：

（一）运输环节多，路途长

由于国际货物运输涉及国内、国外不同的运输地点和运输环境，因此，一般运输距离长（例如，从我国内港口到西北欧港口，运输距离达 1.8 万千米以上），而且中间环节多，甚至需要多种运输方式的组合，要涉及许多部门的工作，其中任何一个环节发生问题，都要影响整个运输过程。这就要求从业者在工作中必须认真、细致地进行组织，确保各个环节的顺利衔接。

（二）政策性强

国际货物运输是国际贸易的一个组成部分，在组织货物运输的过程中，需要经常同国外发生直接或间接的广泛的业务联系，这种联系不仅是经济上的，也常常会涉及国际间的政治问题，是一项政策性很强的涉外活动。因此，国际货物运输既是一项经济活动，也是一项重要的外事活动，这就要求我们不仅要用经济观点去办理各项业务，而且要有政策观念，按照我国对外政策的要求从事国际运输业务。

（三）风险较大

由于国际货物运输涉及不同政治制度、不同自然条件的国家和地区，可能受到沿途国家或地区政治、经济、自然动荡变化的影响，会面临着社会动乱、自然灾害、封锁禁运、海盗等意外问题，国际货物运输存在着潜在的危机，风险性很大。

（四）涉及部门多，情况复杂

国际货物运输把国际贸易合同中的货物运出、进入一个国家的关境，整个运输过程会涉及多个部门，包括运输部门（如轮船、航空、铁路、公路、邮政、港口、车站等）、海关、商品检验检疫机构、银行、保险公司、港务监督、边防检查站、生产和用货部门、国外进出口商、中间商等。各国法律、政策、商业习惯差异较大，国际贸易活动较容易受到政治、经济、自然形势变化的影响，情况十分复杂。

（五）时间性较强

国际市场竞争很激烈，行情常处于波动之中，所以对时令商品、鲜活商品来说，时间就是金钱，运输方必须严格遵守合同，按时完成装运，及时交付货物，否则会因违反合同或者丧失商机而遭受经济损失，也会给企业造成不良影响，从而失去信誉。

因此，必须在国家方针政策的指导下，合理利用和发挥运输业的优势，服从外交、外贸政策，与各部门搞好协调配合，安全、准时、迅速地完成国际货物运输任务。

二、国际货物运输的作用

（一）国际货物运输是国际贸易中不可缺少的重要环节

在国际贸易中，交易双方不可能实现面对面的商品短距离交接，必须通过国际货物运输，经过长距离、多环节的运输才能最终使外贸合同得以实现。而且，国际货物运输也是国际货物买卖合同中的重要组成部分，运输中涉及的起运时间、转船和装卸地点等都是合同中的主要条款。因此，没有国际货物运输的保障作用，就不能实现真正意义上的国际贸易活动。

（二）国际货物运输是交通运输的重要组成部分

交通运输包括客运、货运两大部分，具体又可以分为国内客运、国际客运、国内货运、国际货物运输四个分支。在一个国家的交通运输部门中，国际货物运输一般都占有重要的比例。据我国交通运输部门统计，2010 年我国道路运输货运量为 244.8 亿吨，比 2005 年增长 82.4%；在综合运输体系中占比 75.5%，比 2005 年上升了 3.4 个百分点。货物周转量 43389.7 亿吨公里，为 2005 年的 3.99 倍，在综合运输体系中占 30.6%，其中国际道路运输完成货运量 2963.09 万吨，比 2005 年上涨了 304.5%。

（三）国际货物运输的发展成为交通运输业发展的动力

近年来，我国对外贸易迅速增长，交通运输部门根据国际市场的新形势适时调整了运输工具，采用了先进的运输组织方法，特别是带动了外贸集装箱生成量的大幅上扬。外贸的快速增长以及结构的日趋优化，为集装箱运输需求的持续上升提供了稳定的货源保障。

（四）国际货物运输促进国际贸易的发展

随着越来越多的先进运输工具被投入使用，国际货物运输能力大大提高，时间也大大缩短。科学、严密的国际货物运输体系正在逐渐形成，国际运输业已经能够为国际贸易的顺利实现提供迅速、准时、高质量、低费用的服务，成为联系全球范围的国际贸易中不可缺少的桥梁。

三、国际货物运输的对象

国际货物运输的对象是指国际货物运输部门承运的各种进出口货物。

在实际业务中，货物的形态、用途、性质各不相同，在运输、装卸和仓储保管等方面也有不同的要求，本书从以下几方面分别介绍：

（一）按照货物的形态划分

1. 包装货物。为了保证货物在运输、装卸、仓储中的安全和装卸便利，使用一些材料对货物进行适当的包装叫做包装货物。国际贸易中，不同的货物，其包装形式和材料是有很大差异的，有的已经形成了各自习惯的包装方法，常见的有桶装货、箱装货、袋装货、捆装货等，还有包装成卷状或以编筐、提篮、坛、瓶、罐等形式包装的货物。

2. 散装货物。大批量的低值货物，不包装而采取散装方式，以利于使用运输机械进行大规模运输，把运输费用降到最低的限度，这样的货物叫做散装货物。在国际贸易中，经常需要散装的货物包括干质和液体散装货，如大宗的矿石、煤炭、粮食、木材、石油、化肥等。

3. 裸装货物。裸装货物也叫做无包装货物。有些货物因为不便于包装，且不包装也不影响运输，就不需要用其他材料包装。个别裸装货物只需要在遇到特殊情况时采取防护措施，如在运输钢材、生铁、有色金属等货物时需要防生锈等。

（二）按照货物的性质划分

1. 普通货物。

（1）清洁货物。清洁货物是指清洁、干燥的货物，在运输保管过程中，不能混入杂质或者被玷污、挤压，如粮食、食品、日用工业品、茶叶、纸张、玻璃、陶瓷等。

（2）液体货物。液体货物包括盛装于桶、瓶、罐、坛等容器内的流质或半流质的货物，包括饮料、酒、油、液体化学品等。这些货物在运输中要注意防止容器破损和液体泄漏。

（3）粗劣货物。具有油污、水渍、粉尘及散发异味的货物属于粗劣货物的范畴。如包装外表油渍的桶装油、盐渍货物、烟叶、化学品、颜料、大蒜、水泥等，在运输中极易对其他货物造成污染，应特别注意防止发生渗漏问题。

2. 特殊货物。

（1）危险货物。具有易燃、易爆、有毒、腐蚀、放射性等危险性质的物品称为危险货物，在运输中必须严格按照安全规则予以处置，否则会危及人身、财产安全，也可能污染环境。化学品、放射性金属等均有国际统一的分类规则及运、储安全要求。

危险货物品种很多，危险程度也不同。《国际危险品运输规则》对危险品进行了分类，共分为9种：爆炸品，气体，易燃液体，易燃固体、易自燃物质和遇水放出易燃气体的物质，氧化剂和有机过氧化物，有毒物质和有感染性物质，放射性物质，腐蚀性物质，杂类危险物质和物品。

（2）冷藏货物。冷藏货物是指在常温下容易腐烂变质和其他需要按指定的某种低温条件运输的货物，分为冷冻货物和低温运输货物两种，各种肉类属于前者，蔬菜、水果、某些药品等属于后者。

（3）贵重货物。贵重货物主要是指价值昂贵的货物，包括金、银等贵金属，货币，高价值商品，精密仪器等。

（4）活的动植物。

（三）按照货物的重量和体积划分

1. 大宗货物。大宗货物是指同批货物运量很大，如矿石、煤炭等。目前大宗货物在世界海运总量中所占的比例为75%～80%。

2. 件杂货物。大宗货物之外的称为件杂货物，一般有包装，可分件点数。件杂货物虽然在世界海运总量中只占25%，但其货物价值却占75%。

3. 超长超重物品。超长超重物品指单件货物尺寸超长、超高、超宽和超重的货物，如推土机等。

第二节　国际货物运输的方式

国际货物运输方式主要有海、陆、空以及集装箱、多式联运等多种方式，以下一一介绍：

一、海洋货物运输

海洋运输是在国内和国外港口之间提供一定的航线和航区，利用船舶运送货物和旅客的一种运输方式。海洋运输是伴随着国际贸易的发展而发展起来的国际间的货物运输，国际贸易交易的货物中有近80%以上是通过海洋运输完成的。它具有运费低廉、通过能力大、通航能力强、对货物的适应性强等优点，也有受自然条件限制、风险大、速度较低等缺点。我国进出口货运总量的90%都是利用海洋运输。

海洋运输包括远洋运输和近洋运输，统称为海运。现代海洋运输使用的船舶具有突出的专业化、大型化、高速化的特点，即从20世纪50年代以后，海洋运输船舶发展成为具有油船、液化气船、化学品船舶、集装箱船、滚装船等的一系列专业化船舶；科技进步还使海洋船舶的容量大大增强，海运船舶一次最多可载几十万吨；此外，船舶航行速度也在不断提高，集装箱船舶的航速已超过25节。

目前，世界各个国家和地区形成了四通八达的海洋运输航线，包括太平洋航线、大西洋航线和印度洋航线。世界知名港口有：荷兰的鹿特丹（Rotterdam），美国的纽约（New York）、新奥尔良（New Orleans）和休斯敦（Huston），日本的神户（Kobe）和横滨（Yokohamn），比利时的安特卫普（Antwerp），新加坡的新加坡（Singapore），法国的马赛（Marseilles），英国的伦敦（London）等。我国的主要港口有上海港、大连港、秦皇岛港、天津港、青岛港、黄埔港、湛江港、连云港、烟台港、南通港、宁波港、温州港、北海港、海口港、盐田港等。

二、国际铁路货物运输

铁路运输已经有了多年历史，属于陆路运输。它具有运输的准确性和连续性强、运输速度快、运输量较大、安全可靠、运输成本较低、初期投资大等特点。近年来我国铁路建设，尤其是高速铁路发展迅猛。截至 2010 年，我国铁路运营里程达到 8.6 万公里，跃居世界第二位。到 2020 年，我国铁路营业里程将达到 12 万公里以上，主要繁忙干线实现客货分线。其中，新建高速铁路将达到 1.6 万公里以上。铁路货物运输主要以国际铁路货物联运的方式进行，是仅次于海洋货物运输的重要货运方式，在国际贸易中起着重要作用。

三、国际公路货物运输

公路货物运输是陆路运输的基本方式之一，也是现代运输的主要方式之一。在国际货物运输中，它是一个不可缺少的重要组成部分，具有机动灵活、简捷方便、应急性强、投资少、收效快、适应集装箱货运方式发展等优点，但载量小，运行中震动大，易造成货损事故，费用成本高。

四、国际航空货物运输

国际航空运输以飞机作为运输工具，具有别的运输方式多不具有的速度快，安全准确，手续简便，节省包装、保险、利息、储存费用等优点，但也有运量小、运价高等缺点。第二次世界大战后已经建立了全球性的航空运输网，有近 800 家承运人从事这项业务，从业人员也达到近 400 万人，通过航空运输的货物种类也不断增加。据预测，随着经济全球化的进一步发展，国际航空运输的发展速度会大大加快，航空运输业正成为国际货物运输的重要方式，成为洲际运输的主要工具。

五、国际集装箱运输

集装箱外形像箱子，是一种有一定强度和刚度、能长期反复使用、可以将货物集装成组而专供周转使用并便于机械操作和运输的大型货物容器。集装箱运输就是以集装箱作为运输单位进行货物运输的一种现代化的、先进的运输方式。与传统的件杂货散运方式相比，它具有运输效率高、经济效益好及服务质量优的特点。正因如此，集装箱运输在世界范围内得到了飞速发展，已成为世界各国保证国际贸易的最优运输方式。

（一）集装箱的类型

集装箱根据其装载的设备和形状一般有如下分类：普通集装箱（俗称"干柜"）、冷藏集装箱（俗称"冻柜"，以运载鲜果食品等物）、开顶集装箱、框架集装箱、平板集装箱、通风集装箱、挂衣集装箱、液灌集装箱等（见图 1-1）。

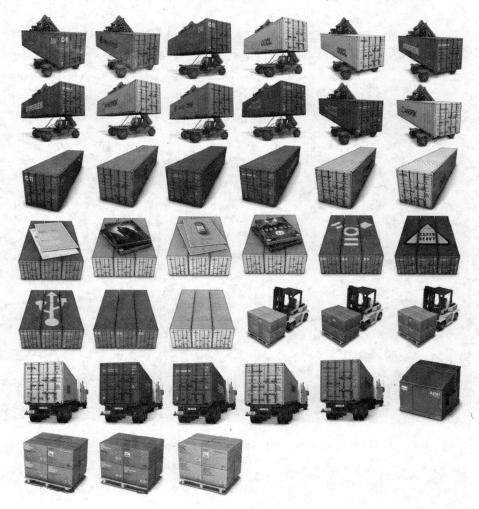

图 1-1　集装箱

集装箱根据其高度可分为普通（8.6 英尺）和超高（9.6 英尺）集装箱两种。

国际海运标准集装箱的长度尺寸有 20 英尺、40 英尺、45 英尺、48 英尺、53 英尺等。其中长度为 48 英尺和 53 英尺的集装箱，主要是用于美国国内货物运输的要求而专门设计制造和使用的。

（二）集装箱生产厂家

国际集装箱运输公司的集装箱来源主要是自有和外租。我国是目前世界上最大的集装箱生产地，其中中国国际海运集装箱（集团）股份有限公司（简称中集集团，公司网址：http://www.cimc.com/）现在是全球最大的集装箱制造商。2011 年上半年中集集团销售集装箱总计 110.83 万箱，这一数据刷新了 2007 下半年中集集团 108.57 万箱的历史半年度最高纪录。其中干货集装箱累计销售量达 97.8 万 TEU（运力），是 2010 年同期的 2.3 倍。其他特种集装箱销售增长也非常可观，冷藏箱、特种箱销量分别为 8.85 万 TEU 和 4.26 万台，分别增长了 168.5% 和 74.3%。

（三）集装箱船（Container Ship）

集装箱船是装载集装箱的专用船舶，是用于集装箱运输的货运船舶（见图 1-2）。

图 1-2　集装箱船

集装箱船可分为全集装箱船和半集装箱船两种。集装箱船的结构和形状跟常规货船有明显不同。它外形狭长，单甲板，上甲板平直，货舱口达船宽的 70%～80%，甲板一般堆放 2～4 层，舱内可堆放 3～9 层集装箱。

集装箱船装卸速度高，停港时间短，大多采用高航速，通常为每小时 20～23 海里。近年来为了节能，一般采用经济航速，每小时 18 海里左右。在沿海短途航行的集装箱船，航速每小时仅 10 海里左右。近年来，美国、英国、日本等国进出口的杂货有 70%～90% 使用集装箱船运输。

第一艘集装箱船是美国于 1957 年用一艘货船改装而成的。它的装卸效率比常规杂货船大 10 倍，停港时间大为缩短，并减少了运货装卸中的货损量。从此，集装箱船得到迅速发展，到 20 世纪 70 年代已成熟定型。

集装箱船完全是一种新型的船。它没有内部甲板，机舱设在船尾，船体其实就是一座庞大的仓库，可达 300 米长，再用垂直导轨分为小舱。当集装箱下舱时，这些集装箱装置起着定位作用；船在海上遇到恶劣天气时，它们又可以牢牢地固定住集装箱。因为集装箱都是金属制成，而且是密封的，里面的货物不会受雨水或海水的侵蚀。集装箱船一般停靠在专用的货运码头，用码头上专门的大型吊车装卸，其效率可达每小时 1000 ~ 2400 吨，比普通杂货船高 30 ~ 70 倍，因此为现代船运业所普遍采用。

现代集装箱船正向着大型化、高速化、多用途方向发展。我国集装箱船研制虽然起步较晚，发展速度却很快。我国建造了许多集装箱船，大力发展集装箱运输，仅是上海港就开辟了 29 条国际集装箱班轮航线，集装箱月吞吐量超过 100 万标准箱。上海港已经是世界上集装箱吞吐量最大的港口之一。上海生产的集装箱装卸机械也已经达到国际先进水平，在世界各大港口被广泛采用。近几年来，我国还出口集装箱船，在世界各地海洋上可以见到我国建造的集装箱船的身影。总之，我国集装箱、集装箱装卸机械、集装箱船舶的制造和出口，到大吨位集装箱码头的建造，集装箱远洋船队的建立以及国际集装箱枢纽港的建设，标志着我国的集装箱运输系统已经进入世界先进行列。

（四）集装箱航运公司及航线

目前，世界上规模最大的三条集装箱航线是远东—北美航线，远东—欧洲、地中海航线和北美—欧洲、地中海航线。这三大航线的集装箱运量占了世界集装箱水路运量的大半壁江山。世界重要海港和航线见图 1 - 3。

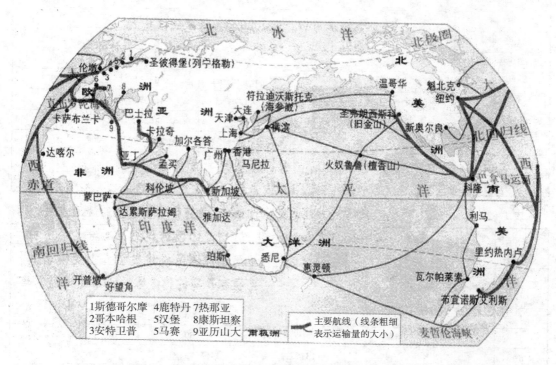

图 1 - 3　世界主要海港和航线示意图

远东—北美航线也叫北太平洋航线，实际上又可分为两条航线，即远东—北美西岸航线和远东—北美东海岸、海湾航线。

1. 远东—北美西海岸航线。这条航线主要由远东—加利福尼亚航线和远东—西雅图、温哥华航线组成。它涉及的港口主要包括远东的高雄、釜山、上海、香港、东京、神户、横滨等和北美西海岸的长滩、洛杉矶、西雅图、塔科马、奥克兰和温哥华等。涉及的国家和地区包括亚洲的中国、韩国、日本和中国的香港、台湾地区以及北美的美国和加拿大西部地区。这两个区域经济总量巨大，人口特别稠密，相互贸易量很大。近年来，随着中国经济总量的稳定增长，在这条航线上的集装箱运量越来越大。目前，仅上海港在这条航线上往来于美国西海岸的班轮航线就多达四十几条。

2. 远东—北美东海岸航线。这条航线主要由远东—纽约航线等组成，涉及北美东海岸地区的纽约—新泽西港、查尔斯顿港和新奥尔良港等。这条航线将海湾地区也串了起来。在这条航线上，有的船公司开展的是"钟摆式"航运，即不断往返于远东与北美东海岸之间；有的则是经营环球航线，即从东亚开始出发，东行线为太平洋→巴拿马运河→大西洋→地中海→苏伊士运河→印度洋→太平洋；西行线则反向而行，航次时间为80天。

表 1－1 　　　　　　　国际十大集装箱航运公司（2010 年）

国家或地区	公司	英文简称	运力（TEU）	船数
丹麦	马士基	Maersk Line	1753146	454
瑞士	地中海航运	MSC	1266198	384
法国	达飞轮船	CMA CGM	736305	246
中国台湾	长荣海运	Evergreen	627564	180
德国	赫伯罗特	Hapag－Lloyd	503321	138
中国	中国远洋（中远）	COSCON	461573	149
美国	美国总统轮船	APL	416372	120
中国	中海集运	CSCL	404728	118
日本	商船三井	MOL	361813	113
中国香港	东方海外国际	OOCL	352297	87

表 1－2 　　　　　　2011 年全球前十大港口集装箱吞吐量　　　　　单位：万标准箱，%

2010 年	2011 年	港口名称	2010 年	2011 年	增长率
1	1	上海	2905.00	3173.90	9.30
2	2	新加坡	2842.50	2993.70	5.30
3	3	香港	2343.20	2422.40	3.40
4	4	深圳	2250.97	2249.90	0.00
5	5	釜山	1419.40	1617.50	14.00
6	6	宁波	1315.12	1463.93	11.30
7	7	广州	1252.00	1430.80	14.30
8	8	青岛	1201.17	1302.04	8.40
9	9	迪拜	1160.00	1200.00	3.40
10	10	鹿特丹	1110.00	1190.00	7.20

（五）中国船舶运力

截至 2009 年底，我国拥有运输船舶 17.69 万艘、14608.78 万载重吨，载重吨比上年增长 17.7%。海运船队 1.02 亿载重吨，保持世界第四，占世界船队比重为 8.3%。

中国远洋运输（集团）总公司总运力达 770 艘、5307 万载重吨，船队总规模继续保持我国第一位。中国海运（集团）总公司和中国外运长航集团有限公司总运力分别为 2018 万载重吨和 1127 万载重吨，分列第二、第三位。民营航运企业进一步发展。福建国航远洋运输（集团）股份有限公司运力规模 152 万载重吨，比上年增长 19.7%，排名第五；德勤集团运力规模 78 万载重吨，比上年增长 52.9%，排名第十。

（六）波罗的海交易所（Baltic Exchange）

波罗的海贸易海运交易所创立于 1744 年，是世界上最古老的航运市场。大部分的世界公开市场的散货租船由波罗的海交易所的一些会员谈判完成，而世界许多买卖亦通过该交易所的经纪人交易。它每天公布的干货指数是海运运费期货市场的基础并被用于避免运费费率的波动。它也涉及航空租赁、期货交易以及船舶买卖的活动。

波罗的海交易所于 1985 年开始发布日运价指数——BFI（Baltic Freight Index），该指数是由若干条传统的干散货船航线的运价，按照各自在航运市场上的重要程度和所占比重构成的综合性指数。指数设立的 1985 年 1 月 4 日为 1000 点，由 13 条航线的程租运价构成。每船货种小到 1.4 万吨化肥，大到 12 万吨煤炭，没有期租航线。

多年来，为满足市场多元化的需求，BFI 的构成航线经过数次调整，增设了单独的航次期租航线，各船型航次期租航线的平均值基本可以代表各船型的现货市场水平。1999 年 9 月 1 日，波罗的海交易所将原来反映巴拿马型船和好望角型船的 BFI 指数分解成 BCI 和 BPI 两个指数，这样与已设立的大灵便型船运价指数 BHI 共同组成三大船型运价指数，指数构成的航线达到 24 条。同年 11 月 1 日，在 BCI、BPI、BHI 基础上产生的 BDI 取代 BFI，成为代表国际干散货运输市场走势的"晴雨表"。

六、国际多式联合运输

国际多式联合运输（International Multimodal Transportation，IMT）是在集装箱运输基础上产生并发展起来的，一般以集装箱为媒介，把海上运输、铁路运输、公路运输、航空运输和内河运输等传统的单一运输方式有机地结合起来，构成连贯的过程，来完成国际间的货物运输，即通过采用海、陆、空等两种以上的运输手段，完成国际间的连贯货物运输，从而打破了过去海、铁、公、空等单一运输方式互不连贯的传统做法。这种运输方式的优点是中间环节少、节省运杂费、实现门到门的运输，很好地适应了目前国际上对货物运输要求的速度快、损失少、费用低的标准。

七、其他运输方式

（一）托盘运输

托盘运输是指按照一定要求将货物组装在一个标准托盘上，组合成为一个元素单位，使用铲车或托盘升降机进行装卸、搬运和堆放的一种运输方式。

（二）国际邮政运输

世界各国的邮政业务均由国家办理，而且兼办邮包运输业务。各国邮政之间订有协定和公约，使邮件和邮包传递畅通。国际邮政运输具有广泛的国际性，同时也具有国际多式联运的性质，具有门到门服务的特点。国际邮政运输的邮件按运输方式不同可分为水陆运输邮件和航空运输邮件两种，对邮政运输资费、禁寄、限寄范围，邮寄物品的尺寸、封装、封面书写等也有专门规定。

（三）国际管道运输

管道运输（Pipeline Transportation）是货物在管道内借助高压气泵的压力进行运输的一种特殊的运输方式。它是随着石油的生产而产生、发展的。它有不受地面气候影响并可连续作业，运输的货物不需包装、节省费用，货物在管道内损失低、成本低、经营管理简单等优点，也具有运输货物过于单一，仅限于液体、气体货物运输，固体投资大，单向运输欠灵活性等缺点。

（四）成组运输

成组运输（Unitization Transport）是借助于一定手段，把分散的单件货物组合在一起，成为一个规格化、标准化的大运输单位，以适应机械化、自动化的装卸操作。这样进行大量编组运输的运输方式可以加快运输周转速度，提高运输效率，减少货损，节省人力、财力。它的运输范围包括铁路、公路、内河、海上、港口、车站等运输，还包括各种运输方式之间组织连贯的成组运输。

成组运输需要具备机械化和自动化及产品标准化和规格化两个条件。目前大宗货物的成组运输较为发达，杂件货的成组运输由于集装箱的发展也已成为可能。

第三节　国际货物运输代理

国际货物运输代理是国际货物运输活动中重要的组成部分，本节将介绍国际货物运输代理的概念和业务范围以及国际货物运输代理组织的基本情况、我国对国际货物运输代理的行业管理，并简要介绍几个比较著名的国际货物运输公约的内容。

一、国际货物运输代理的概念

（一）国际货物运输代理的由来

由于国际货物运输是国家与国家、国家与地区之间的长途运输，中间环节很多，涉及面广，越来越多的当事人感到无法精通每个国家、每个领域的具体业务，而且任何一个承运人或货主都不可能亲自处理好每一个环节的具体运输业务，更谈不上准确、高效地处理好这些业务，因此许多工作需要委托他人代为办理，运输代理业就是适应这种需要而产生的。从事代理业务的代理人一般具有丰富的运输经验，精通业务，熟悉各种运输的手续和规章，同时又在交通运输部门、贸易管理部门、银行系统、保险公司、海关等处有各种密切的关系，处理运输事务具有先天优势。承运人或者货主委托他们去办理相关手续往往比亲自奔波的效率要高得多。他们接受委托人的委托，代办各种运输业务并收取一定报酬，即代理费、佣金或者手续费等。在国际贸易竞争激烈、社会分工越来越细的情况下，货运代理的作用越来越明显。运输业代理根据代理运输的当事人不同分为以下两类：

1. 承运代理人，被称为船代，包括船舶代理和航空代理等。他们的代理活动主要是接受各种运输方式的承运人的委托，提供承运人所需要的揽货、配载、货物交付、后勤服务、办理装卸、理货、检查、海关等服务性业务。

2. 货方的代理人，被称为货代。他们的任务是接受发货人和收货人或他们的代表的委托，提供他们所需要的合适的运输工具和运输合同，并办理仓储、发运、接受检查、理货、通关及对货物进行必需的运输包装等业务。

（二）国际货物运输代理的概念

国际货物运输代理（International Freight Forwarder）的前身是一种佣金代理，指代表进出口商完成货物的装卸、储存、安排运输、收取货款等日常业务的代理机构。

国际货物运输代理协会联合会（FIATA）的解释是：国际货物运输代理是根据客户的指示，并为客户的利益而揽取货物运输的人，其本身并不是承运人。国际货物运输代理也可根据这些条件，从事与运输合同有关的活动，如储货、报关、验收等。

联合国亚太经济合作会的解释是：国际货物运输代理代表其客户取得运输资格，而本人并不起承运人的作用。

根据《中华人民共和国国际货物运输代理业管理规定》的内容，我国的国际货物运输代理可以理解为：接受进出口收货人、发货人或承运人的委托，以委托人的名义或者以自己的名义，为委托人办理国际货物运输及相关业务并收取服务报酬的企业。

二、国际货物运输代理人

（一）国际货物运输代理人的概念

根据 FIATA 的解释，国际货物运输代理人是指向客户提供各类与货物的国际运输、拼装、积载、管理、包装、分拨相关的服务，以及相关辅助和咨询服务的人。

中华人民共和国商务部 2004 年 1 月 1 日发布并实施的《中华人民共和国国际货物运输代理业管理规定实施细则》第二条规定：国际货物运输代理企业（以下简称国际货物代理企业）可以作为进出口货物收货人、发货人的代理人，也可以作为独立经营人，从事国际货物运输代理业务。

（二）国际货物运输代理人的种类

1. 租船代理人。又称租船经纪人（Ship Broker），指以船舶为商业活动对象而进行船舶租赁业务的人，主要业务是在市场上为租船人寻找合适的运输船舶或为船东寻找货运对象，以中间人身份使租船人和船东双方达成租赁交易，从中赚取佣金。因此，根据它所代表的委托人身份的不同又分为租船代理人和船东代理人。

2. 船务代理人（Ship Agent）。指接受承运人的委托，代办与船舶有关的一切业务的人，主要业务有船舶进出港、货运、供应及其他服务性工作等。船方的委托和代理人的接受以每船一次为限，称为航次代理；船方和代理人之间签订有长期代理协议的称为长期代理。

3. 货运代理人（Freight Forwarder）。包括集装箱、多式联运、转运、理货代理等。

4. 咨询代理人（Consultative Agent）。指专门从事咨询工作，按委托人的需要，以提供有关国际贸易运输咨询情况、情报、资料、数据和信息服务而收取一定报酬的人。

5. 报关代理人。指受进出口货物收发货人的委托，报关纳税。

上述各类代理之间的业务往往互相交错，如不少船务代理也兼营货运代理，有些货运代理也兼营船务代理等。

（三）国际货物运输代理人地位的变化

最初的货运代理人是根据他与委托人订立的合同或者协议进行代理活动的，主要任务也仅限于租船订舱、办理海关的相关手续、订立各种运输合同、交付货物、对货物进行简单加工等。此时的货运代理人只是收取因他所提供的服务而获得的佣金，代理人是单纯地以委托人的身份按照合同规定的内容进行工作，他的行为带来的法律后果是由委托人来承担的。他们一般也不直接参与运输组织和实际运输工作，业务范围也限于工作内容所涉及的几处地点。经过长期合作，货运代理人在与委托人的合作中凭借满意的服务逐渐得到委托人的认可，他们之间的合作关系愈加稳定、持久，有的彼此之间签订了长期协议。这样做对代理方和委托方都是非常有利的。货方不必再设置专门的机构负责运输，可以降低管理成本。对于货运代理人来说，也可以取得稳定的业务来源，控制大量货源，与承运人进行讨价还价，进而比较容易地取得运价和舱位的优惠待遇。

随着货运代理人不断巩固发展自己的业务、拓展业务范围，货运代理的性质、法律地位等都有了许多变化，这一时期被称为"无船承运"。货运代理突破了前一时期的服务范畴，进入了运输范畴。货运代理人成为承运人，是以自己的身份工作；在订立运输合同和其他传统业务范围的任务时，自己也成为当事人之一。他不具备任何运输工具，自己不实际完成运输任务，仅通过与有运输工具的承运人订立合同来实现运输。从法律地位来说，他成为独立的法人，对其掌握的货物的安全运输负责。他要签发自己的运输单证，也成为以自己的名义参与运输的当事人之一。他的收入来源也因法律地位、业务性质的变化而发生变化。在不放弃传统的服务业务之外，还因为他直接参与运输而名正言顺地收取差价。在集装箱运输产生和发展之后，有实力的国际货物运输代理人承担了全程业务中不同运输方式、不同地区的衔接业务。从订立货运合同开始，到最终目的地，货运代理人负责整个联合运输合同的实现，货运代理又进入了一个崭新的时代——运输经营人的高级阶段。这是商业和运输高度社会化和国际化的必然结果。目前货运代理已成为一个世界性的行业，其国际组织是国际货物运输代理协会联合会，成立于1926年5月31日，总部设在瑞士的苏黎世，英文名字为 International Federation of Fright Forwarders Associations（简称菲亚塔，FIATA），其成员已发展到170多个国家和地区，拥有货运代理公司约40000多家。FIATA对世界货运代理业务的协调和改进起着促进作用。

国际货物运输代理业务属于中间人性质，它既不是货主也不是承运人，一般还不拥有运输工具或者仅有少量的运输工具。这个行业的发展深受货主和承运人的欢迎，对国际货物运输业的发展起到了很大的推动作用，现在已经成为国际货物运输机构中不可缺少的重要组成部分。

三、国际货物运输代理的作用与业务流程

（一）国际货物运输代理的作用

1. 提供专业服务。他们可以运用专门知识，以最安全、最迅速、最经济的方式组织运输，任何其他行业的企业都无法与之专业化的运输工具、专业化的人员、专业化的运输网络、低廉的运费相匹敌，委托人可以不必花费更多的精力处理运输方面的问题。因此，其细致的分工、各环节之间有效的衔接所产生的规模效应决定了他们在国际贸易中不可动摇的地位。

2. 组织高效、有序的运输体系。他们可以通过在世界各贸易中心建立客户网和自己的分支机构，掌握货物、运输工具、航线等资源优势，得以控制全部运输过程。他们可以根据货物、运输工具、运输线路等情况进行科学的设计，为客户提供最佳方案。

3. 提供专业咨询。他们利用自己具备的专业知识和更广泛的信息，在运费、包装、单证、结关、领事要求及金融等方面向企业提供咨询，可以减少风险、周折和浪费。

4. 降低运输费用。他们不仅可以利用科学合理的运输安排以及所掌握的最新的市场行情，组织大量货物运输，还可以把小批量的货物集中为成组货物，降低运输成本，使客户从中受益。

5. 对新运输方式的创新和新运输路线的开发产生重要影响。

（二）国际货运代理的业务流程

1. 向客户提出关于最佳运输方式的建议。

2. 选择最合适的承运人并签订运输合同。

3. 组织货物的拼装。

4. 制备货运单证。

5. 协助客户达到有关法规与信用证的要求。

6. 代为备检和办理清关。

7. 就货物包装要求向客户提出建议。

8. 代办运输保险、仓储及分拨业务。

9. 运输中的货物跟踪监管。

四、国际货物运输代理的责任

（一）以纯粹代理人的身份出现时的责任划分

货代公司作为代理人，在货主和承运人之间起到牵线搭桥的作用，由货主和承运人直接签运输合同。货代公司收取的是佣金，责任小。当货物发生灭失或损坏的时候，货主可以直接向承运人索赔。

（二）以当事人的身份出现时的责任划分

1. 货代公司以自己的名义与第三人（承运人）签订合同。

2. 在安排储运时使用自己的仓库或者运输工具。

3. 安排运输、拼箱集运时收取差价。

以上这三种情况，对于托运人来说，货运代理则是作为承运人，承担承运人的责任。

（三）以无船承运人的身份出现时的责任划分

当货运代理从事无船承运业务并签发自己的无船承运人提单时，便成了无船承运经营人，被看做是法律上的承运人，他一身兼有承运人和托运人的性质。

【案例】

我国 A 贸易公司委托同一城市的 B 货运代理公司办理一批从我国 C 港运至韩国 D 港的危险品货物。A 贸易公司向 B 货运代理公司提供了正确的货物名称和危险品货物的性质，B 货运代理公司为此签发其公司的 HOUSE B/L 给 A 公司。随后，B 货运代理公司以托运人的身份向船公司办理该批货物的订舱和出运手续。

分析：B 货运代理公司对于 A 贸易公司来说，B 货运代理公司属于承运人，对于船公司来讲，B 货运代理公司属于托运人。因此无船承运人一身兼有承运人和托运人的性质。

五、国际货物运输代理的组织机构

（一）国际货物运输代理的一般组织机构

国际货物运输代理组织机构可分为承运人、货主、货运代理人和其他部门。

1. 承运人是指专门经营水上、铁路、公路、航空等运输业务的交通运输部门，包括轮船公司、铁路公司、公路运输公司、航空公司等，他们以自己掌握的大量运输工具为社会提供运输服务。

2. 货主是指专门经营进出口商品业务的进出口公司或者商品的生产企业。他们在履行签订的进出口贸易合同时，必须组织办理货物的进出口通关、运输等手续，他们是国际贸易货物运输的实际托运人、发运人。

3. 货运代理人是根据委托人的要求，代理货物运输业务的机构。

4. 其他部门。包括与国际货物运输工作有关的部门，如海关、商检、保险、银行、包装、仓储等。

（二）我国国际贸易运输的组织机构

我国办理国际贸易运输的组织机构主要包括三个：承运人，货运代理人，货主。如表 1-3 所示。

表 1 - 3　　　　　　　　　　　　我国国际贸易运输组织机构

承运人	水上运输：中国远洋运输公司、中国经贸船务公司、地方轮船公司、长江航运公司、珠江航运公司及中外合资、合营轮船公司
	铁路运输：铁路管理总局和各地分局
	公路运输：公路局和运输公司
	航空运输：中国民航总局所属航空公司、地方民航公司
	邮电运输：中国邮电总局和地方分局
	管道运输：石油管理部门
货运代理人	商务部所属中国对外贸易运输总公司及分支机构、批准的其他货运代理公司
	铁道部所属铁路服务公司
	交通部所属中国外轮代理公司及各港口分公司中外合资、合营货运代理公司
货主	商务部所属专业公司
	各部委所属各行业公司
	从事外贸业务的其他国有、集体、民营、合资、独资企业

六、国际运输公约简介

目前调整班轮运输的国际公约主要有三个，即《海牙规则》、《维斯比规则》和《汉堡规则》。《海牙规则》是海上运输方面一个十分重要的公约，1924 年 8 月 25 日在布鲁塞尔由 26 个国家签署，于 1931 年 6 月 2 日生效，至今已有八十多个国家承认了它。几十年来许多国家的航运公司都在其所制发的提单上规定采用本规则，据以确定承运人在货物装船、收受、配载、承运、保管、照料和卸载过程中所应承担的责任与义务，以及其应享受的权利与豁免。自 1924 年《海牙规则》实施半个多世纪以来，由于本身存在的和在实施过程中出现的各种问题，以及近年来国际经济、政治的变化和海运技术的发展，某些内容已经过时，多数国家特别是代表货方利益的国家和第三世界国家强烈要求修改本规则。目前，对《海牙规则》的修改存在两个方案：一个是代表英国及北欧各传统海运国家的《维斯比规则》，另一个是由联合国国际贸易法委员会所属国际航运立法工作组提出的代表第三世界和货方利益的《汉堡规则》。由于目前正处在新旧交替过程中，而这三个规则在实际的海运业务中，分别为有关国家及其船公司所采用，所以，我们对这三个规则都应该有所了解。

中国未参加上述三个公约，但《中华人民共和国海商法》在有关班轮运输的法律规定上是以海牙—维斯比体系为基础的，同时还吸收了《汉堡规则》的内容。

第四节　国际货物运输与保险

一、保险对国际货物运输的重要意义

随着经济全球化的深入发展，全球贸易量将继续扩大，各种进出口货物运输业务仍将保持上升趋势。如前所述，国际货物运输存在运程长、风险大等特点，在运输过程中存在的危险可能造成的损失，如果由承运人或托运人自己承担是很困难的，需要通过平均分摊和分散危险的手段转嫁风险，转嫁风险最有效的方式就是保险。

国际货物运输保险是以对外贸易货物运输过程中的各种货物作为保险标的的保险。国际货物运输保险是国际贸易的重要组成部分，国际货物运输保险不但可以给运输中的货物提供保障，而且还能为国家提供无形贸易的外汇收入。国际货物运输保险主要包括国际海上货物运输保险、国际铁路货物运输保险、国际公路货物运输保险、国际航空货物运输保险和邮包运输保险等。其中历史最悠久、业务量最大、法律规定最全的是海上货物运输保险。本书第三章至第九章内容都是关于海上货物运输保险的介绍。

二、国际货物运输保险的特点

1. 保险标的的流动性。国际货物运输保险所承保的标的，通常是具有商品性质的动产。保险事故往往发生在承保人的异地，损失查看往往由当地的保险代理人进行。

2. 承保风险的广泛性。国际货物运输保险承保的风险，从范围上看，既包括海上又包括陆路和空中风险；从风险种类上看，既有自然灾害和意外事故风险，又有外来干涉原因引起的主观风险；从形式上看，既有运输过程中的动态风险，又有途中仓储期间的静态风险等。

3. 保险价值的定值性。由于承保货物在各个不同地点价格可能有差异，因此货物的保险金额可由保险双方按约定的保险价值来确定。当发生损失时，不再考虑当时货物的市场价格，而根据约定价值按照货物的损失程度计算赔款。

4. 保险标的的自由转让。承保的运输货物在保险期限内可能会经过多次转卖，因此最终保险合同保障受益人不一定是保险单注明的被保险人，而是保单持有人（Policy Holder）。保险标的转移时，保险利益也随之转移。货物运输保险的保险合同通常随着保险标的、保险利益的转移而转移，无须通知保险人，也无须征得保险人的同意。保险单可以用背书或其他习惯方式加以转让。

5. 保险期限的特殊性。货物运输通常会采用"仓至仓条款"，即保险期间自货物从保险单载明的起运港（地）发货人的仓库或储存处开始运输时生效，到货物运达保险单载明目的港（地）收货人的最后仓库或被保险人用做分配、分派或非正常运输的其他储存处所为止。如未抵达上述仓库或储存处所，则以被保险货物在最后目的港（地）卸离海轮满 60 日为止。在货物未经运抵收货人仓库或储存处所并在卸离海轮 60 天内，需转运到非保险单载明的目的地时，以该项货物开始转运时终止。

6. 合同解除的严格性。货物运输保险属于航次保险，我国《保险法》和《海商法》规定，货物运输保险从保险责任开始后，合同当事人不得解除合同。

7. 保险利益的特殊性。我国《保险法》规定，保险事故发生时，财产保险的被保险人在保险事故发生时，对保险标的应当具有保险利益；保险事故发生时，被保险人对保险标的不具有保险利益的，不得向保险人请求赔偿保险金。同时，国际货物运输的特殊性决定了投保人在投保时往往不知道货物的实际情况，因此，在国际货物运输保险中通常采用"无论灭失与否条款"（lost or not lost clause），作为对保险利益原则的例外。根据这一条款规定，投保人在事先不知道，也没有任何隐瞒的情况下，即使在保险合同订立之前或订立之时，保险标的已经灭失，事后发现承保风险造成保险标的的灭失，保险人同样应该给予赔偿。

三、国际货物运输保险的分类

国际货物运输保险通常按照运输方式分为以下几种：

1. 海上货物运输保险。以航行于海洋的轮船、驳船、机帆船等运输的货物为标的的保险。

2. 陆路货物运输保险。以铁路、公路上各种机动或人力、畜力的运输工具运载的货物为标的的保险。我国现行各种陆路货物运输保险条款中所确认的运输工具主要是火车和汽车。

3. 航空货物运输保险。以通过飞机运输的货物为标的的保险。

4. 多式联运保险，简称联运险，以承保由两种或两种以上不同的运输工具联运的货物为标的的保险。

5. 邮包保险。以通过邮局以邮包形式递运的货物为标的的保险。由于邮包的运送有可能使用水、路、空三种运输工具。因此，确定保险责任范围时，要同时考虑这三种工具出险的因素。

其他的国际货物运输保险还包括管道货物运输保险与快递随身携带行李保险，这些都不是本书的重点。本书着重介绍最普遍的海洋货物运输保险，最后两章分别介绍航空货物运输保险与陆路货物运输保险。

四、国际货物运输保险的险种

为适应被保险人对货物运输保险的具体要求，根据不同的标的和采用不同的运输方式所可能遭受到的不同危险，设计了不同的险种和险别。现行的国际货物运输保险主要有以下几个险种：

（一）主要险别

海洋货物运输保险：平安险、水渍险、一切险。

陆路货物运输保险：陆运险、陆运一切险。

航空货物运输保险：空运险、空运一切险。

邮包保险：邮包险、邮包一切险。

（二）附加险

1. 一切险范围内的附加险有盗窃险、提货不着险、淡水雨淋险、短量险、混杂玷污险、渗漏险、碰损破碎险、串味险、受潮受热险、钩损险、包装破裂险、锈损险。

承保了一切险的话，对其中任何一种附加险都是负责的。

2. 特别附加险。不属于一切险范围内的特别附加险主要有进口关税险、舱面险、卖方利益险、拒收险、黄曲霉素险、虫损险、交货不到险等。

3. 特殊附加险。通常指战争险和罢工险。

以上列举的各种险别的责任范围将在本书后面的章节详细阐述。

📖 【知识拓展】

艾玛·马士基号

艾玛·马士基号（Emma Maersk）是一艘由丹麦海运巨擘快桅集团（A. P. Moller – Maersk Group）所拥有的大型集装箱船。2006年8月12日受洗下水、同年9月8日进行处女航的艾玛·马士基号是以快桅集团前任总裁阿诺·马士基·麦金尼·慕勒（Arnold Mærsk Mc – Kinney Møller）已过世的妻子名字为名，自从下水之后就承袭了"全世界最大的集装箱船"之头衔。除此之外，由于世界船舶长度排名第一的超级油轮诺克·耐维斯号（Knock Nevis，船长458米）目前仅泊靠于卡达的海边作为浮动储油平台使用，使得397米长的艾玛·马士基号同时也拥有在航行中最长船只的"头衔"。

艾玛·马士基号排水量170974吨，拥有11000 TEU的载货能力，主要行驶于丹麦奥胡斯（Arhus）与东亚地区间的欧亚航线上。其经常泊靠的海港包括有欧洲的不来梅哈芬（Bremerhaven）、鹿特丹与亚洲的深圳、香港等地，因此也是穿越苏伊士运河的"常客"之一。

上海国际航运中心建设

2011年，中国进出口总额突破了3.9万亿美元，其中进口1.9万亿美元位居世界第二，仅次于美国；出口 2 万亿美元，位居世界第一。但是，相对于中国的国际贸易的蓬勃发展和重要地位，相关的保险服务却没有得到相应的发展。原因是多方面的，一定程度上存在的理赔难问题，使得货主倾向于将有关保险问题推给外方去负责；既懂保险，又懂外语、贸易、航运、海商海事、国际法律公约和惯例的复合型人才少得可怜，也制约了业务发展；加上信息闭塞和法律、法规不完善，势必导致国内进出口货运险业务保源的减少。

目前国内保险公司承保的航运保险业务主要是货运险和船舶险，而对于建设上海国际航运中心所必需的海事担保、海事责任险、保赔保险等业务，经验还比较缺乏。

2010 年中国保监会同时批复中国太平洋和中国人保在上海试点设立"航运保险运营中心"，并给出了 6 个月内完成筹建的时间表。航运保险作为连接航运业和金融业的服务平台，在作为货物吞吐量世界第一的港口——上海，迎来了前所未有的发展机遇。

2010 年 6 月，中国保监会副主席周延礼在"2010 陆家嘴论坛"上表示，航运金融是推动国际金融中心和国际航运中心建设的重要动力，航运保险是航运金融发展的重要支柱。保险业要充分利用当前的有利时机，加快推进上海航运保险市场发展，更好地服务上海"两个中心"建设。

当前上海航运保险市场发展较快，特别是货运险和船舶险增长迅速。2010 年 1 月至 5 月，上海地区船舶险保费收入 7.23 亿元，同比增长 33.86%，是产险市场第三大险种。货运险保费收入 5.27 亿元，同比增长 35.11%，两类业务合计 12.50 亿元，在上海产险市场占比为的 14.28%。目前上海船舶险占全国的 23.25%，货运险占全国的 14.85%。同时，中国的航运保险还处于起步阶段。上海海洋货物运输保险保费收入仅占全球的 1%，与伦敦、新加坡等国际公认的航运中心城市相比有较大差距。

航运产业巨大的市场规模为航运保险提供了难得的发展契机。航运产业沿供应链整合的新趋势为航运保险开辟了新的业务空间。目前，世界航运中心正在向亚洲与中国转移，资金、技术、信息等国际航运资源也将向亚洲地区进一步集聚。这将为亚洲尤其是中国航运保险的发展注入新的活力。事实上，目前不仅中资保险公司开始在国内航运保险市场展开竞争，外资保险公司也开始积极介入。不久前，苏黎世金融服务集团与上海

浦东新区合作设立了"苏黎世国际航运与金融研发中心",专门从事针对国际航运与金融领域新技术、新发展、新趋势的研发工作,推进上海"两个中心"建设。美亚保险则特别针对上海航运中心建设推出了创新型险种"港口和码头综合保险"、"物流经营人综合责任保险"等。而这些良性竞争在推动航运保险业务发展的同时,也带动了保险公司对航运保险业务实施专业化经营体制改革,对航运保险业务实施一体化管理。

"2010 年 12 月,中国太平洋在上海成立了保险业内第一个航运保险事业部。半年多来,我们充分利用上海推进'两个中心'建设的政策优势,把航运保险作为体制机制改革的试验区,打破条块分割,整合内部资源,转变发展方式,加快改革创新,航运保险覆盖面迅速扩大,服务水平进一步提高,集聚效应初步显现。"中国太平洋相关负责人日前在接受记者采访时表示。

据介绍,过去中国太平洋的航运保险业务以属地分公司管理为主,总公司水险部负责业务指导,没有经营职能,航运保险业务的财务管理、承保管理、理赔管理由多个部门分别负责。实施航运保险经营体制改革后,航运保险业务的管理体制从原来的以"块"为主改为以"条"为主,总公司航运保险事业部直接经营重大项目,并对全公司货运险、船舶险和海事担保等业务实行专业化、集约化经营管理。"对航运保险业务实施一体化管理,进一步扩大了航运保险业务的覆盖面,提升了航运保险业务的服务品质,整合了销售渠道和客户资源,有利于发挥规模效应,降低经营成本。同时,过去集中在上海等少数分公司的专业技术资源在全公司范围内得到共享,一些对承保技术要求比较高的新兴业务得到了快速发展。"

谈及航运保险今后的发展，中国太平洋相关负责人同时提出两项政策性建议：首先是进一步支持航运保险新业务的发展。目前国内保险公司承保的航运保险业务主要是货运险和船舶险，而对于建设上海国际航运中心所必需的海事担保、海事责任险、保赔保险等业务，经验还比较缺乏。希望保监会能在产品审批、人才培养、法律环境建设等方面进一步加大对新业务的扶持力度，促进航运保险的产业升级。其次是适当扩大航运保险业务的免税范围。航运保险业务具有可选择投保地的特点，对航运保险业务实施税收优惠政策不仅有利于航运保险企业在上海地区的集聚，也有助于推动航运企业选择在上海投保。中国太平洋相关负责人表示，目前上海市税务部门规定的免税险种为进口货运保险、出口货运保险、远洋船舶保险、集装箱保险四个险种。和国际相比，可免税范围仍然较窄。建议进一步争取扩大税收优惠险种范围，增强优惠政策的灵活性，促进国际和国内航运保险业务进一步聚集上海，进一步推动上海航运保险的快速发展。

【思考题】

一、填空题

1. 按照海洋运输船舶经营方式不同可分为（　　）和（　　）。
2. 租船运输的方式主要有（　　）和（　　）。
3. 少量货物或件杂货，通常采用（　　）运输。
4. 班轮运费包括（　　）和（　　）两部分。
5. 1993 年 7 月 1 日开始实施的《中华人民共和国海商法》关于海上货物运输的规定是以（　　）、（　　）为基础，适当吸收了（　　）的某些规定。

二、不定项选择题

1. 海洋运输的特点包括（　　）。
A. 通过能力大　　　B. 运费低　　　C. 运量固定　　　D. 运量大　　　E. 速度快
2. 解释 "W/M plus ad val" 的含义（　　）。
A. 货物重量或尺码
B. 货物重量加尺码
C. 货物重量、尺码或价值选较高的
D. 货物重量或尺码选较高的再加上从价运费
3. 定程租船运输的运费计算方式包括（　　）。
A. 按运费率
B. 按时间计算
C. 整船包价
D. 从价计算
4. 航空运输的方式包括（　　）。
A. 班机运输
B. 航空急件传送方式
C. 集装箱运输
D. 包机运输
E. 集中运输
5. 班轮运输的运费应包括（　　）。
A. 装卸费　　　B. 滞期费　　　C. 速遣费　　　D. 平仓费、理仓费
E. 驳船费
6. 国际贸易中，海运提单的签发日期是指（　　）。

A. 货物开始装船的日期　　　　　B. 货物全部装船完毕的日期

C. 货物装船完毕船舶起航日期

7. 海运提单和航运提单两种运输单据（　　　）。

A. 都是物权凭证

B. 都是可转让的物权凭证

C. 前者是物权凭证可以转让，后者不是物权凭证不可以转让

8. 出口人完成装运后，凭以向船公司换取已装船提单的单据是（　　　）。

A. Shipping Order　　　　　B. Mate's Receipt

C. Freight Receipt

9. 国际贸易中最主要的运输方式是（　　　）。

A. 航空运输　　　B. 铁路运输　　　C. 海洋运输　　　D. 公路运输

10. 班轮运送货物，如果运费计收标准为"A. V"，则表示（　　　）。

A. 按货物毛重计收　　　　　B. 按货物体积计收

C. 按商品价格计收　　　　　D. 按货物件数计收

三、案例分析题

1. 我国 A 公司以 CFR 条件出口 2000 吨小麦。我方凭证装船后，及时以电报向对方发出装船通知，并提请保险。但货轮驶出港口后不久，即触礁，货物全部沉没。我方及船公司代理人知情后立即电告对方。买方收到装船电报后随即收到我方货物沉没的电报。买方于是立即向保险公司投保，手续办妥后持电报向保险公司索赔。保险公司理赔时发现该批货物在投保时已经灭失，故拒绝赔偿，但买方却认为根据"无论灭失与否"条款，保险公司仍应赔偿。

请问保险公司对该批货物是否负责赔偿？为什么？

2. 某货主委托某货运代理公司将出口货物从大连运输到台湾，货运代理公司未经授权签发了某提单抬头人的提单，同时又以提单抬头人的名义委托某船公司实际承运。该船公司向该货运代理签发了自大连到东南亚某港口的提单。这样该货主虽手持提单却已经丧失了货物的控制权，法院判决货运代理公司双重代理属违法行为，应赔偿货主的全部损失。

请问货主发生的损失货运代理公司是否负责赔偿？为什么？

第二章

国际贸易术语及常见外贸单证

【结构图】

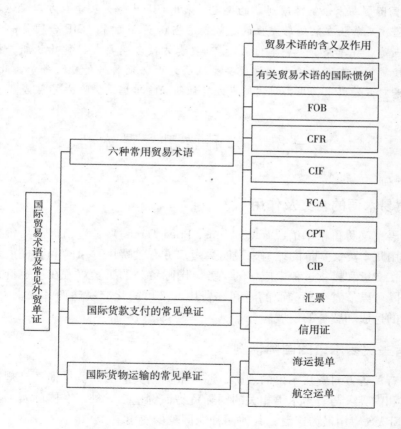

【学习目标】

- 掌握主要国际贸易术语的风险、责任和义务划分。
- 掌握与国际货物运输保险业务相关的各类外贸单据。

● 掌握信用证的性质和收付程序。

【引导案例】

我某出口公司按 CIF 条件，凭不可撤销议付信用证支付方式向某外商出售货物一批。该外商按合同规定开来的信用证经我方审核无误。我出口公司在信用证规定的装运期限内在装运港将货物装上开往目的港的海轮，并在装运前向保险公司办理了货物运输保险。但装船完毕不久，海轮起火爆炸沉没，该批货物全部灭失。外商闻讯后来电表示拒绝付款。

问： 我出口公司应如何处理？并说明理由。

分析： 本案涉及 CIF 合同的性质，即 CIF 术语达成的合同对买卖双方承担风险的划分。按《2000 年国际贸易术语解释通则》的规定，采用 CIF 术语，买卖双方以装运港船舷为界划分货物风险，凡货物在装船后发生的风险，应当由买方负责。CIF 合同是一种象征性交货合同，特点是"凭单交货，凭单付款"。只要卖方按合同要求将货物装船并提交了合格的单据，即使货物已在运输途中损坏或丢失，买方也必须履行付款义务。因此在本案中，我方不应同意对方的要求，应由对方持我方转让的保险单据向保险公司索赔。

第一节　六种常用贸易术语

一、贸易术语的含义及作用

贸易术语（又称价格术语，Trade Terms，Price Terms）是进出口商品价格的重要组成部分，是用几个英文字母的缩写来说明买卖双方有关费用、风险和责任的划分，以确定买卖双方在交货和接货过程中应尽的义务。国际贸易的买卖双方在规定价格时使用了贸易术语，既可以节省交易磋商的时间和费用，又可简化交易磋商和买卖合同的内容，有利于交易的达成和贸易的发展。

二、有关贸易术语的国际惯例

为统一有关各方对贸易术语的理解，通常根据相关的国际贸易惯例来规范特定贸易术语的名称和内容。与贸易术语相关的国际贸易惯例包括三种，在国际贸易的业务实践中，INCOTERMS 应用最为广泛，其他两种惯例较少使用。

（一）《1932 年华沙—牛津规则》

该规则是国际法协会（International Law Association）制定的。国际法协会于 1928 年在波兰首都华沙制定了关于 CIF 买卖合同的统一规则，共 22 条，称为《1928 年华沙规则》。后又经过 1930 年的纽约会议、1931 年的巴黎会议和 1932 年的牛津会议，将此规则修订为 21 条，定名为《1932 年华沙—牛津规则》。

该规则对 CIF 买卖合同的性质作了说明，并具体规定了在 CIF 合同中买卖双方所承担的费用、责任和风险。

（二）《1941 年美国对外贸易定义修订本》

《1941 年美国对外贸易定义修订本》是由美国 9 个商业团体制定的。它最早于 1919 年在纽约制定，原称为《美国出口报价及其缩写条例》，后来于 1941 年在美国第 27 届全国对外贸易会议上作了修订，命名为《1941 年美国对外贸易定义修订本》。修订的规则对 EXW（EX Works）、FAS（Free Along Side Ship）、CFR（Cost and Freight）、CIF（Cost Insurance and Freight）、FOB（Free on Board）、DEQ（Delivered Ex Quay）六种术语作出了解释。其中 FOB 术语又细分为 6 种，因此该惯例实际上有 11 种贸易术语。

《1941 年美国对外贸易定义修订本》对 FOB 术语的特殊解释，主要表现在下列几个方面：

1. 在适用范围上，FOB 适用于各种运输方式。如为水上运输，则必须在 FOB 后加缀"Vessel"（船）字样，并列装运港名称，才表明卖方在装运港船上交货。

2. 在风险划分上，FOB Vessel 的风险划分不是以装运港船舷为界，而是以船舱为界，即买方承担货物到船舱为止所发生的一切丢失和残损责任。

3. 在出口手续上，只有在买方提出请求，并由买方负担费用的情况下，FOB Vessel 的卖方才有义务协助买方取得由出口国签发的为货物出口或在目的地进出口所需要的各种证件，并且出口税及其他税捐费用也需由买方负担。

（三）《2000 年国际贸易术语解释通则》

《2000 年国际贸易术语解释通则》（简称《2000 通则》）缩写形式为 INCOTERMS，它是国际商会为了统一对各种贸易术语的解释而制定的。最早的通则产生于 1936 年，后来为适应国际贸易业务发展的需要国际商会先后进行过多次修改和补充。现行的《2000通则》是国际商会根据近十年来形势的变化和国际贸易发展的需要，在《1990 年国际贸易术语解释通则》的基础上修订产生的，并于 2000 年 1 月 1 日起生效。与《1990 年国际贸易术语解释通则》对《1980 年国际贸易术语解释通则》的修改相比，《2000 通则》对《1990 年国际贸易术语解释通则》的改动不大，带有实质性内容的变动只涉及三种术语，即 FCA、FAS 和 DEQ。与《1990 年国际贸易术语解释通则》相同，《2000 通则》也对 13 种术语作出解释，并按其共同特性归纳为 E、F、C、D 四组：

E 组只有 EXW 一种术语。按此术语，卖方在他自己的处所将货物提供给买方。

F 组包括 FCA、FAS 和 FOB 术语。在 F 组术语下，卖方必须按买方的指示交运货物，因为是由买方订立运输合同和指定承运人的。

C 组包括 CFR、CIF、CPT 和 CIP 术语。在 C 组术语下，卖方必须按通常条件自费订立运输合同；在 CIF 和 CIP 术语下，卖方还必须办理保险并支付保险费。

D 组包括 DAF、DES、DEQ、DDU 和 DDP 术语。按照 D 组术语，卖方必须负责将货物运送到约定的目的地或目的港，并负担货物交至该处为止的一切风险和费用。因此，按 D 组术语订立的买卖合同属于"到货合同"。在 D 组术语下，除 DDP 外，卖方在边境或进口国交货时无须办理进口清关（见表 2-1）。

表 2 – 1   **13 种术语的分类及其适用的运输方式**

E 组	EXW	EX Works	工厂交货	适用于任何运输方式
F 组	FCA	Free Carrier	货交承运人	适用于任何运输方式
	FAS	Free Along side Ship	装运港船边交货	适用于海运及内河运输
	FOB	Free on Board	装运港船上交货	适用于海运及内河运输
C 组	CFR	Cost and Freight	成本加运费	适用于海运及内河运输
	CIF	Cost Insurance and Freight	成本加运费、保险费	适用于海运及内河运输
	CPT	Carriage Paid to	运费付至	适用于任何运输方式
	CIP	Carriage Insurance Paid to	运费、保险费付至	适用于任何运输方式
D 组	DAF	Delivered At Frontier	边境交货	适用于陆地边境交货的各种运输方式
	DES	Delivered Ex Ship	目的港船上交货	适用于海运及内河运输
	DEQ	Delivered Ex Quay	目的港码头交货	适用于海运及内河运输
	DDU	Delivered Duty Unpaid	未完税交货	适用于任何运输方式
	DDP	Delivered Duty Paid	完税后交货	适用于任何运输方式

现代国际贸易中使用的价格术语，基本上是《2000 通则》中归纳整理的 13 种术语，其中以 FOB、CFR、CIF、FCA、CPT 和 CIP 运用较广。

三、FOB（FREE ON BOARD，… named port of shipment）

（一）FOB 术语的含义

FOB 即船上交货（……指定装运港），是指卖方必须在合同规定的日期或期间内在指定装运港将货物交至买方指定的船上，并负担货物越过船舷为止的一切费用和货物灭失或损坏的风险。FOB 术语要求卖方办理货物出口清关手续。这一术语仅适用于海运和内河运输。如果双方当事人无意越过船舷交货，则应使用 FCA 术语。

（二）买卖双方的义务

按照《2000 通则》的规定，FOB 术语达成的交易，买卖双方各自承担的基本义务如下：

1. 卖方承担的义务。

（1）在合同规定的时间和装运港口，将合同规定的货物交到买方指派的船上，并及时通知买方。

（2）承担货物交至装运港越过船舷之前的一切费用和风险。

（3）取得出口许可证或其他官方批准证件，并且办理货物出口所需的一切海关手续。

（4）提交商业发票以及证明卖方已按规定履行交货义务的通常单据或具有同等作用的电子信息。

2. 买方承担的义务。

（1）订立从指定装运港口运输货物的合同，支付运费，并给予卖方有关船名、装货地点和要求交货时间的充分通知。

（2）根据买卖合同的规定接受交货单据，受领货物并支付货款。

（3）承担货物在指定装运港越过船舷之后所发生的一切费用和风险。

（4）取得进口许可证或其他官方证件，并办理货物进口和必要时从他国过境的一切海关手续。

 【课堂讨论】

某出口公司向外商出售一级大米 300 吨，成交价格条件 FOB 上海。装船时货物经检验符合合同要求。货物出运后，卖方及时向买方发出装船通知。但是航运途中，因海浪过大，大米大半被海水浸泡，品质受到影响。货物到达目的港后，只能按三级大米价格出售，于是买方要求卖方赔偿差价损失。问应如何处理这一纠纷？

（三）使用 FOB 术语应注意的问题

1. 风险界限划分问题。由于国际贸易中对"装船"概念缺乏统一明确的解释，因此风险划分的界限也就有不同的解释。一般解释为在装运港将货物从岸上起吊并越过船舷就应当认为已装船。《2000 通则》也认为当货物在装运港超越船舷时，卖方即履行了交货义务，即风险的划分以船舷为界。有的解释为将货物装到船的甲板上才算装船，即风险的划分以甲板为界；有的解释为将货物装到舱底才算装船，即风险的划分以舱底为界；还有的解释为将货物运至受载船只吊钩所及之处就算装船。虽然从实际的装船作业来看，货物从岸上起吊，越过船舷到装入船舱是一个连续的过程，很难截然分开，但从法律后果来看，上述概念是不尽相同的。关于装船的概念问题不仅涉及买卖双方风险划分的界限，同时也涉及买卖双方的费用负担。为此，在洽商交易时应对装船的概念予以明确，并应在合同中注明风险划分的界限。

2. 装船费用负担问题。大宗商品按 FOB 术语成交时，买方通常采用租船运输。由于船方通常按"不负担装卸费用"条件出租船舶，因而产生买卖双方对装船有关费用主要是装船费用、理舱费和平舱费由谁来负担的问题。为了更加明确有关装船费用负担问题，买卖双方往往在 FOB 价格术语后面加列一些附加条件，从而产生了以下几种 FOB 变形：

（1）FOB LINER TERMS（班轮条件）。按此变形，装船的有关费用按照班轮条件办理，即由支付运费一方——买方承担。

（2）FOB UNDER TACKLE（吊钩下交货）。按此变形，卖方仅负责将货物交到买方指派船只的吊钩所及之处，即吊装开始的其他各项装船费用由买方负担。

（3）FOB STOWED（理舱费在内）。按此变形，卖方负责将货物装入船舱并负担包括理舱费在内的装船费用。多用于杂货船。

（4）FOB TRIMMED（平舱费在内）。按此变形，卖方负责将货物装入船舱并负担包括平舱费在内的装船费用。多用于散装船。若买方租用自动平舱船时，卖方应退回平舱费用。

（5）FOBST（FOB STOWED AND TRIMMED）。在许多标准合同中，为表明由卖方承担包括理舱费和平舱费在内的各项装船费用，常采用此术语。

上述 FOB 的几种变形，只是用以明确有关装船费用的负担问题，并未改变 FOB 的性质。

四、CFR（COST and FREIGHT，... named port of destination）

（一）CFR 术语的含义

CFR，即成本加运费（……指定目的港），是指装运货物越过船舷，卖方即完成交货。卖方必须支付将货物运至指定目的港所需的运费和其他费用，但交货后货物灭失或损坏的风险，以及由于各种事件造成的任何额外费用，即由卖方转移到买方。CFR 术语要求卖方办理出口清关手续。该术语适用于海运或内河运输。如果双方当事人无意越过船舷交货，则应使用 CPT 术语。

（二）买卖双方的义务

1. 卖方承担的义务。

（1）签订从指定装运港将货物运往约定目的港的运输合同；在买卖合同规定的时间和港口，将合同要求的货物装上船并支付至目的港的运费，并及时通知买方。

（2）货物在装运港越过船舷之前的一切费用和风险。

（3）取得出口许可证及其他官方证件，办理货物出口海关手续。

（4）提交商业发票及买方在目的港提货所用的通常的运输单据，或相等的电子信息。

2. 买方承担的义务。

（1）接受符合合同规定的运输单据，受领货物，支付货款。

（2）承担货物在装运港越过船舷以后的一切风险。

（3）取得进口许可证或其他官方证件，并且办理货物进口所需的海关手续。

（三）使用 CFR 术语成交应注意的问题

1. 装船通知。根据国际贸易惯例的解释和有些国家的法律规定，不论是 FOB、CIF 还是 CFR 合同的卖方在货物装船后必须及时向买方发出装船通知，有些国外开来的信用证中规定受益人必须提供装船通知，因为这关系到买方能否及时为进口货物办理保险的问题。对此，买卖双方往往还要在合同中作出明确规定，如果卖方不及时发出装船通知，致使买方未能投保，卖方要承担货物在运输途中的风险。英国《1893 年货物买卖法》（1973 年修订本）中规定："如果卖方未向买方发出装船通知，以便买方对货物办理保险，那么，货物在海运途中的风险被视为由卖方负担。"所以，在出口贸易中，作为 CFR 合同的卖方，一旦了解配载船名后，应该立即发出装船通知。有些国外开来的信用证规定，卖方必须提供装船通知的电报或传真副本。这种装船通知电报或电传的日期，还必须不晚于有关提单的日期。

2. 租船运输时卸货费用的负担问题。CFR 合同的卖方负担的费用，只是在 FOB 基础上增加了运费。运费是指正常运费，不包括在运输途中可能发生的额外费用。在装运港的装船费用由卖方负担，货到目的港的卸货费可由买卖双方洽商如何划分。如果货物使用班轮装运，卸货费由卖方负担。因班轮运费内已包括装船费和卸货费。如果是大宗货物，使用租船装运，那么买卖双方应对卸货费由何方负担加以明确。其方法可以在合同中用文字作具体规定，也可在 CFR 术语后增列附加条件，即采用 CFR 术语的变形。常见的 CFR 术语变形有：

（1）CFR 班轮条件（CFR LINER TERMS）。指卸货费按班轮的办法处理，即卖方不予负担。

（2）CFR 卸到岸上（CFR LANDED）。指由卖方负担将货物卸到目的港岸上为止的卸货费，包括从轮船到码头转运时可能发生的驳船费和码头捐税。

（3）CFR 吊钩下交接（CFR EX TACKLE）。卖方负担货物从舱底吊至船边卸离吊钩为止的费用。

（4）CFR 舱底交接（CFR EX SHIP'S HOLD）。买方负担将货物从目的港船舱舱底起吊卸到码头的费用。

 【课堂讨论】

我方以 CFR 贸易术语与外商成交一批消毒碗柜的出口合同，合同规定装运为 4 月 15 日前。我方备妥货物，并于 4 月 8 日装船完毕。由于遇星期日休息，我公司业务员未及时向买方发出装运通知，导致买方未能及时办理投保手续，而货物在 4 月 8 日因发生了火灾被火烧毁。我方应如何处理货物损失？

五、CIF（COST、INSURANCE and FRIEGHT，... named port of destination）

（一）CIF 术语的含义

CIF 即成本加保险费、运费（……指定目的港），是指在装运港当货物越过船舷时，卖方即完成交货。卖方必须支付货物运至指定的目的港所需的运费和保险费用，但交货后货物灭失或损坏的风险及由于各种事件造成的任何额外费用即由卖方转移到买方。这一术语要求卖方办理出口清关手续。CIF 术语仅适用于海运和内河运输，如果双方当事人无意越过船舷交货，则应使用 CIP 术语。

（二）使用 CIF 术语应注意的问题

1. 保险险别问题。在 CIF 条件下，保险应由卖方负责办理，但对应投保的具体险别，各国的惯例解释不一。因此，买卖双方应根据商品的特点和需要，在合同中具体订明。（1）如果合同中未作具体规定，则应按有关惯例来处理。按照《2000 通则》对 CIF 的解释，卖方只需投保最低的险别。最低保险金额通常为合同规定的价款加 10%，并以合同货币投保。（2）如果买方需要更高的保险级别，如要求投保战争险，一般都应由买方自费投保。卖方代为投保时，费用仍由买方负担。（3）卖方实质上是为买方利益办理的投保手续，因此投保何种险别，双方应尽量商量确定。

2. 租船订舱问题。依照对 CIF 贸易术语的一般解释，卖方应按通常的条件及惯驶的航线，租用通常类型的船舶。因此，除非买卖双方另有约定，对于买方提出的关于限制载运要求，卖方均有权拒绝接受。但在外贸实践中，为发展出口业务，考虑到某些国家的规定，如买方有要求，在能办到而又不增加额外费用情况下，也可考虑接受。

3. 卸货费用的负担问题。一般来讲，如使用班轮运输，班轮管装管卸，卸货费已包括在运费之内，由卖方负担。大宗货物的运输要租用不定期轮船，故买卖双方应明确卸货费用由何方负担并在合同中用文字作具体规定，也可在 CIF 术语后面加列各种附加条件。常见的 CIF 术语变形有（参考 CFR 术语的变形）：

（1）CIF LINER TERMS（班轮条件）。

（2）CIF LANDED（CIF 卸至码头）。

（3）CIF EX TACKLE（吊钩下交接）。

（4）CIF EX SHIP'S HOLD（CIF 舱底交接）。

CFR 与 CIF 的不同之处，在于 CFR 的价格构成因素中不包括保险费，故卖方不必代办保险，而由买方自行投保并支付保险费。除此之外，买卖双方所负的责任、费用和风险，以及货物所有权的转移，二者是完全相同的。因此有人称 CFR 是 CIF 的一种变形。所以，在使用 CIF 术语时应注意的问题中，如租船或订舱、卸货费用负担，以及为解决卸货费用负担问题而产生的各种变形，也同样适用于 CFR。

 【课堂讨论】

我方按 CIF "卸到岸上"条件对外出口，并按规定提交了全套符合要求的单据。货轮在航行途中触礁沉没，货物全部灭失。买方闻讯后以"卖方需将货物运到目的港并安全卸到岸上才算完成交货任务"为由拒付货款。请分析买方拒付的理由是否合理？我方应如何处理？

表 2-2 是以上三种常见的外贸价格术语的比较。

表 2-2　　　　　　　　　　三种常见价格术语的主要异同点

价格术语	交货地点	风险划分	出口报关	进口报关	租船订舱	运费支付	保险办理	运输方式
FOB	装运港口	装运港船舷	卖方	买方	买方	买方	买方	水上运输
CIF	装运港口	装运港船舷	卖方	买方	卖方	卖方	卖方	水上运输
CFR	装运港口	装运港船舷	卖方	买方	卖方	卖方	买方	水上运输

六、FCA Free Carrier （. . . named place）

（一）FCA 术语的含义

FCA，即货交承运人，是指卖方只要将货物在指定的地点交给由买方指定的承运人，并办理了出口清关手续，即完成交货。需要说明的是，交货地点的选择对于在该地点装货和卸货的义务会产生影响。若卖方在其所在地交货，则卖方负责装货；或卖方在任何其他地点交货，卖方不负责卸货，即当货物在卖方的运输工具上尚未卸货，而将货物交给买方指定的承运人或其他人或由卖方选定的承运人或其他人处理时，交货即算完成。该术语适合于各种运输方式，包括多式联运。

这里的"承运人"指任何在运输合同中，承诺通过铁路、公路、空运、海运、内河运输或上述运输的联合方式履行运输或由他人履行运输的人。若买方指定承运人以外的其他人领取货物，则当卖方将货物交给此人时，即视为已经完成交货。

（二）买卖双方义务

1. 卖方承担的义务。

（1）在合同规定的时间、地点，将合同规定的货物交给买方指定的承运人，并及时通知买方。

（2）承担将货物交给承运人之前的一切费用和风险。

（3）取得出口许可证或其他官方证件，并办理货物出口所需的一切海关手续。

（4）提交商业发票和有关证明已交付货物的装运单据或相等的电子信息。

2. 买方承担的义务。

（1）指定承运人，签订从指定地点承运货物的合同，支付有关的运费，并将承运人名称及有关情况及时通知卖方。

（2）接受货运单据，交付货款，受领货物。

（3）承担货物在指定地点交给承运人之后所发生的一切费用和风险。

（4）取得进口许可证或其他官方证件，办理货物进口所需的海关手续，以及必要时经另一国的过境海关手续。

（三）使用 FCA 术语应注意的问题

FCA 术语的基本模式与 FOB 术语类似，其主要不同点在于：一是 FOB 以货物在装运港越过船舷为分界点，而 FCA 以货物在指定地点交给承运人为分界点；二是 FCA 术语适用于任何运输方式，而 FOB 术语仅适用于海洋或内河运输。

七、CPT Carriage Paid to（…named place of destination）

（一）CPT 术语的含义

CPT，即运费付至（……指定目的地）。指卖方向其指定的承运人交货，且卖方还必须支付将货物运至目的地的运费，亦即买方承担交货之后的一切风险和其他费用。

如果货物是以多式联运方式运输，则风险自货物交给第一承运人时转移。CPT 术语要求卖方办理出口清关手续。该术语适用于各种运输方式，包括多式联运。

（二）买卖双方的义务

1. 卖方承担的义务。

（1）订立将货物运往指定目的地的运输合同，并支付有关运费。在指定地点按约定日期或期限内，将与合同相符的货物交给第一承运人，并即时通知买方。

（2）承担货物在指定地点交给第一承运人之前的风险。

（3）取得出口许可证或其他官方批准证件，并办理出口所需的一切海关手续。

（4）提供商业发票和有关证明已交货的装运单据，或具有同等作用的电子信息。

2. 买方承担的义务。

（1）接受货运单据，在目的地受领货物，支付货款。

（2）承担自货物在指定地点交给承运人之后的风险。

（3）取得进口许可证或其他官方证件，并办理货物进口所需的海关手续和必要时经另一国的过境海关手续。

（三）使用 CPT 术语成交应注意的问题

CPT 术语与 CFR 术语相类似，其主要差别是：

1. CPT 是卖方负责安排把货物运至指定目的地的运输，并付运费，但货物在运输途中灭失或损坏的风险以及货物交给第一承运人后发生的任何额外费用，均由买方承担，这同 CFR 术语相似。但在 CFR 术语下，卖方完成交货是在约定的装运港越过船舷时，不是将货物交给第一承运人。

2. CPT 术语可适用于任何运输方式，而 CFR 术语仅适用于海洋和内河运输。

八、CIP Carriage and Insurance Paid to (...named place of destination)

CIP，即运费保险费付至（……指定目的地）。指卖方向其指定的承运人，且卖方还必须支付将货物运至目的地的运费，亦即买方承担卖方交货之后的一切风险和额外费用。但是，按照这一术语，卖方还必须办理买方货物在运输途中灭失或损坏风险的保险。因此，由卖方订立保险合同并支付保险费。

买方应注意到，按惯例，CIP 术语只要求卖方投保最低责任的保险级别。如果买方需要更高的保险险别，则需要与卖方明确达成协议，或者自行作出额外的保险安排。

如果货物是以多式联运方式运输，则风险自货物交给第一承运人时转移。

该术语要求卖方办理出口清关手续，并可适用于各种运输方式，包括多式联运。

CIP 同 CPT 的区别在于 CIP 由卖方办理保险，支付保险费；向买方转让保险单，使其成为保险单的合法受让人，在目的地可直接向保险人或其代理人索赔。而 CPT 则由买方办理保险。CIP 类似 CIF，只是卖方完成交货的方式不同，前者是在约定地点交给第一承运人，后者是以在装运港越过船舷为分界点；且前者适用任何运输方式，后者仅适用于海洋运输和内河运输。

表 2-3　　　　　　　FOB、CFR、CIF 与 FCA、CPT、CIP 的异同

比较项目	FOB CFR CIF	FCA CPT CIP
运输方式	海运和内河运输	各种运输方式（单式和多式）
承运人	船公司	船公司、铁路局、航空公司或多式联运经营人
交货地点	装运港船上	视不同运输方式而定
风险转移界限	装运港船舷	货交承运人监管后
装卸费用负担	FOB 变形明确装船费用由谁负担，CFR、CIF 变形明确卸货费用由谁负担	FCA 卖方负担装船费，CPT、CIP 买方负担卸货费，不存在术语变形
运输单据	已装船清洁提单	提单、海运单、内河运单、铁路运单、公路运单、航空运单或多式联运单据
后注地名	FOB 后加注装运港名称　CFR、CIF 后加注目的港名称	FCA 后加注装运地名称　CPT、CIP 后加注目的地名称

第二节　国际货款支付的常见单证

国际贸易中的货款支付主要涉及信用及使用何种货币，在何时、何地及以何种方式

进行结算等问题。由于货款的收付关系到买卖双方的切身利益，因此，买卖双方在磋商合同时都力争取得对自己有利的支付条件，并在合同中加以明确规定。

一、汇票

在国际贸易中，作为支付的工具有货币和票据两种。但货币作为一种支付工具较少使用，在国际贸易中主要的支付工具则是票据。票据是各国通行的结算工具和信用工具，是可以流通转让的债权凭证，主要有汇票、本票和支票，其中以使用汇票为主。

（一）汇票的含义

汇票（Bill of Exchange），简称 Draft 或 Bill。根据我国 1996 年 1 月 1 日起施行的《中华人民共和国票据法》第十九条规定，汇票是出票人签发的，委托付款人在见票时或者在指定日期无条件支付确定的金额给收款人或者持票人的票据。

《英国票据法》对汇票的定义是：汇票是一人向另一人签发的无条件的书面命令，要求另一人在见票时或在某一规定的时间或可以确定的将来时间向特定的人或其指定人或持票人支付一定的金额。

（二）汇票的主要内容及说明

我国《票据法》第二十二条规定，汇票必须记载下列事项：标明"汇票"的字样；无条件支付的委托；确定的金额；付款人名称；收款人名称；出票日期；出票人签章。汇票上未记载前款规定事项之一的，汇票无效。

除上述主要项目外，还可以记载如利息与利率；付一不付二，付二不付一；禁止转让；出票依据及汇票编号等内容。汇票不仅是一种支付命令，而且是一种可以转让的流通证券。

现就以上项目对照图 2 - 1 说明如下。

```
                          BILL OF EXCHANGE
Drawn under BANK OF CHINA, SINGAPORE
NO. GSQX07002                              DATE：DEC. 03, 2009
Exchange for  USD 470, 250. 00.   Shanghai, China DEC 03, 2009
At _____ sight of this FIRST of Exchange（the SECOND of exchange being unpaid）pay to the order of CHINA CON-
STRUCTION BANK, SHANGHAI BRANCH
the sum of SAY UNITED STATES DOLLARS FOUR HUNDRED SEVENTY THOUSAND TWO HUNDREDAND FIFTY ON-
LY
TO: BANK OF CHINA, SINGAPORE
    4 BATTERY ROAD, SINGAPORE
                                           UNIVERSAL TRADING CO. , LTD.
                                                   × × ×
```

图 2 - 1　汇票样本

1. "Drawn under" 是出票依据。
2. "NO." 是汇票的号码，一般是发票号。
3. "Exchange" 表明该票据是汇票，而不是本票或支票。
4. "USD 470250. 00" 为汇票的小写金额。
5. "Shanghai，China，DEC 03，2009" 为出票的日期和地点：出票日期一方面用来判断出票人在出票时是否具有法律行为的资格和能力，另一方面也是确定汇票付款日期及支付利息的依据。出票地点主要用来解决汇票在流通中发生纠纷的法律适用问题。

6. "At _____ sight" 为付款期限（Tenor），又称付款到期日（Maturity），是付款人履行付款行为的期限。

7. "FIRST of Exchange (the SECOND of exchange being unpaid)" 表明该汇票为第一份。汇票一般出立一套，即一式两份，上面记载"付一不付二"或"付二不付一"字样。

8. "pay to" 是无条件支付命令，表明支付不能受到任何限制，也不能附带任何条件。

9. "CHINA CONSTRUCTION BANK, SHANGHAI BRANCH" 即汇票的收款人，也称汇票的抬头。汇票的抬头通常有三种表示方式：

（1）限制性抬头。例如"仅付×××公司"（Pay ×××Co., only）或"付×××公司，不准流通"（Pay ××× Co., not negotiable）。这种汇票只能由指定的公司收取款项，不能流通转让。

（2）指示性抬头。例如"付中国银行或其指定人"（Pay to the order of Bank of China），这种汇票除中国银行可以收款外，还可以经背书转让。

（3）持票人或来人抬头。例如"付给来人"或"付给持票人"（Pay to bearer），这种汇票不用需要持票人背书，可自由转让。

10. "SAY UNITED STATES DOLLARS FOUR HUNDRED SEVENTY THOUSAND TWO HUNDRED AND FIFTY ONLY" 为汇票的大写金额。汇票上的大小写金额必须一致。

11. "TO _____" 为付款人的名称及地址。该项目必须清楚、准确，以便出票人提示、承兑或要求付款，付款地点也是在汇票遭拒付时，拒付证书的出证地点。

12. "出票人签字"。汇票必须经由出票人签字。出票人签字后，即承担汇票被承兑及付款的责任，汇票上的签字若是伪造的或是由未经授权的人签字，则视为无效。

二、信用证

（一）信用证的定义

依据《UCP600》即《跟单信用证统一惯例》（国际商会第 600 号出版物，2007 年 7 月 1 日起正式生效）的解释，信用证是指一项不可撤销的安排，无论其如何命名或描述，该项安排构成开证行对于相符提示予以兑付的确定承诺。该定义的实质是，信用证是银行有条件承诺付款的一种保证。

（二）信用证的当事人

信用证在使用过程中会涉及如下当事人：

1. 开证申请人（Applicant）。又称开证人（Opener）。开证申请人是向银行申请开立信用证的人，即进口人。少数信用证由银行主动开立，则不涉及开证申请人。

2. 开证银行（Issuing Bank；Opening Bank）。开证银行是指接受开证申请人的申请或自己主动开立信用证并承担付款责任的银行。一般是进口人所在地的银行。

3. 通知行（Advising Bank；Notifying Bank）。通知行是指受开证行的委托，将信用证转交给出口人的银行。其主要任务是通知并鉴别信用证的真实性。通知行一般在出口人所在地的银行。

4. 受益人（Beneficiary）。受益人是指信用证中指定的有权使用该证的人。一般为出口人。

5. 议付行（Negotiating Bank）。议付行是指愿意买入受益人按信用证规定开立的跟单汇票的银行。议付行可以由信用证指定，也可以是非指定的银行。我国出口业务中，通知行作为议付行的较多。议付行一般在出口方所在地。

6. 付款行（Paying Bank）。付款行是信用证上指定的支付货款的银行。多数情况下就是开证行，也可以是开证行指定的另一家银行。具体的付款行一般由信用证规定；信用证未作明确规定的，开证行就是付款行。

7. 保兑行（Confirming Bank）。保兑行是指根据开证行请求在信用证中加以保兑的银行。保兑行与开证行对信用证承担同等的付款责任。保兑行通常由通知行兼任，但也可以由其他银行加以保兑。

8. 偿付行（Reimbursing Bank）。偿付行是指信用证指定的代开证行向议付行或付款行清偿垫款的银行。信用证中如规定有关银行向指定偿付行索偿时，开证行须及时向偿付行提供恰当的指示或授权以支付索偿款项。开证行不应要求索偿行向偿付行提供单证相符的证明书。在偿付行偿付前，开证行不得解除其自行偿付的义务。

（三）信用证的主要内容

在国际贸易中，各国银行开出的信用证并没有统一的格式，有繁有简；有标准格式的，也有非标准格式的。但其内容基本相似，主要包括以下几个方面：

1. 对信用证本身的说明。如信用证的号码、种类、性质、开证日期、信用证的有效期、交单期及交单地点等。

2. 信用证的当事人。如开证申请人、开证行、通知行、受益人、议付行、付款行、偿付行、保兑行等。

3. 对货物的描述。如品名、规格、数量、包装及种类、商品的单价及总值等。

4. 对运输的要求。如运输方式、起运港（地）、目的港（地）、可否分批、可否转运及装运期限等。

5. 对单据的要求。信用证中所需要的单据主要有：

（1）资金单据（如汇票等）。

（2）货物单据（如发票、装箱单、重量单、产地证、商检证书等）。

（3）运输单据（如提单、铁路运单、承运货物收据、航空运单等）。

（4）保险单据（如保险单等）。

此外还可能要求提供其他单证，如受益人证明、装船通知副本等。

6. 特别条款。主要是根据每笔业务的不同需要而规定的一些条款，如要求××银行加具保兑，限制××银行议付等。

7. 银行的保证付款词句及适用的国际惯例。如"该证受国际商会《跟单信用证统一惯例》第600号出版物的约束"字样。

（四）信用证方式的一般收付程序

在国际贸易中，信用证的种类很多，不同信用证涉及的当事人及所办的手续不同，但其基本环节大同小异。信用证支付的一般程序如图2-2所示。

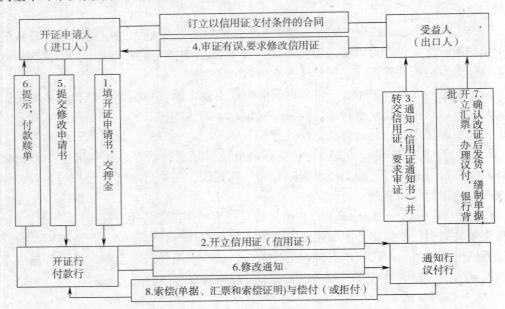

图2-2　信用证支付的一般程序

信用证支付的一般程序说明：

1. 买卖双方在合同中约定采用信用证方式支付货款。

2. 买方按合同规定的开证日期或合同中未规定开证日期应在一个合理的时间内向当地银行申请向卖方开立信用证。开证人向银行申请开证时，应填写开证申请书，依据合同填写各项规定和要求。在开证申请书中，开证申请人承认在其未付清货款之前，物权归开证行。开证申请人申请开证时，应向开证行交付一定比率的押金或其他担保品。押金的高低与开证人的资信状况、市场及商品的行情有关，一般为信用证金额的百分之几至百分之几十。

3. 开证行依据开证申请书的内容，向出口人（受益人）开出信用证，并将信用证寄交给出口人所在地的分行或代理行（统称通知行）。

4. 通知行审核印押无误后，将信用证通知出口人。

（1）通知行的责任是必须合理审慎地鉴别所通知的信用证的表面真实性。如不愿意通知，则必须立即如实告知开证行。如通知行无法鉴别信用证表面真实性，它必须立即通知开证行说明它无法鉴别。如通知行仍愿意通知受益人，则必须告知受益人它未能证实该证的表面真实性。

（2）在实际业务中，有开证行直接将信用证交给受益人的情况发生，此时，受益人应将信用证交相关银行加以鉴别。

5. 受益人收到信用证，依据合同条款进行审核。当信用证条款可以接受时，按信用证规定发运货物，并在取得全套货运单据后在信用证的有效期内交议付行议付货款。如发现信用证与合同不符或存在有不能接受的内容，应及时要求开证人通知开证行修改，然后按要求交货交单。

6. 议付行将汇票和全套单据寄开证行（或其指定的付款行）索偿。开证行或其指定的付款行，在审核单据无误后，付款给议付行。若被指定的付款行拒绝开证行的指定，由开证行保证付款。

7. 开证行通知进口人付款赎单。

信用证通知书范例：

信用证通知书
ADVICE OF A LETTER OF CREDIT

致 TO：XYZ CO LTD

日期 DATE：30 DECEMBER 2009
我行编号 OUR REF：6×××××××××××

信用证编号（L/C No）：0××××CIM×××× C0
开证日期（Issuing Date）：29 DECEMBER 2009
信用证金额（Amount）：USD 155000. 00
信用证效期（Date of Expiry）：31 JANUARY 2010
最后装船期（Latest Shipment Date）：10 JANUARY 2010

开证行（Issuing Bank）：BANCA LOMBARDA. ，BRESCIA

兹通知信用证一份，内容见附件。
WE HAVE PLEASURE IN ADVISING YOU A DOCUMENTARY CREDIT WHICH IS ATTACHED TO THIS ADVISING LETTER.

如贵公司发现本信用证有无法办到的条款和条件，或发现信用证存在错误，请直接与开证申请人联系，进行必要的修改，以避免在交单时产生困难。
IF YOU FIND ANY TERMS AND CONDITIONS IN THE L/C WHICH ARE UNABLE TO COMPLY WITH, OR IF YOU FIND ANY ERROR（S），IT IS SUGGESTED THAT YOU CONTACT THE APPLICANT DIRECTLY FOR NECESSARY AMENDMENT（S）SO AS TO AVOID ANY DIFFICULTIES WHICH MAY ARISE WHEN DOCUMENTS ARE PRESENTED.

本通知不构成我行其他任何责任和义务。
OUR ADVICE OF THE ABOVE L/C CONVEYS NO FURTHER ENGAGEMENT OR OBLIGATION ON OUR PART.

本信用证的通知依照国际商会《跟单信用证统一惯例》（2007 年修订版）第 600 号出版物。
THIS ADVICE IS SUBJECT TO UNIFORM CUSTOMS AND PRACTICE FOR DOCUMENTARY CREDITS. (2007 REVISION) ICC PUBLICATION NO. 600.

───── Page Break ─────
MT700

SENDER：

BLOPIT22

BANCA LOMBARDA

BRESCIA

RECEIVER：

PCBCCNBJGSX

CHINA CONSTRUCTION BANK

L/C ARRIVAL DATE：30 DECEMBER 2009

27：SEQUENCE OF TOTAL　电文序列号

　　1/1

40A：FORM OF L/C（Y/N/T）　信用证形式

　　　IRREVOCABLE　不可撤销信用证

20：DOCUMENT CREDIT NO　信用证号码

　　0617CIM10024C0

31C：DATE OF ISSUE　开证日期

　　　091229

40E：APPLICABLE RULES　适用条款

　　　UCP LATEST VERSION

31D：DATE AND PLACE OF EXPIRE　失效时间地点

　　　100131MILANO

51A：APPLICANT BANK　开证行

　　　BCABIT21 × × ×

50：APPLICANT　开证申请人

　　　THERMOFIBERS

　　　VIA DELLE VALLI 13

　　　10074　　LANZO TORINESE（TO）

59：BENEFICIARY　受益人

　　　XYZ

　　　TRADING CO LTD

　　　258 QINGYANG ROAD

　　　P. R. CHINA

32B：CURRENCY CODE，AMOUNT　信用证总额

　　　USD155136，

39B：MAXIMUM CREDIT AMOUNT

　　　NOT EXCEEDING

41D：AVAILABLE WITH...BY　承兑方式

　　　BCABIT21

　　　BY DEF PAYMENT　（银行有追索权）

42P：DEFFERED PAYMENT DETAILS　延期付款

　　　PAYMENT AT　90 DAYS FROM TRANSPORT

　　　DOCUMENTS DATE

43P：PARTIAL SHIPMENT　货物分装
　　　NOT ALLOWED

43T：TRANSSHIPMENT　货物转运
　　　NOT ALLOWED

44A：PLACE OF TAKING IN CHARG　起运港
　　　XINGANG – CHINA

44B：PLACE OF FINAL DESTIN.　目的港
　　　SANTOS – BRAZIL

44C：LATEST DATE OF SHIPMENT　最迟装运期
　　　100110

45A：DESCRIPTION OF GOODS　货物描述
　　　+ KG 870 PVA HTM ENGINEERING FIBER – STANDARD 1，0 D X3 MM
　　　　PACKED IN 30 BALES OF20 KG NET EACH ON 32
　　　　PALLETS IN 2 ×55' CONTAINER AT USD 8，03/KG CFR
　SANTOS – BRAZIL – AS PER PROFORMA INVOICE NO. LZ/TF103/2009
　870 公斤聚乙烯醇热媒工程纤维 – 标准规格（1，0 D X 3 MM），货物金额按形式发票 NO. LZ/
　TF103/2009 金额 USD 8，03/KG CFR SANTOS BRAZIL，装运方式为用 2 ×55' 的集装箱，32 个托
　盘包装，每个托盘装载 30 捆包，每捆包净重 20 公斤。

46A：DOCUMENTS REQUIRED　议付单据
　　　1）SIGNED COMMERCIAL INVOICE IN ORIGINAL AND TWO COPIES
　　　已签署的商业发票，一份正本和两份副本
　　　2）SIGNED PACKING LIST IN ORIGINAL AND TWO COPIES
　　　已签署的装箱单，一份正本和两份副本
　　　3）FULL SET CLEAN ON BOARD OCEAN BILL OF LADING MADE OUT TO THE
　　　　ORDER OF：INFIBRA LTDA, ROD. ANHANGUERA, KM 186, DISTRITO
　　　　INDUSTRIAL, LEME SP CEP, BRASIL,
　　　　CNPJ：04. 277. 941/0001 – 28 AND NOTIFY THE
　　　　SAME, MARKED 'TOTAL FREIGHT PREPAID' WITH ITS VALUE
　　　　IN FIGURES AND WORDS
　　　全套清洁已装船海运提单，做成以 "INFIBRA LTDA, ROD. ANHANGUERA, KM 186, DISTRI-
　　　TO INDUSTRIAL, LEME SP CEP, BRASIL" 为抬头和通知方，以运费总金额大小写形式注明
　　　"运费付讫"。
　　　4）ORIGINAL AND COPY OF CERTIFICATE OFCHINA ORIGIN
　　　中国原产地证明的正本及副本
　　　5）INSPECTION CERTIFICATE FOR QUALITY AND QUANTITY WITHLOT
　　　　NUMBER ISSUED BY MANUFACTURER
　　　制造商出具的加注批号的品质和数量检验证明书
　　　6）CERTIFICATE OF FUMIGATION
　　　熏蒸证明

47A：ADDITIONAL CONDITIONS　附加条件
　　　+ PLEASE TAKE NOTE THAT THIS CREDIT IS TRANSMITTED BY BLOPIT22 UNIONE DI BANCHE

ITALIANE S. C. P. A. BUT MUST BE CONSIDERED ISSUED BY BCABIT21 UBI BANCO DI BRESCIA

SPA – NETWORK BANK AND FULLY OWNED BY UNIONE DI BANCHE ITALIANE

该信用证通过 BLOPIT22 UNIONE DI BANCHE ITALIANE S. C. P. A. 转递，但须为 BCABIT21 UBI

BANCO DI BRESCIA SPA – NETWORK BANK 开立

+ BCABIT21 UBI BANCO DI BRESCIA BEARS ALL LIABILITIES RELATED TO 承担全部责任

+ THE ISSUANCE OF THIS L/C DOCUMENTS MUST BE SENT BY DHL COURIER OR SIMILAR

该信用证开立单据需交由 DHL 或相关快递公司分别由连续航次邮寄，邮寄地址如下：

AT THE FOLLOWING ADDRESS

BANCO DI BRESCIA SPA

FOREIGN DEPT

IN TWO CONSECUTIVE AND SEPARATE SETS

A) CERTIFICATE OF ORIGIN SHOWING MEANS OF TRANSPORT, ROUTE,

NUMBER AND DATE OF INVOICE DIFFERENT FROM OTHER DOCUMENTS IS ACCEPTED

原产地证需标注运输工具、航线、发票日期和发票号码

B) YOURS AND OUR L/C NUMBER MUST NOT APPEAR ON ANY DOCUMENTS

任何单据上不得显示信用证号码

C) B/L MUST NOT SHOW UNIT PRICE AND TOTAL PRICE

海运提单不得显示货物单价和总价

D) INVOICE MUST SHOW COUNTRY OF ORIGIN OF THE GOODS SHIPPED

发票上需注明货物原产地国起运地

71B：CHARGES 费用

ALL BANKING CHARGES AND COMMISSIONS

OUTSIDE ITALY ARE FOR BENEFICIARY'S

ACCOUNT INCLUDING EVENTUAL

REIMBURSEMENT BANK CHARGES

意大利境外产生的银行费用、佣金由信用证受益人负担（包含最终偿付行的费用）。

48：PERIOD FOR PRESENTATION 交单期限

21 DAYS AFTER B/L DATE BUT IN ANY

CASE WITHIN CREDIT VALIDITY

信用证有效期内海运提单日期后 21 天

49：CONFIRMATION INSTRUCTION 确认指示

WITHOUT

78：INSTR TO PAY/ACCEP/NEG 对付款行/承兑行/议付行的指示

+ UPON RECEIPT OF DOCS STRICTLY COMPLYING WITH ALL TERMS

AND CONDITIONS OF THIS L/C, WE WILL CREDIT YOU (ON DUE DATE)

AS PER YOUR INSTRUCTIONS TO US

在收到与此信用证要求一致的单据后，我们将按照你们的指示付款

57D：ADVISE THROUGH BANK 第二通知行

CHINA CONSTRUCTION BANK

3 SOUTH ROAD, P. R. CHINA

72：SENDER TO RECEIVER INF

PLS ACK RECEIPT BY SWIFT

QUOTING OUR REF.

请通过 SWIFT 告知收到此证并注明我们开证行的参考号

第三节　国际货物运输的常见单证

一、海运提单

（一）海运提单定义

海运提单（Bill of Lading，或 B/L）简称提单，是用以证明海上货物运输合同和货物已由承运人接受或装船，以及承运人保证据以交付货物的单证。根据提单中载明的向记名人交付货物，或者按照指示人的指示交付货物，或者向提单持有人交付货物的条款，构成承运人据以交付货物的保证。

在国际货物运输中，提单是最具特色、最完整的运输单据。在国际贸易中，提单是一种有价证券，同时代表物权和债权；在各国有关运输法律中，提单都被认定是一份非常重要的法律文件，提单上权利的实现必须以交还提单为要件。

（二）提单的性质和作用

从法律规定角度看，海运提单的性质和作用可以概括为以下三个方面：

1. 提单是承运人或其代理人签发的货物收据（Receipt for the Goods）。它证明已按提单所列内容收到货物。

2. 提单是一种货物所有权的凭证（Document of Title）。提单代表提单上所记载的货物。提单持有人可以凭提单请求承运人交付货物，而船长、船公司或其代理人也必须按照提单所载内容将货物交付给收货人，因此提单具有物权凭证性质。它可以通过合法手续进行转让，转让提单也就意味着转让物权；它也可以被作为抵押品向银行融资。

3. 提单是承运人与托运人间订立的运输契约的证明（Evidence of the Contract Carriage）。双方的权利、义务都列明在提单之内，因此是处理承运人与托运人在运输中的权利、义务的依据。但在采用程租船运输货物的情况下，有关当事人还须受租船合同的约束。

（三）提单的内容

提单的内容一般有正反两面内容。正面记载的内容有船名、航次、提单号、承运人名称、托运人名称、收货人名称、通知人名称、装运港、卸货港、转运港、货物名称、标志、包装、件数、重量、体积、运费支付、提单签发日、提单签发地点、提单签发份数、承运人或船长或其授权人的签字或盖章。

提单中分别在正面和背面有印刷条款。通常这些条款是根据国际公约、各国法律和承运人的规定而印制，对于托运人和承运人双方都有约束。不同的班轮公司，制定并印刷不同的条款，但基本条款相似，主要有：

1. 提单正面的确认条款

"Received in apparent good order and condition except as otherwise noted the total number of containers or other packages or unites enumerated below for transportation from the place of receipt to the place of delivery subject to the terms and conditions hereof."

上述英文措辞条款的大意是：承运人在货物或集装箱外表状况良好的情况下接收货物或集装箱，并同意承担按照提单所列条款，将货物或集装箱从起运地运往交货地，把货物交付给收货人。

2. 提单正面的不知条款

"Weight, measure, marks, numbers, quality, contents and value mentioned in this Bill of Lading are to be considered unknown unless the contrary has expressly acknowledged and agreed to. The signing of this Bill of Lading is not to be considered as such an agreement."

上述英文措辞条款的大意是：承运人没有适当的方法对接受的货物或集装箱进行检查，所有货物的重量、尺码、标志、数量、品质和货物价值都由托运人提供，对此，承运人并不知晓。

3. 提单正面的承诺条款

"On presentation of this Bill of Lading duly endorsed to the Carrier by or on behalf of the Holder of Bill of Lading, the rights and liabilities arising in accordance with the terms and conditions hereof shall, without prejudice to any rule of common law or stature rendering them of the Bill of Lading as though the contract evidenced hereby had been made between them."

上述英文措辞条款的大意是：经承运人签发的提单是有效的，承运人承诺按照提单条款的规定，承担义务和享受权利；公平地也要求货主承诺接受提单条款规定，承担义务和享受权利。

4. 提单正面签署条款

"One original Bill of Lading must be surrendered duly endorsed in exchange for the goods or delivery order. In witness whereof the number of original Bill of Lading stated under have been signed, all of this tenor and date, one of which being accomplished, the order to stand void."

上述英文措辞条款的大意是：承运人签发的数份正本提单，具有相同法律效力，提取货物时必须交出经背书的一本正本提单。其中一份完成提货后，其余各份自行失效。

5. 提单背面的承运人赔偿责任条款

承运人责任限制是用以明确承运人对货物的灭失和损坏负有赔偿责任应支付赔偿金时，承运人对每一件货物或每单位货物支付最高赔偿金额的条款。此外，提单背面还有许多其他条款，如承运人的运价本条款、通知与支付条款、承运人的集装箱条款、托运人的集装箱条款、索赔通知与时效条款、运费与附加费条款、共同海损与求助条款、管辖区条款和新杰森条款（New Jason Clause）。

二、航空运单

航空运输是一种快捷的运输方式，特别适用于鲜活商品、季节性强的急需商品的运输。航空运单（Air Way Bill, AWB）是由承运的航空公司或其代理人签发的接受货物的收据，是航空承运人与托运人之间缔结的运输合同的书面凭证，但不具有物权凭证的性质。货物到达目的地后，收货人不是凭航空运单提货，而是凭航空公司的提货通知单提货。因此，航空运单是不能背书转让的。在航空运单的收货人栏内必须填写收货人的全称和详细地址，而不得作成指示式抬头。

航空运单根据签发人的不同可分为主运单和分运单。主运单是由航空公司签发的，分运单是由航空货运代理公司签发的，两者在法律效力上基本相同。

对于需要航空运输的货物，必须由托运人首先填制国际货物托运书，然后由航空公司凭此托运书填制航空运单。我国的航空运单是由航空公司或其代理签发的。按照国际惯例，航空运单共有正本一式三份：第一份正本交托运人向银行结汇，上面注明"Original – For the Shipper。"；第二份正本由航空公司留存，上面注明"Original – For the Issuing Carrier"；第三份正本由航空公司随机交收货人，上面注明"Original – For the Consignee"。其余副本则分别注明"For Airport of Destination"、"For Second Carrier"、"Delivery Receipt"、"Extra Copy"等，由航空公司根据需要分发。

航空运单的作用：它是航空货物运输及条件及合同订立和承运人接受货物的初步证据，是货物交付后的收据、银行结汇单据之一，是运费结算凭证及运费收据，是承运人在货物运输组织全过程中运输货物的依据，是保险的证明，是国际进出口商办理货物清关的证明文件。

中远集团海运提单范例

1. Shipper Insert Name, Address and Phone	B/L No.
2. Consignee Insert Name, Address and Phone	

中远集装箱运输有限公司
COSCO CONTAINER LINES

TLX: 33057 COSCO CN
FAX: +86(021) 6545 8984

ORIGINAL

Port – to – Port or Combined Transport
BILL OF LADING
RECEIVED in external apparent good order and condition except as other – Wise noted. The total number of packages or unites stuffed in the container, The description of the goods and the weights shown in this Bill of Lading areFurnished by the Merchants, and which the carrier has no reasonable means of checking and is not a part of this Bill of Lading contract. The carrier hasIssued the number of Bills of Lading stated below, all of this tenor and date, One of the original Bills of Lading must be surrendered and endorsed or sig – Ned against the delivery of the shipment and whereupon any other original Bills of Lading shall be void. The Merchants agree to be bound by the terms and conditions of this Bill of Lading as if each had personally signed this Billof Lading.

SEE clause 4 on the back of this Bill of Lading (Terms continued on the back Hereof, please read carefully).

*Applicable Only When Document Used as a Combined Transport Bill of Lading.

3. Notify Party Insert Name, Address and Phone
(It is agreed that no responsibility shall attsch to the Carrier or his agents for failure to notify)

4. Combined Transport *	5. Combined Transport *
Pre – carriage by	Place of Receipt
6. Ocean Vessel Voy. No	7. Port of Loading
8. Port of Discharge	9. Combined Transport *
	Place of Delivery

续表

Marks & Nos. Container / Seal No.	No. of Containers or Packages	Description of Goods (If Dangerous Goods, See Clause 20)	Gross Weight Kgs	Measurement
		Description of Contents for Shipper's Use Only（Not part of This B/L Contract)		

10. Total Number of containers and/or packages（in words）
Subject to Clause 7 Limitation

11. Freight & Charges Declared Value Charge	Revenue Tons	Rate	Per	Prepaid	Collect

Ex. Rate：	Prepaid at	Payable at	Place and date of issue
	Total Prepaid	No. of Original B（s）/L	Signed for the Carrier，COSCO CONTAINER LINES

LADEN ON BOARD THE VESSEL
DATE   BY

【小贴士】

新杰森条款（New Jason Clause）

新杰森条款是目前各国提单背面的主要条款之一。在我国主要的船公司提单背面，新杰森条款措辞如下："如在航次开始之前或之后，由于不论是疏忽与否的任何原因而引起意外、危险、损害或灾难，而根据法令、契约或其他规定，承运人对此类事件的后果都不负责，则货物及货方应连带在共同海损中与承运人一起分担可能构成或可能发生的属于共同海损性质的牺牲、损失或费用，并应支付就货物而发生的救助费用及特殊费用。如果救助船舶为承运人所有或由其经营，则救助费用应当犹如该船属于无关之人一样，全额支付。"

【思考题】

一、选择题

1. 根据《INCOTERMS 2000》的规定，在FOB贸易术语下，由（   ）办理租船订舱，由（   ）支付到目的港的运费并负责办理保险。

A. 卖方 卖方   B. 卖方 买方   C. 买方 卖方   D. 买方 买方

2. 货物从上海运往纽约，根据《INCOTERMS 2000》，如果采取贸易术语CIF NEW YORK，卖方对货物所承担的风险责任界限是（   ）。

A. 货物在上海卸下卖方车辆以前   B. 货物在纽约装上买方车辆以前

C. 货物在上海装船越过船舷以前　　　D. 货物在纽约卸货越过船舷以前

3. 甲公司按 FOB 贸易术语从国外进口大豆，采用程租船运输。如甲公司不愿负担装船费用，应在合同中规定使用的贸易术语是（　　　）。

A. FOB TRIMMED&STOWED

B. FOB VESSEL

C. FOB UNDER TACKLE

D. FOB LINER TERMS

4. 以下汇票上合格的支付语句是（　　　）。

A. WOULD YOU PLEASE PAY TO ABC COMPANY USD 1000. 00?

B. PLEASE PAY ABC COMPANY USD 1000. 00 PROVIDED ABC COMPANY SHIPPED GOODS AS SCHEDULED.

C. PLEASE PAY ABC COMPANY USD 1000. 00 WHEN WE RECEIVE COMMISSION.

D. PLEASE PAY ABC COMPANY USD 1000. 00.

二、案例分析题

1. 信用证条款：

FROM：KOREA EXCHANGE BANK, SEOUL, KOREA

TO：BANK OF CHINA, JIANGSU BRANCH

L/C NO. 12345678 ISSUED BY OURSELVES

BENEFICIARY：ABC COMPANY, NANJING

APPLICANT：XYZ COMPANY, KOREA

DOCUMENTS REQUIRED：FULL SET OF CLEAN ON BOARD OCEAN B/L MADE OUT TO THE ORDER OF ISSUING BANK NOTIFYING APPLICANT MARKED FREIGHT PRE-PAID.

信用证未对提单作任何其他规定。

提单抬头/收货人应为：（TO THE ORDER OF KOREA EXCHANGE BANK, SEOUL, KOREA）

2. 信用证条款：

APPLICANT：XYZ COMPANY, SEOUL KOREA

BENEFICIARY：ABC COMPANY, NANJING

SHIPMENT FROM：NANJING, CHINA

FOR TRANSPORTATION TO：SEOUL, KOREA

DOCUMENTS REQUIRED：FULL SET OF CLEAN ON BOARD OCEAN B/L CON-SIGNED TO THE APPLICANT MARKED FREIGHT PREPAID.

信用证未对提单做任何其他规定。

提单装货港应为：（NANJING, CHINA）

3. 请回答以下两种情况下汇票是否有效并说明理由：

（1）汇票上规定"如果甲公司交付的货物符合合同规定，即支付其金额 20000 美元"。

（2）汇票加注"按信用证号码 LC3456 开立"。

金融保险丛书
高等院校实务教程

第三章

海洋货物运输保险概论

【结构图】

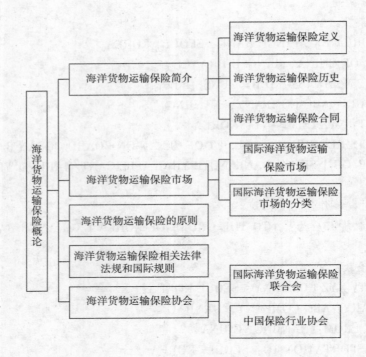

【学习目标】

- 掌握海洋货物运输保险的定义和特点。
- 了解海洋货物运输保险的历史和市场。
- 了解海洋货物运输的方法和方式。
- 熟悉海洋货物运输保险的相关法律法规。

【引导案例】

海上运输的风险探秘——索马里海盗

国际海事局（International Maritime Organization，IMO）2011年7月14日发布的报告显示，2011年上半年全球海盗袭击次数与2010年同期相比增加35%，再创新高。

2011年1月至6月，全球发生海盗袭击船员事件266起，与2010年同期的196起相比大幅增加，其中超过60%为索马里海盗所为。

2011年1月至6月，495名船员遭海盗劫持，其中361人遭索马里海盗劫持；海盗杀害7名人质，伤害39人；大约50起海盗袭击发生在新加坡海峡和印度尼西亚、马来西亚等国海域。

国际海事局局长波滕加尔·穆昆丹说："过去6个月，索马里海盗比以往制造更多袭击，同时承受更高风险。"另外，海盗袭击暴力程度持续上升，经常使用自动武器和火箭助推榴弹，这一现象在亚丁湾格外显著。

国际海事局敦促各国海军护航舰队继续在海盗常出没的海域护航过往船只，必要时加大护航任务密度。

中国海军舰队远征索马里海域打击海盗。

2008年12月26日下午，中国人民解放军海军舰艇编队从海南三亚起航，赴亚丁湾、索马里海域执行护航任务。

护航编队由"武汉"号和"海口"号导弹驱逐舰、"微山湖"号综合补给舰、两架舰载直升机和部分特战队员组成，共800余名官兵。他们的任务是保护中国航经亚丁

湾、索马里海域船舶和人员安全，保护世界粮食计划署等国际组织运送人道主义物资船舶的安全。

这是我国首次使用军事力量赴海外维护国家战略利益，是我军首次组织海上作战力量赴海外履行国际人道主义义务，也是我海军首次在远海保护重要运输线安全。

第一节　海洋货物运输保险简介

一、海洋货物运输保险定义

在国际贸易中，货物的运送主要有海运、陆运、空运以及通过邮政送递等多种途径。相应地，国际货物运输保险的种类也很多，其中包括海上运输货物保险、陆路运输货物保险、航空运输货物保险、邮包保险等。在运输途中，有时一批货物使用两种或两种以上的运输工具，这时，往往以货运全过程中主要的运输工具来确定投保何种国际贸易运输保险种类。

海上保险是最古老的保险形式之一，它比火灾、意外事故和人寿保险都要早得多。陆路、航空等货物运输保险都是在海上货物运输保险的基础上发展起来的。尽管各种不同货物运输保险的具体责任有所不同，但它们的基本原则、保险公司保障的范围等基本一致。因此，本书以介绍海上货物运输保险为主，对其他货物运输保险仅在最后两章作简要阐述。

海上货物保险（Marine Cargo Insurance）属于财产保险的范畴，可分为内陆货物水运保险（Inland Marine Insurance）和海洋货物运输保险（Ocean Marine Insurance）。内陆货物水运保险保障在不涉及海洋运输（Sea Transport）的两个地点之间使用船舶和货轮运输的财产和货物，海洋货物运输保险保障经由海上运输的财产和货物。地球表面的70%都是海洋，因此绝大多数国际货物运输都需要经由海路。从机帆船时代到现代的集装箱时代，海上保险一直保持其重要性。

海洋货物运输保险与一般财产保险的不同主要在于：海洋货物运输保险的标的通常与海上航行有关，如船舶和船上的货物等；海洋货物运输保险承保的风险除了一般陆路也存在的风险（如雷电、恶劣气候、火灾、爆炸等）之外，还有大量的海上所特有的风险（如触礁、搁浅、海水进舱等）；海洋货物运输保险一般属于国际商务活动，因为通常情况下，或者海洋货物运输保险的当事人属于不同的国家，或者保险事故发生在异国他乡，总之大多牵涉到国际关系。由于上述原因，我国的保险公司一般把海洋货物运输保险业务归属在国际业务部，有的将海洋货物运输保险称为"水险"。

改革开放以来，中国财产保险年平均增长率保持在两位数，但与此同时，作为财产险重要门类的海洋货物运输保险发展却明显滞后。随着国内进出口业务的快速发展，中国海洋货物运输保险市场正面临着巨大商机。外资保险正凭借着完善的网上投保系统及

"一站式"保险服务，开始深耕国内海洋货物运输保险市场。近年来，外资保险公司普遍在财险市场中的海洋货物运输保险领域取得较大成功，海洋货物运输保险已成为财产险市场的重要组成部分。高速增长的海洋货物运输保险市场，已经使得海洋货物运输保险这个效益险种成为"兵家必争"之地。

现在国内外大部分财产保险公司都在中国开展了海洋货物运输保险业务，它们基本上可以分为三类。第一类是国内保险公司，主要以中国人民财产保险股份有限公司、中国平安财产保险股份有限公司、中国太平洋财产保险股份有限公司为代表。这三家保险公司在国内开展海洋货物运输保险业务时间长，经验丰富，承保及理赔能力都比较强。第二类是国外财产保险公司，主要以美亚保险、友邦保险等为代表。外资保险公司大多刚刚在中国开展海洋货物运输保险业务，但是有长期的国际货物运输保险操作经验，实力雄厚，服务优越。第三类是保险中介机构，主要是保险代理与保险经纪公司。这类公司在中国数量最多，竞争也很激烈。随着中国经济的发展和保险服务的提升，海洋货物运输保险在我国保险市场会占据越来越重要的地位。

二、海洋货物运输保险历史

意大利是海洋货物运输保险的发源地。早在 11 世纪末叶，十字军东征以后，意大利商人就控制了东方和西欧的中介贸易。在经济繁荣的意大利北部城市特别是热那亚、佛罗伦萨、比萨和威尼斯等地，由于其地理位置是海上交通的要冲，这些地方已经出现类似现代形式的海洋货物运输保险。那里的商人和高利贷者将他们的贸易、汇兑票据与保险的习惯做法带到他们所到之处，足迹遍及欧洲。许多意大利伦巴第商人在英国伦敦同犹太人一样从事海上贸易、金融和保险业务，并且按照商业惯例仲裁保险纠纷，逐渐形成了公平合理的海商法（Maritime Law）条文，后来成为西方商法的基础。自从 1290 年犹太人被驱赶出英国后，伦敦的金融保险事业就操纵在伦巴第人手中。在伦敦至今仍是英国保险中心的伦巴第街由此得名。英文中的"保险单"（Policy）一词也源于意大利语"Polizza"。

大约在 14 世纪，海洋货物运输保险开始在西欧各地的商人中间流行，逐渐形成了保险的商业化和专业化。1310 年，在荷兰的布鲁日成立了保险商会，协调海洋货物运输保险的承保条件和费率。1347 年 10 月 23 日，热那亚商人乔治·勒克维伦开出了迄今为止世界上发现最早的保险单，它承保"圣·克勒拉"号船舶从热那亚至马乔卡的航程保险。1397 年，佛罗伦萨出现了具有现代特征的保险单形式。

15、16 世纪，西欧各国不断在海上探寻和开辟新的航线，欧洲商人的贸易范围空间扩大，海洋货物运输保险得到迅速发展，随之而来保险纠纷也相应增多，于是出现了国家或地方保险法规。1435 年，西班牙的巴塞罗那颁布了世界上最早的海洋货物运输保险法典，1468 年威尼斯订立了关于法院如何保证保单实施及防止欺诈的法令。1532 年佛罗伦萨总结了以往海洋货物运输保险的做法，制定了一部比较完整的条例并规定了标准保单格式。在美洲新大陆发现后，贸易中心逐渐地从地中海区域移至大西洋彼岸，1556 年西班牙国王腓力二世颁布法令对保险经纪人加以管理，确定了经纪人制度。1563 年西班牙的安特卫普法令对航海以及海洋货物运输保险办法和保单格式作了较明确的规定，这一法令以及安特卫普交易所的习惯后来为欧洲各国普遍采用保险制度趋于成熟和完善。

17 世纪中叶，英国逐步发展成为世界贸易和航运业垄断优势的殖民帝国，这给英国商人开展世界上的海洋货物运输保险业务提供了有利条件。1720 年，经英国女王特许，按照公司组织、创立了伦敦保险公司和英国皇家交易保险公司，专营海洋货物运输保险，规定其他公司或合伙组织不得经营海洋货物运输保险业务。18 世纪后期，英国成为世界海洋货物运输保险的中心，占据了海洋货物运输保险的统治地位。英国对海洋货物运输保险的贡献主要有两方面：

1. 制订海上通用保单，提供全球航运资料并成为世界保险中心。

2. 在保险立法方面，开始编制了海洋货物运输保险法典。在此基础上，英国国会于 1906 年通过了《海洋货物运输保险法》（*Marine Insurance Act* 1906（UK））。这部法典将多年来所遵循的海洋货物运输保险的做法、惯例、案例和解释等用成文法形式固定下来，这个法的原则至今仍为许多国家采纳或仿效，在世界保险立法方面有相当大的影响。

📖【知识拓展】

三百年辉煌——劳合社

劳合社（Lloyd's of London）又译劳埃德保险社，是英国伦敦的一个保险交易场所，旧以经营海洋货物运输保险著称。在英国以及世界海洋货物运输保险史上，劳合社占有重要地位。

17 世纪中后期，横跨泰晤士河的伦敦已成为一个规模很大的商埠。河畔开设有许多咖啡馆，1683 年英国人爱德华·劳埃德（Edward Lloyd）开设的咖啡馆就是其中之一。在其附近有海关、海军部等与航海贸易有关的单位，这里成为商人、高利贷者、经纪人、船东和海员经常会晤的场所。他们经常对船舶出海的命运进行猜测、打赌，进而产生了对船只和货物的保险交易。

当时的海洋货物运输保险交易只是列明保险的船舶和货物以及保险金额，由咖啡馆里的承保人接受保险份额并署名。为了招揽顾客，1696 年，劳埃德把顾客感兴趣的船舶航行和海事消息编成一张小报——《劳埃德新闻》，定期发行，后来又改名为《劳合动态》，使劳埃德咖啡馆成为航运消息的传播中心。劳埃德死于

位于英国伦敦市 Lime 街的劳合社大厦

1713 年，随着咖啡馆的不断发展，他后来成为海洋运输保险业中的名人。1769 年劳埃德咖啡馆的顾客们组成了海洋货物运输保险团体；1774 年，劳合社诞生，成为当时英国海洋货物运输保险的中心；1871 年，劳合社向政府申请注册，经议会通过法案承认劳合社正式成为一个具有法人资格的社团组织劳埃德公司（corporation of Lloyd's）。实际上该公司只是个管理机构，本身不承担保险；保险业务由参加该社、取得会员资格的保险人承保。1911 年的法令允许其成员经营一切保险业务。

历史上沿袭下来的劳合社是一个保险市场而并非一个保险公司。现在，劳合社已拥有 3 万多成员，并组成四百多个水险、非水险、航空险、汽车险和人身险组合，经营包括海洋货物运输保险在内的各种保险业务，成为当今世界上最大的保险垄断组织之一，在国际保险市场上具有举足轻重的地位。

三、海洋货物运输保险合同

（一）海洋货物运输保险合同（Marine Insurance Contract）

海洋货物运输保险合同是指保险人按照约定，对于被保险人遭受保险事故造成保险标的物的损失所产生的责任负责赔偿，而由被保险人支付保险费的合同。

海洋货物运输保险合同的保险标的是海上财产及其利益、运费和责任等。保险人对被保险人因海上风险所造成的保险财产损害，以集中起来的保险费建立保险基金，根据约定的条款和数额承担赔偿保险金责任。因此，海洋货物运输保险合同是属于财产保险合同的一种，只是和一般财产保险合同相比，更具有其特殊性，如保险标的的多样性、保险事故的复杂性、保险利益主体的多变性、保险合同适用法律法规的国际性以及海洋货物运输保险合同的综合性等。

所谓保险事故，是指保险人与被保险人约定的任何海上事故，包括与海上航行有关的发生于内河或陆路的事故。

（二）海洋货物运输保险合同的类型

海洋货物运输保险合同可以按不同标准分为若干种类：

1. 按承保方式分，可分为四类：

（1）逐笔保险合同，它是仅就某一项具体的利益进行保险而订立的合同。

（2）总括保险合同，它是把同种类的不同利益以同一条件一起投保的合同。

（3）浮动保险合同。它是长期办理货物进出口业务的单位，为减少与保险商洽的麻烦，与保险公司订立一个总的保险合同，承保一定时期内所有运进或运出的货物。

（4）预约保险合同。一般没有总的保险金额限制，所以也称为开口保险合同。

2. 按保险标的分，可分为船舶保险合同、货物运输保险合同和运费保险合同等。

3. 按承保的期间分，可分为定期保险合同、航次保险合同等。

（三）海洋货物运输保险合同的内容

根据《中华人民共和国海商法》和《中华人民共和国保险法》的有关规定，海洋货物运输保险合同至少应当包含以下内容：

1. 保险人名称和住所。

2. 投保人、被保险人名称和住所。

3. 保险标的。

4. 保险价值和保险金额。

5. 保险责任和除外责任。

6. 保险期间。

7. 保险费以及支付办法。

8. 保险金赔偿或给付办法。

9. 违约责任和争议处理。

10. 合同订立的时间。

投保人和保险人可以在上述内容的基础上，就与具体保险标的和保险风险的有关事项作出约定。

（四）海洋货物运输保险合同的标的

海洋货物运输保险合同的保险标的是指保险合同指向的物、服务或其他经济利益与责任。《中华人民共和国海商法》（以下简称《海商法》）第二百一十八条第一款规定："下列各项可以作为保险标的：船舶；货物；船舶营运收入，包括运费、租金、旅客票款；货物预期利润；船员工资和其他报酬；对第三人的责任；由于发生保险事故可能受到损失的其他财产和产生的责任、费用。"

1. 船舶。海洋货物运输保险中所指的船舶和我国日常所说的船舶，在要领上并不完全一致。多数国家的海商法，规定船舶是指在海上航行的商务船。我国《海商法》第三条规定，是指海船和其他海上移动装置，但是用于军事的、政府公务的船舶和20总吨以下的小型船艇除外。前款所称船舶，包括船舶属具。

2. 货物。作为海洋货物运输保险标的的货物，必须是处于海洋运输过程中的货物。"海洋运输过程"是在双方约定情况下的正常运输过程，海上、陆路、内河和驳船运输包括在内。

对于海洋运输过程中的货物损失，我国《海商法》确定的承运人责任体制是不完全的过失责任制。在这种制度下，承运人最低限度应当承担的义务是提供适航船舶，妥善管理货物。同时，承运人享受一系列免责规定，包括船长、船员、引航员或者承运人的其他受雇人在驾驶船舶或者管理船舶时的过失；火灾、天灾；战争或者武装冲突等。《海牙规则》（*The Hague Rules*）以及世界上很多国家的规定也与此类似。因此，对于由承运人可以免责原因引起的货损风险，货主用保险的方式转移给保险人就成为非常必要的了。

3. 船舶营运收入。船舶营运收入是指船舶在运输营业中可以期望获得的收入，包括运费、租金和旅客票款。

运费是指托运人或收货人对于承运人提供的，将货物经海路由一港运至另一港的运送服务所支付的费用。运费支付方式有"预付"与"到付"之区别。到付运费的货主以运输完成作为支付运费的条件，因此，承运人都以航程终了时可望取得的到付运费为保险标的，向保险人投保运费保险。

4. 货物预期利润。货物预期利润指货物运达目的地出卖或转卖后，预期可以取得的利润。保险实务中一般以该项获得利益的保险价值（CIF 发票价格）（CIF COST, IN-SURANCE, AND FREIGHT 中文意思为成本加保险费加运费）的一成（10%）为限，并且多数是包括在货物的约定价值内一并投保的。

5. 船员工资和其他报酬。在海上运输过程中，如果船舶发生全损或者船舶在航运途中发生部分损失，从而被迫进行修理时，船员工资和其他报酬支出就无法收回。因此，被保险人可以就这笔费用进行保险。

6. 对第三者的责任。对第三者的责任是指船舶所有人因海损事故对第三方应负的赔偿责任。在航海贸易中经常发生对第三者的责任，而且上述责任与投保的海上财产有关，特别是与船舶有关。因此，船公司只投保船舶险，而不投保可能产生的第三者责任险是不明智的。所以，许多船舶所有人都把有可能发生的第三者责任，作为保险标的投保。

作为海洋货物运输保险标的的第三者责任主要有两种形式，即违约责任和侵权责任。违约责任主要是指承运人按照法律规定或合同约定，未能免责的违约赔偿责任。海洋货物运输保险标的的侵权责任形式比较多样，包括碰撞责任、油污损害民事责任以及其他侵权责任。其中碰撞责任最为重要，也是最为常见的责任形式。按照我国《海商法》的有关规定，碰撞责任不仅发生在海上，而且包括与海相通的可航行水域；不仅发生在船舶之间，而且也会由船舶碰撞或触碰其他任何固定的或浮动的物体而发生。对于承运人有可能承担的违约责任和侵权责任，都可以通过保险的形式将风险转嫁给保险人。

7. 由于发生保险事故可能受到损失的其他财产和产生的责任及费用。这是一条概括性的规定，对上述具体列明的海洋货物运输保险标的的内容作了补充，有利于保险人和被保险人通过平等协商，确定保险标的的范围。

我国《海商法》第二百一十八条对海洋货物运输保险标的的列举式规定，明确了可以作为海保险标的的财产、权益和法律责任。保险人可以按照该条规定的保险标的分类进行保单设计，保险业监督管理部门也可以依据该条的规定划分保险公司的业务范围，以便于实施监管。

由于通常船舶和货物的所有人不可能是一个人，所以制订一份包括上述全部保险标的的保险单并无实际意义。在实践中，通常针对不同的标的制订不同的保险合同，或综合上述几项组成一份保险合同。海上货物保单一般根据托运人、船主、租船人、承运人等的要求，以不同形式签发。如海上货物运输保险合同主要是针对货物，附带考虑货物的预期利润；船舶保险合同则针对船舶、船舶营运收入、第三人责任等。

（五）海洋货物运输保险合同的变更

海洋货物运输保险合同的变更是指保险合同当事人就为适应具体情势的变化而改变保险合同的具体内容所作出的一致协议。这种变更大致包括这样的内容：风险变更（航程变更、中途绕航、船舶变更、延误开航、延误续航等）、标的数量和质量以至保险价值变更、险别变更和保险期限变更等。

保险合同变更必须经过以下程序：

1. 投保人发出更改请求。

2. 保险人就更改请求进行审核。

3. 保险人通知投保人审核结果。

4. 保险人在保险合同上签发批单或加贴附加条款。

5. 投保人支付手续费，并在必要时加付保险费。

（六）海洋货物运输保险合同的解除

如果在海洋货物运输保险合同的有效期间，出现了一些特定的情况，需要解除海洋货物运输保险合同。海洋货物运输保险合同解除的原因可以分为以下几类：

1. 自然解除，即在规定的时间和范围内，保险标的没有遭遇任何保险事故而发生损失；或者保险标的虽然有损失，但造成损失的原因不是保险合同承保的风险。这是绝大多数保险合同解除的原因。

2. 履约，即在规定的时间和范围内，保险标的遭遇到保险事故而发生损失，保险人根据保险合同给予了赔偿。

3. 违约，即因为一方或双方当事人违反约定，使保险合同实际无法履行，造成合同解除。

4. 重大变更。

5. 双方约定。

第二节　海洋货物运输保险市场

一、国际海洋货物运输保险市场

国际海洋货物运输保险市场（Global Marine Insurance Market）是指各国海洋货物运输保险市场的总和，它可以基于各国海洋货物运输保险业务的跨国交流与合作，使各国及各地区海洋货物运输保险市场不断融合，形成统一的世界保险市场。海洋货物运输保险市场具有明显的国际性。

在我国，国际贸易的进口商或出口商，可以在中国境内选择海洋货物运输保险人，也可以在英国、美国、中国香港或其他海外国家或地区选择海洋货物运输保险人进行承保，市场竞争非常激烈。英国伦敦、挪威奥斯陆、法国巴黎和美国纽约是几个最主要的国际海洋货物运输保险市场。

二、国际海洋货物运输保险市场的分类

```
                                        ┌─────────────┐
                                   ┌────│  原保险市场  │
                                   │    └─────────────┘
                       ┌────────┐  │    ┌─────────────┐
                  ┌────│按承保方式│──┼────│  再保险市场  │
                  │    └────────┘  │    └─────────────┘
                  │                │    ┌─────────────┐
                  │                └────│   自保市场   │
┌──────────────┐ │                     └─────────────┘
│海洋货物运输保险市场│─┤                     ┌─────────────┐
└──────────────┘ │                ┌────│   北美市场   │
                  │                │    └─────────────┘
                  │                │    ┌─────────────┐
                  │                ├────│   英国市场   │
                  │    ┌────────┐  │    └─────────────┘
                  └────│按地理位置│──┼────│ 欧洲大陆市场 │
                       └────────┘  │    └─────────────┘
                                   │    ┌─────────────┐
                                   ├────│   亚洲市场   │
                                   │    └─────────────┘
                                   │    ┌─────────────┐
                                   └────│ 发展中国家市场 │
                                        └─────────────┘
```

图 3 - 1 国际海洋货物运输保险市场分类

（一）按承保方式分类，海洋货物运输保险市场可分为原保险市场、再保险市场和自保市场

1. 原保险市场主体主要是那些经营直接海洋货物运输保险业务的各国保险公司，它们通过代理人、经纪人或者本身的从业人员开展业务，承担保险责任；业务范围可以是国内，也可以是国外。在世界海洋货物运输保险市场中，直接经营海洋货物运输保险业务的原保险市场担当着重要的角色。原保险市场在构成上，包括各国经营直接海洋货物运输保险业务的保险公司及机构，以及这些公司在国外开办的从事直接业务的海外分支公司。同时，还包括各种互助保险，合作保险。虽然这两种类型的海洋货物运输保险所占的份额很少，但是从承保方式上来看，它们也属于直接业务范畴。

2. 再保险市场主要由专业再保险公司、兼营再保险的公司以及区域性、世界性的再保险集团构成。专业再保险公司指那些只从事再保险业务的保险人。它通过接受来自世界各地的海洋货物运输保险分入业务，分享直接（原）保险人的部分保险费。再保险集团指两家或两家以上的保险公司组织起来的一个集团。集团内部的成员公司，将其本身承保的业务在集团内办理再保险，通过成立再保险集团，可以减少保费的外流，但同时也潜伏着危险性相对集中的因素。再保险集团分为国内的再保险集团和区域性、世界性的再保险集团两种。原保险市场和再保险市场往往是相互交叉的。世界上有不少直接业务公司同时兼营再保险业务，作为其分散风险时一种机制。英国劳合社市场不仅在海洋货物运输保险原保险市场中占重要的地位，而且是世界海洋货物运输保险再保险市场的集中地，它以其完善的再保险机构、雄厚的承保能力以及完备的世界性信息网络而主导着世界海上再保险市场。此外，世界性的海上再保险中心还有伦敦、苏黎世、慕尼黑、纽约等。

3. 世界性的市场还包括自保市场，主要由一些自保公司组成。自保公司是指由工商企业设立的，主要承保或再保本企业内部业务的保险公司。自保公司一般设立在本国以外，借以享受税收优惠或者逃避监管等。但由于海洋货物运输保险的风险复杂，而且面临的损失巨大，一般通过自保的比例很小。

（二）按地理位置或区域划分

海洋货物运输保险市场可分为北美市场、英国市场、亚洲国家市场、其他发展中国家市场。区域性市场是对世界海洋货物运输保险市场在地理上的划分，各地区由于历史的、立法及经济制度的原因，在市场管制、承保技术上略有差异，在承保的业务上也各有侧重，而在市场结构上东西方存在着根本性的区别。

1. 英国保险市场虽然是一个国家内的保险市场，但它却代表着世界海洋货物运输保险市场，这主要是由其历史地位、业务结构、业务发展状况、法律依据以及在世界范围内的影响等方面来决定的。在英国保险市场内部，有一个个人承保商市场——劳合社市场，还有保险公司组成的市场，但英国的海洋货物运输保险市场及再保险市场以个人承保市场为主，而保险公司组成的商业保险市场主要经营寿险和非水险保险业务。

2. 欧洲大陆市场主要包括德国、法国、意大利等国的保险市场以及北欧海洋货物运输保险集团市场。此外，德国、瑞士的海洋货物运输保险再保险市场也相当发达。

3. 北美的保险市场主要以美国和加拿大市场为主，美国的海洋货物运输保险市场在世界范围内都占有很大的份额。

4. 亚洲的海洋货物运输保险市场以日本、韩国、中国香港最为发达，保险险种以及承保技术都已相当成熟。但一些新兴的亚洲市场，如中国、印度、东南亚诸国等，随着经济的发展，保险产品和技术的引进，海洋货物运输保险资源逐渐得到开发和发展，海洋货物运输保险市场的前景很是乐观。

5. 其他发展中国家由于经济因素、海洋货物运输保险资源因素以及技术因素等，在世界海洋货物运输保险市场中所占的份额并不大，很多的海洋货物运输保险资源由于自身无法承保而流向国外市场。

第三节　海洋货物运输保险的原则

作为财产保险的一种，国际海洋货物运输也必须遵守普通财产保险的基本原则。

一、基本原则

海洋货物运输保险的原则是指在海洋货物运输保险活动中当事人应当遵循的行为准则。海洋货物运输保险活动作为一种独立的经济活动类型，基于自身的特点和适用范围，逐步在长期的发展过程中形成了一系列基本原则。根据国际惯例，这些基本原则可归纳为保险利益原则、近因原则、最大诚信原则和代位追偿原则。

1. 保险利益原则。保险利益原则是指只有对保险标的具有可保利益的投保人与保险人签订的海洋货物运输保险合同才有法律效力，保险人才承担保险责任。

2. 近因原则。近因原则是为了明确事故与损失之间的因果关系，认定保险责任而专门设立的一项基本原则。它的含义是指保险人对于承保范围内的保险事故作为直接的、最接近的原因所引起的损失，承担保险责任，而对于承保范围以外的原因造成的损失，不负赔偿责任。

3. 最大诚信原则。最大诚信原则是指签订保险合同的各方当事人必须最大限度地按照诚实与信用精神协商签约。

4. 损失补偿原则及其派生原则。损失补偿原则是指被保险人在保险合同约定的保险事故发生之后，保险人对其遭受的实际损失应当进行充分的补偿。但保险人的赔偿金额不得超过保险单上的保险金额或被保险人遭受的实际损失，即不能超过被保险人对保险标的所具有的保险利益。总之，保险人的赔偿不应使被保险人因此而获得额外的利益。由此派生出另外两个基本原则：代位追偿原则与重复保险的分摊原则。

海洋货物运输保险的基本原则在本教材第四章详细介绍。

二、海洋货物运输保险的程序

海洋货物运输保险从保险人的角度看，一般至少经过以下程序：

1. 了解被保险人的分类、特征及资信。

2. 了解保险市场的动态。

3. 策划保险险种。

4. 向投保人介绍险种。

5. 接受投保人投保。

6. 与投保人商定保险合同内容。

7. 签订保险合同。

8. 接受保费。

9. 出险则进入理赔程序。

10. 到期或其他合同规定或法律法规规定可以解除的事件出现，合同自然解除或可以解除。

三、海洋货物运输保险的理赔

理赔是保险人在知悉发生保险事故并调查确认法律责任归属后，审查索赔材料，作出赔付、部分赔付或拒赔等决定的法律行为。理赔是保险人应尽的保险义务，也是保险人完善经营管理的重要措施。海洋货物运输保险的理赔应遵循以下基本原则：

1. 以海洋货物运输保险合同为依据的原则。海上事故发生后，是否属保险责任范围、是否在保险期限内、保险赔偿金额多少、免赔额的确定、被保险人自负责任等均依据保险合同确定的责任。

2. 合理原则。海洋货物运输保险人在处理保险赔偿时，要以保险合同为依据并注意合理原则，因为海洋货物运输保险合同条款不能概括所有情况。

3. 及时原则。海洋货物运输保险的主要职能是提供经济补偿。保险事故发生后，保险人应迅速查勘、检验、定损，将保险赔偿及时送到被保险人手中。

理赔的主要手续包括：

1. 损失通知。当发生保险事故或保险责任范围内的损失时，被保险人应立即通知保险人。损失通知是保险理赔的第一项程序。在船舶保险中，如其事故在国外，还应通知距离最近的保险代理人。

2. 查勘检验。保险人或其代理人获悉损失通知后应立即开展保险标的损失的查勘检验工作。

3. 核实保险案情。保险人收到代理人或委托人的检验报告后，还应向有关各方收集资料，并加以核实、补充和修正赔案的材料。

4. 分析理赔案情，确定责任。保险人应判断原因是否属保险责任、是否发生在保险期限内、索赔人是否具有可保利益，审查有关单证如保险单证、事故检验报告、保险事故证明、保险标的施救和修理等方面文件。

5. 计算赔偿金额，支付保险赔偿。保险赔偿的计算，保险人通常依据索赔清单（Statement of Claim）。保险赔偿的计算可以由保险人自身进行，也可由其代理人计算或委托海损理赔人理算。

海洋货物运输保险的承保与理赔流程在本教材第八、第九章有详细介绍。

第四节　海洋货物运输保险相关法律法规和国际规则

一、海商法

海商法是调整海上运输关系和船舶关系的法律，属于商事法。其规范的对象为海商——顾名思义为相对于"陆商"而言的海上商业交易行为。形式意义的海商法仅指名为"海商法"的法律，而实质意义的海商法则包含了所有规范海上贸易关系和海商船舶的法律（例如船舶法）、习惯法（商业习惯）、判例及解释等，这些均属于特别私法。由于涉及国际贸易，海商法具有很强的国际性，各国海商法的制定多大量地参照了相关的国际条约和国际惯例，例如1924年的《海牙规则》、1968年的《海牙·威斯比规则》及1978年的《汉堡规则》等。

《中华人民共和国海商法》是在1992年11月7日的第七届全国人民代表大会常务委员会第二十八次会议上审议通过，并于1993年7月1日起施行的。《中华人民共和国海商法》共十五章，包括总则、船舶、船员、海上货物运输合同、海上旅客运输合同、船舶租用合同、海上拖航合同、船舶碰撞、海难救助、共同海损、海事赔偿责任限制、海上保险合同、时效、涉外关系的法律适用以及附则等。

二、货物保险条款

（一）伦敦保险协会货物保险条款

在国际海洋货物运输保险业务中，英国是一个具有悠久历史和比较发达的国家。它所制定的保险规章制度，特别是保险单和保险条款对世界各国影响很大。目前世界上大多数国家在海洋货物运输保险业务中直接采用英国伦敦保险协会所制定的《协会货物条款》（Institute Cargo Clause，ICC）。

《协会货物条款》最早制定于 1912 年，后来经过多次修改，最近一次的修改已于 2009 年 1 月 1 日起生效。伦敦保险协会新修订的保险条款一共有 6 种：

1. 《协会货物条款》（A）（Institute Cargo Clause A，ICC（A））。
2. 《协会货物条款》（B）（Institute Cargo Clause B，ICC（B））。
3. 《协会货物条款》（C）（Institute Cargo Clause C，ICC（C））。
4. 《协会战争险条款（货物）》（Institute War Clause - Cargo）。
5. 《协会罢工险条款（货物）》（Institute Strikes Clause - Cargo）。
6. 《恶意损坏条款》（Malicious Damage Clause）。

以上 6 种保险条款中，前 3 种即协会货物条款（A）、（B）、（C）是主险或基本险，后 3 种则为附加险。

（二）中国保险条款

中国人民保险公司根据中国保险工作的实际情况，参照国际保险市场的习惯做法（主要是参照 ICC，即《伦敦保险协会货物保险条款》），制定了各种涉外保险业务条款，总称为《中国保险条款》（China Insurance Clauses，常用简称 CIC），也称做中国人民保险公司《海洋货物运输保险条款》。一般在我国进出口合同、信用证中注明按照 1981 年 1 月 1 日（现行版本）修订的 CIC 条款由买/卖方投保险（也有按照 CIC 条款办理保险的）。中国保险条款分为基本险和附加险。

1. 基本险，又称主险，按其承保责任范围的大小，分为平安险、水渍险和一切险三种。

2. 附加险，是基本险的补充与扩大，承保的是由于外来原因所造成的损失。附加险包括一般附加险和特殊附加险两类。

中国海上货物保险常用两种条款，即 ICC 和 CIC 条款，这两种条款存在明显差异。例如协会条款 ICC（A）中除列明除外责任外，承担一切风险责任。而国内对应 CIC 一切险条款中除列明自然灾害、意外事故外，对"外来原因"没有定义。三十多年过去了，"外来原因"到底是什么依然是个问题。在华联粮油诉华安保险案中，广东省海事法院和广东省高级人民法院都没有支持"一切险"为列明风险的解释。

需要注意的是我国保险法律确立的不利解释原则和国际惯例是一致的。但由于在适用上缺乏统一的标准，以及不承认判例的约束力，同种保险条款经不同的法院解释，可能得出相互冲突甚至是截然相反的结论。如海南省高级人民法院以及海事法院在有关案件的判决书中都有"一切险"为列明风险的判词。而何种条款适用不利解释，特别是这个不利原则能否适用国家保险管理机关颁布或核准的条款，将直接影响到保险合同的争议结果。我国保险法律法规中对此没有相应规定。这样，业务员展业时如未对客户进行充分必要的解释，我国的进出口货运险条款常常使国内被保险人，尤其是国外被保险人或保单持有人不理解，保险争议后导致客户的流失。

第五节　海洋货物运输保险协会

一、国际海洋货物运输保险联合会

国际海洋货物运输保险联合会（International Union of Marine Insurance，IUMI）是由其成员参与运作，并为其成员利益而存在的一个专业机构。它不是一个决策机构，也不参与制定费率表、条款或条件，它是一个交流和探讨海洋货物运输保险的国际论坛组织。IUMI 的目的是：在海洋货物运输保险和运输保险方面，代表、保护和发展保险人的利益。

网站网址：http：//www. iumi. com/。

国际海洋货物运输保险联合会会徽

二、中国保险行业协会

中国保险行业协会成立于 2001 年 3 月 12 日，是经中国保险监督管理委员会审查同意并在国家民政部登记注册的中国保险业的全国性自律组织，是自愿结成的非营利性社会团体法人。

其宗旨：遵守国家宪法、法律、法规和经济金融方针政策，遵守社会道德风尚，深入贯彻科学发展观，依据《中华人民共和国保险法》，在国家对保险业实行集中统一监督管理的前提下，配合保险监管部门督促会员自律，维护行业利益，促进行业发展，为会员提供服务，促进市场公开、公平、公正，全面提高保险业服务社会主义和谐社会的能力。

中国保险行业协会会徽

网站网址：http：//www. iachina. cn/。

【思考题】

1. 简述海洋货物运输和财产保险的联系和区别，并简单分析中国海洋货物运输保险市场的发展趋势。

2. BFI 的构成和其对国际航运市场的影响。

3. 简述海上运输的经营方式，并说明我国主要航运企业的经营方式。

4. 简单描述海上运输的风险，以及海洋货物运输保险的承保范围。

第四章

海上保险基本原则

【结构图】

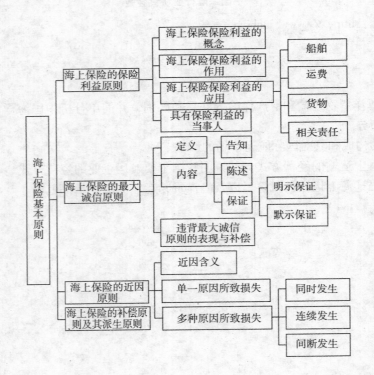

【学习目标】

- 了解海上保险的基本原则。
- 掌握海上保险利益的概念。
- 掌握最大诚信原则的内容。
- 理解近因原则在海上保险中的运用。
- 能运用损失补偿原则及其派生原则解决实际问题。

【引导案例】

国内 A 公司向香港出口罐头一批共 500 箱，按照 CIFHONGKONG 向保险公司投保一切险。但是因为海洋运单上只写了进口商的名称，没有详细地址，货物运抵香港后，船公司无法通知进口商来货场提货，又未与 A 公司的货运代理联系，自行决定将该批货物运回天津新港。在运回途中因为轮船渗水，有 229 箱罐头被海水浸泡。货物运回新港后，A 公司没有将货物卸下，只是在海运提单上写上了进口商详细地址后，又运回香港。进口商提货时发现部分货物已经生锈，所有只提取了未生锈的 271 箱罐头，其余的又运回新港。A 公司发现货物有锈损后，凭保单向保险公司提起索赔，要求赔偿 229 箱的锈损。

问：保险公司是否应该对该批货物的损失负责？

分析：考察最大诚信原则。保险公司有权拒赔，原因如下：其一，保险事故不属于保单的承保范围。因为本案中被保险人只对保险货物的第一次航次投了险，但是货物是在由香港至新港的第二航次中发生风险损失的，即使该项损失属于一切险的承保范围，保险人对此也不予负责。其二，被保险人向保险人提出索赔时明知是不属于投保范围的航次造成的损失，其目的是想利用保险人的疏忽将货物的损失转嫁给保险人，这违反了最大诚信原则。

第一节　海上保险的保险利益原则

海上货物运输保险是海上保险中业务量最大、涉及面最广的一种，因此本章将海上货物运输保险统称海上保险。它也是财产保险的一种类型，从本质上说属于补偿性合同，因此财产保险应遵循的主要原则，如保险利益原则、最大诚信原则、近因原则、补偿原则等都适用于海上保险合同。

一、海上保险保险利益（Insurable Interest）原则的概念

保险利益也叫可保利益，是指被保险人与处于海上运输的保险标的有利害关系。英国 1906 年颁布的《海上保险法》（*Marine Insurance Act* 1906）对保险利益作了明确的解释：Insurable interest is "the legal right to insure arising out of a financial relationship, recognized at law, between the insured and the subject matter of insurance。" 1909 年又颁布《海上保险（反保单欺诈）法》[*The Marine Insurance (Gambling Policies) Act* 1909] 进一步规定：没有可保利益的海上保险合同双方当事人应承担刑事责任，并由法庭直接裁决，判处不超过 6 个月的监禁或相应罚款，并没收这种非法保险合同项下所取得的保险金收入。

2009 年《中华人民共和国保险法》第十二条规定保险利益是指投保人或者被保险人对保险标的具有的法律上承认的利益。同时规定："投保人或被保险人对保险标的的物不

具有保险利益的，保险合同无效。"

根据上述定义，海上货物运输保险利益包含以下几层意思：

1. 当被保险人向保险人提出索赔时，必须能确实证明自己同保险标的有明确的经济利益关系。

2. 这种经济利益关系是客观存在的，而且是法律上承认的，即被保险人会因保险标的安全抵达目的港而获利，也可因保险标的的灭失、损毁、延迟或扣押而遭受经济利益的损失。

3. 对于没有处于海上运输风险中的货物，即使被保险人已向保险人投保了货物运输保险，也不允许向保险人提出索赔。

4. 海上保险的保险利益是变动的关系，在一定条件下，保险利益可以从一个人或一个公司转移给另一个人或另一个公司。

二、海上保险保险利益的作用

1. 海上保险的保险利益原则可以防止赌博行为的发生。保险与赌博存在一定的共性，即某种发生或不发生具有不确定性。然而，两者有着本质性的区别，判断是保险还是赌博的标准就是看投保人对其投保的标的物是否具有保险利益。如果投保人或被保险人在没有保险利益的情况下与保险人签订了保险合同，这就意味着以财产进行赌博。保险原则的存在可以从根本上避免把保险变为赌博。

2. 海上保险的保险利益可以防止被保险人道德风险的发生。道德风险是指被保险人为获取保险赔款而故意地毁坏保险标的的损失。如果不以法律的形式规定投保人或被保险人对投保的标的物具有保险利益，保险经营势必纵容道德风险的产生。破坏社会公德，增大社会财富受损的几率。

3. 海上保险的保险利益能限制保险金额赔偿的范围。海上保险通过补偿被保险人的损失，保障了保险人的利益。被保险人实际能够得到的保障不能超过其损失范围，即被保险人不能因为保险而额外获利。

三、海上保险保险利益原则的应用

海上保险保险利益主要有船舶、运费、货物、相关责任。海上保险的保险利益可以基于所有权而产生，也可以基于符合法律规定的其他权利与义务关系而产生。

1. 船舶（Vessel）。船舶指可在水面或水中航行的船舶，也包括商船和非商船。船舶是个整体概念，包括船上的主机、辅机和船壳以及船舶的从属器具和设备，如救生、救火、信号、救难设备、航行仪器、通信设备等。但船舶的各种供应物，如燃料、食物、淡水等消耗品不属于船舶的概念。

对船舶具有保险利益的人主要有两类：一类是船舶的所有权人，也就是船东。船舶的所有权人也包括船舶的共有人。船舶为数人共有的时候，每个共有人对其所有的部分具有保险利益。另一类是其他也与船舶有利害关系的人，如船东以船舶作为抵押物进行借贷，抵押贷款人对抵押船舶也具有保险利益。

2. 运费（Freight）。海上保险承保的运费是指货物经过海上运输所支付的报酬。投保运费保险以订有运输合同为条件，也就是说存在运费的债权和债务关系。运费根据运输合同规定的托运人支付运费的时间不同，可以分为预付运费和到付运费。

到付运费是指根据运输合同在货物运达目的港后由托运人向承运人支付的运费。如果货物在中途灭失，托运人收不到货物，就不需要向承运人支付运费，承运人也就无法补偿他已经支出的运输费用并得到预期利润。因此，承运人对到付运费具有保险利益。

3. 货物（Cargo）。海上保险货物是指托运人委托承运人运送的各种物品，但不包括船长、船员或旅客的个人物品，也不包括无运送目的物品，如船舶的给养和燃料等。对货物具有保险利益的人是与货物获取有利害关系的人，包括从事进出口贸易的进口商或出口商、代理商、寄售商、接受进出口货物作抵押而融资给进出口商的银行以及其他承担货物损失风险的人。

在国际贸易中，究竟是进口商还是出口商对货物具有保险利益，取决于谁与货物有直接的利害关系。在实际交货的情况下，谁占有货物，谁就拥有货物的所有权，因而对货物具有保险利益。同样，谁承担货物损失的风险，谁就有保险利益。比如说，为出口商开立信用证的银行在出口商拒绝付款赎单时，货物的安全对银行就非常重要。货物在运输途中的风险可能会使它丧失补偿信用损失的机会，因此银行对货物具有保险利益。又如，承运人按照运输合同免责条款的规定对很多情况下的货物损失不承担责任，即使承担责任也可以享受限制责任条款所规定的责任限额。但是承运人对于应承担的货物损失仍然要承担一定的赔偿责任，因此承运人对货物具有相应的保险利益。

4. 相关责任（Liability）。海上保险除了以上传统的船舶、货物和运费外，还包括相关的责任。比如，客舱在航行时发生意外事故，造成了船上乘客的伤亡或残废，或靠岸时发生了碰撞责任事故，造成了第三者的伤亡、财产损失，承运人要承担经济赔偿责任，因此承运人对由此产生的责任具有保险利益。

四、海上保险的保险利益必须何时存在

英国 1906 年《海上保险法》和我国《海商法》都有规定，虽然投保时被保险人无须对保险标的具有利益关系，但保险标的发生损失时，被保险人必须对其具有利害关系。被保险人如在损失发生时对保险标的不具备保险利益，在得知损失发生后，不能由于采取了任何行为或选择而获得利益。

海上保险对保险利益的存在时间的这一规定与寿险正好相反。这是因为海上保险也是财产保险的一种，海上保险的标的物在运输过程中其所有人可能发生多次更改，如果只是以投保时具有保险利益这是不科学的。

五、具有保险利益的当事人

（一）船舶所有人

船舶所有人船舶即使出租后，船东仍然是船舶所有人，对其所拥有的船舶具有保险

利益。根据租船合同规定,船东还要承担船舶驾驶和管理的职责。

（二）货物所有人

一般来说,被保险人在货物买卖中都根据国内的货物买卖法来订立买卖合同,如英国 1893 年的《货物买卖法》,我国的《合同法》。根据法律,货物所有人拥有了产权和保险利益,可向保险公司投保。值得一提的是,船舶所有人不经保险公司同意是不能转让船舶保险单的,货物保险单则可以不经保险公司同意而批改转让。因为船舶具有不动产的特点,对于不动产保险单的转让一定得经过保险公司同意,否则保险单就会无效。

（三）运费所有人

1. 普通运费:船东将货物运到目的地,交货时向货主收取运费。如果这种运费是到付运费,那么承运人有保险利益。如果是预付运费,承运人就没有保险利益了,因为他已收到运费。反之,货主已支付了运费,对已付的运费由于保险利益,可向保险公司投保。

2. 租金:船东即出租人对租金具有保险利益,可投保。因为承租人破产或失踪等使船东有收不到租金的危险。租船人如果不是自己经营,再把船租出去,这样他同时对租金和运费都有保险利益。但赔付时,保险公司不能赔两份,在租金和运费之中以相对高者为赔偿额,或赔偿两者的差额。因为这两个费用是同属一个保险标的。根据保险赔偿的性质,只能是损失多少,赔偿多少。对同一个保险标的,赔偿只能以保险价值为准。

3. 船东的贸易运费:船东用自己的船运自己的货,这种运费成为贸易运费,一般都计算在货物成本中,但船东可将运费拿出来单独投保。

（四）保险人及其他与保险标的有利害关系的人

1. 保险人:保险人承保船舶、货物或其他海上财产,实际上是一种保险责任。他对自己承保的责任和风险有利害关系,可以把这种责任再向其他保险人投保。因此,国际海上保险业务中,再保险十分普遍。例如,当一家保险公司承包了被保险人的钻井平台一切险,由于保险标的保险价值十分巨大,该保险公司为了减少自己承担的风险,可以通过向国际保险市场再保险,把自己的责任风险转移给其他保险人。

2. 船舶抵押人:银行或金融机构以船舶为抵押贷款给船东购买船舶,这时船东是抵押人,银行或金融机构是受抵押人。船舶的抵押人和受抵押人都有利害关系,都可向保险公司投保。船舶抵押人对船舶、船舶受抵押人对抵押贷款具有保险利益。

3. 船舶代理人:代理人也具有保险利益,主要体现在他所收取的佣金。有时代理公司在买卖合同中先垫款成交,他对垫款部分具有保险利益。

4. 承运人:承运人相对托运人而言,可以是船东也可以是租船人,他对与他有利害关系的标的,如运费、租金等都可向保险公司投保。

第二节　海上保险的最大诚信原则

一、最大诚信原则的定义

海上保险合同是建立在最大诚信（Utmost Good Faith）基础上的。各国的保险法都有规定，如果合同任何一方不遵守最大诚信原则，另一方即可视情况宣布订立的合同无效或有权解除合同，所收的保费概不退还。因为国际贸易范围广泛，海上运输是超国界的水上贸易活动，而作为保险标的的船舶、货物及责任等处于船舶所有人或承运人手中，保险人对其所承保的海上保险和保险标的无法加以控制，所以保险人一般基于对投保人或被保险人的充分信任来接受投保和承担保险责任。对于海上保险合同中承保的货物等是否存在、有无瑕疵或其他有关保险事项，保险人主要依赖投保人的书面或口头陈述签订海上保险合同。而投保人可以在逐一审查合同条款的基础上作出是否订立合同的决定。正因为如此，最大诚信原则主要是针对投保人的原则。当然，如下所述，保险人也要尽到如实告知的义务。例如，如保险人明知运输中的货物已安全抵达目的地，但由于投保人不知情而向其投保，为了获得无须承担风险的保险费，结果隐瞒这一事实而签订了保险合同，则保险人违背了最大诚信原则。

最大诚信的定义如下：Utmost good faith is a positive duty to voluntarily disclose, actually and fully, all facts material to the risk being proposed, whether asked for them or not，即不管是否问及，合同双方均要自愿地、准确地告知与被保险的风险相关的所有重要事实的一种义务。

二、最大诚信原则的内容

最大诚信原则的主要内容是告知、陈述和保证。

1. 被保险人的告知（Disclose）。即被保险人是否披露了重要事实（Material Facts）。所谓重要事实，是指那些影响保险人是否作出承保决定以及确定费率的情况，或者说涉及保险人评估风险的情况。这里说的重要事实不仅是被保险人所知道的，还包括他应该知道的情形。不同的保险单所需告知的事项不完全一样。就海上货物运输保险而言，标的货物在运输过程中可能会发生的转让是必须告知的情形。又如，以信用证结汇的出口货物，由于包装不良，但发货人为了顺利结汇，于是向承运人提供保函（Letter of Indemnity）以换取清洁提单。这一情况就属重要情况。如果发货人投保运输货物保险，必须向保险人披露这一情况；否则，显然违背了最大诚信原则。

当然，在没有问及的情况下，有些情况是不一定要告知的。被保险人无须告知的事项如下：

（1）有利于减小风险的情况。

（2）保险人已经知道，或根据通常业务往来应该知道的情况。

（3）保险人已经放弃了解的情况。　　　.

（4）由于明示或默示的保证条款，被保险人无须告知的事项。

2. 投保代理人的告知。如果是由保险代理人办理的保险，代理人应该向保险人告知以下事实：

（1）他们自己知道的或应当知道的所有重要情况。

（2）被保险人应当知道的情况，除非被保险人来不及告诉他们。

这说明保险经纪人具有双重责任，一方面他要告知自己所知道的重要事实，另一方面还要告知被保险人应当披露的重要事实。如果发现保险经纪人有疏忽的行为，当事人可要求经纪人赔偿损失。

我国1992年版《海商法》第二百二十二条也有规定：合同订立前，被保险人应当将其知道的或者在通常业务中应当知道的有关影响保险人据以确定保险费率或者确定是否同意承保的重要情况，如实告知保险人。

3. 陈述（Representation）与保证（Warranty）。陈述是在洽谈签约过程中，被保险人对于保险人提出的问题作出的书面或口头的答复。这些答复也会影响到保险人是否承保或确定费率，因此也成为最大诚信原则的一个内容。

保证是指被保险人保证去做或不做某项事情，或保证某种事实状态是否存在。保证可分为明示保证和默示保证。

陈述与保证的区别表现在以下几个方面：陈述只需本质上是准确的，只有严重的错误陈述才允许撤销合同，通常不出现在保单中。而保证必须严格遵守；无论出现何种违背行为，都可以撤销合同；除默示保证外，都必须写进合同中。

（1）明示保证（Express Warranty）。明示保证是在保险单中订明的保证。明示保证作为一种保证必须写入保险合同，而且必须完全准确，即使细小的偏差也会使受害一方有权解除合同。

通常情形下，保证是包含在保险合同中的一个声明，即投保单是保险合同的基础。同时在投保单上，被保险人声明自己所填写的内容完全真实无误。

对于被保险人在保险合同签订后并在保险事故发生前违反的保证，保险人可以宣告保险单无效，拒赔保险标的的损失，并不退回被保险人的保险费。但是，如果被保险人从订立合同时就违反了保证，那么保险人在宣告保单无效时还得退回保费。

【案例】

某货主将其所有的一批罐头投保了海上货运险，保单上写明全部罐头由厂家打上出厂日期的号码。后来在运抵目的港后，发现部分罐头"胖听"，货主即被保险人遂向保险人提出索赔。保险人经过检查发现这批罐头有许多并没有出厂日期号码，于是以被保险人违反罐头号码保证为由拒赔。

（2）默示保证（Implied Warranty）。通常情况下，保证必须明确书面注明。然而，在有的情形下，默示保证也具有法律效力，对被保险人具有同等的约束力。默示保证是指在保单中并未注明，但却为订约双方在订约时都非常清楚的一些重要保证。默示保证不通过文字来说明，而是根据有关的法律、惯例及行业习惯来决定。虽然没有文字规定，但是被保险人应按照习惯保证作为或不作为。海上保险最典型的默示保证是船舶的适航性（Seaworthiness）保证、适货保证以及航行的合法性。在 Popon vs. Cope 案中，某船的船长从事走私活动，该船东知道这种情况而没有制止，该船后来被英国拘捕。法庭认为，被保险人违反合法的默示保证，保险人可以宣告保单无效。而在另一案例 Cory vs. Burr 中，船长走私而船东不知道此事。法庭认为，被保险人没有违反合法的保证。

英国 1906 年的《海上保险法》第 36～41 条规定有关保证条款有：

①船舶与货物如果宣布为中立的，那么存在一个默示保证，即在风险开始时，该财产应为中立性质，而且在被保险人能控制的范围内，在整个风险期间应保持这种中立性质。

②关于船舶的国籍不存在默示保证，也不存在风险期间其船籍不变的默示保证。

③在被保险人保证保险标的在某一特定日期内保持"良好"或"完好安全"之情况下，只要保险标的在该日期的任何时候处于安全状态即可认为符合保证。

④在航次保险单中有一项默示保证，即在为承保的特定海上冒险之目的而开始其航次当日，船舶应适航。在船舶定期保险单中，不存在船舶在海上冒险的任何阶段应当适航的保证。但若被保险人私下将处于不适航状态下的船舶派出海，保险人可归因于不适航的任何损失不负责任。

⑤在货物运输保险单中，不存在货物必须适航的默示保证。

⑥海上冒险必须是合法的。

三、违背最大诚信原则的表现与补偿

（一）违背最大诚信原则的主要表现

违背最大诚信原则主要表现在以下两个方面：

1. 错误陈述（Misrepresentation）。错误陈述分为非故意的错误陈述、疏忽和欺诈性错误陈述。不管是哪种类型，错误陈述必须满足几个条件：

（1）属于实质性的错误。

（2）涉及的事实对风险评估或投保人的利益而言是非常重要的。

（3）致使对方签订了保险合同。

2. 不告知（Non - disclosure）。不告知也可分为非故意的不告知、疏忽和欺诈性不告知，又叫隐瞒。在下列情形下，不告知可使受害一方解除合同：

（1）属于违约方应该知道或法律认为应该知道的事实。

（2）受害一方不知道或无从知道的事实。

（3）如果告知该事实，会导致受害一方签或不签该保险合同，或者，即使签订合同也会以更合适的条款签订。

（二）违背最大诚信原则的法律责任

如果有上述违背最大诚信原则的情形，受害一方有权作出如下选择：

1. 解除合同或免除赔偿责任。

2. 如果有隐瞒或欺诈性错误陈述，可以起诉对方要求赔偿。

3. 放弃上述权利，使合同继续生效。

要说明的是，在发现对方有违约行为时，受害一方应在合理的时间内履行自己的权利。否则，会被认为他放弃了这一权利而不得再次行使该权利。

第三节　海上保险的近因原则

近因原则（Principleot Proximate Cause）是在保险理赔工作中必须遵循的一项基本原则。它是在保险标的发生损失时，用来确定保险标的所受损失能否获得保险赔偿的一项重要依据。

一、近因原则的概念

保险人依照保险合同中规定的保险责任承担保险赔偿责任，即保险人对其承保的风险所引起的保险标的的损失承担责任。这就要求保险人所承保的风险的发生与保险标的的损失之间必须存在一定的因果关系。也就是说，承保风险是因，保险标的的损失是果。然而，海上事故发生的原因往往不止一个，而是比较复杂的。有时候几个原因同时存在，有时候是一个原因引起一连串事件的发生；而且致损原因中有的属于承保风险，有的属于除外责任风险，还有的属于其他非承保风险。例如，在国际货物运输中，特别是海上货物运输中，在火车上、船上往往会遭受运输过程中的多种风险的影响。保险货物发生的残损、短缺，往往是由错综复杂的原因造成的。因此，要确定保险人的赔偿责任，就必须弄清造成损失的原因。保险人一般只对承保风险与损失之间有直接因果关系的损失负赔偿责任，而对不是由承保风险造成的损失，不承担赔偿责任。这就是各国保险法和保险实务中所谓的近因原则。如英国1906年《海上保险法》第50条规定："除本法另有规定，或保险单另有约定外，保险人对直接由于承保的风险所引起的损失，均负赔偿责任；对于非直接由于承保的风险所引起的任何损失，均不付赔偿责任。"我国《海商法》对此也有类似的规定。

二、近因的含义

究竟什么是近因呢？一般认为，近因是在众多原因中，在没有任何外力干扰的情况下，引起保险标的损失最直接、有效、起决定性作用的原因（Proximate cause means the active, efficient cause that sets in motion a train of events which brings about a result , without the intervention of any force started and working actively from a new and independent source）。近因不一定是第一个原因，也不一定是最后发生的原因，而是起主导作用的原因，即在原因和损失之间有直接的因果关系。

通常有两种方法可用来确定因果关系。

一是从原因推断结果，即从事件链上的最初事件出发，按逻辑关系推断下一个可能的事件。若事件链是连续的，最初的事件依次引起下一事件，直至最终事件即损失的发生，那么最初事件就是损失发生的近因。如果事件链有间断，在这一过程的某个阶段事件链上的两个环节之间没有明显的联系，则损失的近因肯定是另外某一原因。

二是从结果推断原因，也就是说从损失的结果出发，按逻辑关系从后往前推，在每一个阶段上按"为什么这一事件会发生"的思考找出前一事件。可以追溯到最初事件，事件链之间相互联系，则最初事件为近因。若中间有间断，新介入的事件成为近因。

三、近因原则的应用

（一）单一事件导致的损失

如果保险标的损失的发生没有被其他事件所介入而中断，这唯一的事件属于损失的近因。如果它属于保险单所承保的风险，保险人对损失应予赔偿，反之则不赔。例如，货物在运输途中遭受雨淋浸泡损失，若按中国保险条款，加保了淡水雨淋险，保险人对该损失予以赔偿；如果只投保了平安险或水渍险，保险人则不予赔偿。

（二）损失由多种原因所致

如果保险标的遭受损失由两个或两个以上的原因所致，则应区别分析。

1. 多种原因同时发生导致损失。多种原因同时发生而没有先后之分且均为保险标的的近因时：

如果同时发生导致损失的多种原因均属保险责任，则保险人应负全部损失赔偿责任。

如果同时发生导致损失的多种原因均属于责任免除，则保险人不负任何损失赔偿责任。

如果同时发生导致损失的多种原因不完全属于保险责任，要严格区分。对能区分保险责任和责任免除的，保险人只对保险责任所致的损失负赔偿责任。对不能区分保险责任和责任免除的，保险人不负赔偿责任。例如船舶发生碰撞，海水涌入船舱，油罐破裂，装载的货物既遭水损又受油污损，如果被保险人只投保了水渍险，则保险人只负水渍损失的赔偿责任。如果被保险人在水渍险基础上加保了混杂玷污险或投保了一切险，则保险人负全部赔偿责任。又如，船舶在航行中遇到暴风雨，船上的货物被暴雨淋湿，然后甲板遭受海浪浸泡，由此产生了货物水渍损失和雨淋损失。如果被保险人只投保了平安险，则保险人不负赔偿责任。若被保险人在水渍险的基础上，加保了淡水雨淋险，或投保了一切险，则保险人负全部赔偿责任。如果被保险人只投保了水渍险，且货物水渍损失和雨淋损失能够区分开来，则保险人只负水渍损失的赔偿责任。若货物水渍损失和雨淋损失不能区分开来，水渍损失非常小，则保险人不负任何赔偿责任。

2. 多种原因连续发生导致损失。如果多种原因连续发生导致损失，前因与后果之间存在因果关系，而且各个原因之间的因果关系没有中断，则最先发生并造成一连串风险事故的原因就是近因。保险人的责任可根据下列情况来确定：

（1）如果连续发生导致损失的多种原因均属保险责任，则保险人应负损失的全部赔偿责任。如船舶在运输途中因遭雷击而引起火灾，火灾引起爆炸，由于三者均属于保险责任，保险人对一切损失负全部赔偿责任。

（2）如果连续发生导致损失的多种原因均属于责任免除范围，则保险人不负任何赔偿责任。

（3）如果连续发生导致损失的多种原因不完全属于保险责任，最先发生的原因属于保险责任，后因属于责任免除，则近因属于保险责任，保险人负赔偿责任。例如对包装粮食投保了水渍险，在运输中，海水浸湿外包装而受潮，后来发生霉变损失，霉变是海水浸湿外包装、水汽进入造成的结果，则保险人应负赔偿责任。

（4）最先发生的原因属于责任免除，后因属于保险责任，则近因是责任免除项目，保险人不负赔偿责任。如在第一次世界大战期间，被保险人的船舶在航行中被敌方鱼雷击中，船体被击穿，随时可能沉没。船长驾船入港，开始修船。此时又适逢暴风雨，加剧了该船沉没的危险。为防止沉船阻塞港口，港务当局命令该船驶离港口。最后该船于港外因暴风雨而沉没。法庭认为，船舶沉没的损失近因是敌方鱼雷击中，即属于战争险，因此保险人不承担赔偿责任（Leyland Shipping Co. v Norwich Union Fire insurance Society，1918）。

3. 多种原因间断发生导致损失。导致损失的原因有多个，但是它们是间断发生的。在一连串连续发生的原因中，有一种新的独立的原因介入，使原有的因果关系链断裂，并导致损失，则新介入的独立原因是近因。如果近因属于保险责任范围的事故，则保险人应负赔偿责任。如果近因不属于保险责任范围，保险人不负赔偿责任。如在 Ionides v. Universal Marine Insurance Co. 一案中，因为战争发生，灯塔被关闭。被保险人（船东）的船长迷失航向而命令船舶向海岸驶去，但因观测不准，方位判断有误，最后导致船舶触礁。该船只投了一般船舶保险，而没有加保战争险。保险人以战争为船舶损失的近因为由拒赔。法庭认为，战争和灯塔关闭不足以构成船舶触礁的近因，船长观测不准是导致触礁的近因。

第四节　海上保险的损失补偿原则及其派生原则

损失补偿原则是保险法的核心原则，各种保险合同（除人身保险合同外）都是补偿性合同，所有的补偿性合同都是建立在补偿原则的基础之上的。海上保险合同也不例外。

一、损失补偿原则

（一）损失补偿原则的概念

损失补偿（Indemnity）原则是指当保险标的发生了承保责任范围内的损失时，保险人应当按照保险合同条款的规定履行全部赔偿责任。但保险人的赔偿金额不得超过保险单上的保险金额或被保险人遭受的实际损失，即不能超过被保险人对保险标的所具有的保险利益。保险人的赔偿不应使被保险人因此而获得额外利益。

损失补偿原则主要应用于财产保险中，它对保险理赔工作具有重要意义。首先，被保险人与保险人签订保险合同后，一旦发生承保责任范围内的损失，被保险人就有权要求获得全面、充分的赔偿。如果损失中有一部分没有获得赔偿，被保险人的经济损失就没有得到完全的补偿，就没有体现保险的保障功能。其次，保险人对被保险人的补偿恰好能使被保险人恢复到保险事故发生前的经济状况，但保险人的补偿不能使被保险人获得超过保险利益以外的利益，即不能超过保险金额或实际经济损失以外的额外利益，否则，有可能引发道德风险，给社会和保险业带来不良后果。

补偿原则与保险利益是有关联的。因为补偿原则在很大程度上依赖于对保险标的估价，而财产保险的标的是可以估价的，因此补偿性原则可适用于财产保险中。而在大多数人身保险中。由于人的生命和身体不能用金钱来衡量，其保险利益在金钱上是无限的，所以一旦发生保险事故要想真正达到充分补偿的目的是不可能的。因此，人们习惯将人身保险合同成为给付性合同，损失补偿原则一般不适用于人身保险合同。

（二）补偿原则的应用

1. 按保险金额或实际损失进行补偿。保险金额是投保人对保险标的的实际投保金额。它是保险单上规定的保险人负责损失赔偿的最高责任限额，是确定保险费率的依据。保险人理赔时，根据补偿原则，其赔偿金额最高不得超过保险金额。而保险金额确定的依据是保险价值，即保险标的的经济价值，是投保人对标的所具有的保险利益的货币表现形式。

财产保险在投保时，可采用不定值保险和定值保险两种形式。

（1）不定值保险。在不定值保险中，投保时双方只商定一个投保金额，当标的发生损失时再确定损失当时标的的实际价值。在不定值保险中，常常会根据下列三种情形确定赔偿金额：

①超额保险（即保险金额大于标的的实际价值），赔偿金额不能超过实际价值，即保险价值。

②不足额保险（即保险金额小于标的的实际价值），赔偿金额不能超过保险金额。

③足额保险（即保险金额与标的实际价值相等），赔偿金额按实际损失赔偿。

（2）定值保险。定值保险是指投保时，双方对保险标的的价值加以确定并以这个确定的价值作为保险金额投保的保险。当保险标的发生承保责任范围内的损失时，保险人则以这个确定的价值作为计算赔偿金额的依据，不再核实标的受损时的实际价值。

因此，定值保险的赔偿金额是在保险金额的限度内按实际损失赔偿，最高不超过双方约定保险金额。国际货物运输保险一般采用定值保险。

2. 实际损失的确定方法。无论是定值保险还是不定值保险，保险人在履行补偿原则时，都需要根据保险标的遭受的实际损失程度来决定其补偿限度。因此，当保险标的发生保险事故时，保险人首先要对实际损失予以确定，方法有如下几种：

（1）按市场价格确定。这是一种最常见的确定实际损失的方法。如果保险标的损毁，保险人可以按同等类型及新旧程度的物品在市场上的价格来确定保险标的实际损失，作为补偿的依据。

（2）按恢复原状所需费用确定。在保险标的遭受部分损失而非全部损失时，多数情况下可将其修复，恢复原状。恢复原状所需支出的费用可视为被保险人遭受的实际损失。

（3）按重置成本确定。当保险标的发生损失时，有可能在市场上找不到同类型的产品，这时可用当时的实际造价减去折旧的方法来确定保险标的的实际损失。这种方法一般适用于建筑物的保险。

（4）按被保险人的货币损失确定。在信用保险、责任保险和保证保险中，被保险人遭受的实际损失一般可以直接用货币形式表现出来，此时实际损失即可直接由货币损失额来确定。

（三）赔偿方式

1. 定值保险赔偿方式。海洋货物运输保险属于定值保险，即按保险双方约定的价值承保，当保险标的发生保险事故时，如果标的全部损失，保险人就按保险金额（约定价值）全部赔偿，而不考虑该标的的实际市价；如果标的部分损失，先确定受损程度，然后保险人按损失程度在保险金额限度内赔付。海洋货物运输保险通常采用这种赔偿方式。另外，名贵字画等贵重物品的特约保险也适用这种赔偿方式。

2. 比例赔偿方式。比例赔偿方式一般适用于不足额保险。计算方法为：

保险赔偿金额 = 保险金额/标的损失时的实际价值 × 损失金额

3. 第一损失赔偿方式。第一损失赔偿方式又叫第一危险赔偿方式或第一责任赔偿方式。它是指保险人在承保时把标的的损失或责任分为两部分：第一部分为小于或等于保险金额的损失或责任，第二部分为大于保险金额的损失或责任。按照这种赔偿方式的特点，保险人只对第一危险责任部分承担赔偿责任，损失多少，赔偿多少。也就是赔偿金额和损失金额相等，但以不超过保险金额为限。超过保险金额的损失部分，保险人不予赔偿，由被保险人自行负责。这种赔偿方式适用于家庭财产保险。

4. 限额责任赔偿方式。限额责任赔偿方式又称固定责任赔偿方式，是指保险人对合同约定限度内的损失负赔偿责任的一种赔偿计算方法。按照这种方式，保险人在承保时对被保险人遭受的损失固定一个限额，损失的赔偿与否和这一限额有关。海洋货物运输保险也适用绝对免赔额和相对免赔额。

二、代位追偿原则

（一）代位追偿的概念

代位追偿（Subrogation）也叫代位求偿或代位请求，是指当保险标的发生保险责任范围内的由第三者责任造成的损失，保险人向被保险人履行损失赔偿责任后，有权在其已经赔付金额的限度内取得被保险人在该项损失中向第三人责任方要求赔偿的权利。保险人取得该项权利后，即可取代被保险人的地位向第三人责任方索赔。简言之，代位追偿就是保险人取代被保险人向责任方追偿，是一种权利代位，即追偿权的代位。

（二）代位追偿原则产生的根源

代位追偿原则根源于补偿性的保险合同。当保险标的发生保险单承保责任范围内的损失时，被保险人有权向保险人要求赔偿，如果这项损失是由于第三者的责任造成的，被保险人有权根据法律，要求肇事者对损失进行赔偿。就被保险人而言，他的两项权利同时成立，保险人不能以保险标的损失是由于第三者的责任所致为由而拒绝履行保险合同责任；同样，第三方也不能以受损财产已有保险为由解除自己的赔偿责任。如果这两项权利都能实现，保险人就可因依法享有双重损害赔偿请求的权利而获得双重的补偿。这种双重补偿无疑会使被保险人获得超过其实际损失的补偿，从而获得额外利益，这不符合补偿原则。倘若被保险人在获得保险赔款后，放弃向第三人责任方的索赔权，则不仅使责任方得以逃脱其应当承担的法律责任，而且也显失公平。为了解决这个矛盾，保险法律规定保险人在赔偿以后可采取代位追偿的方式向第三者追偿，这样既可以使被保险人能及时取得保险赔偿，又可避免产生双重补偿，同时，第三者也不能逃脱其应承担的法律责任。

（三）代位追偿的条件

保险人行使代位追偿权必须符合下列条件：

1. 保险人因保险事故对第三者享有损失赔偿请求权。首先，保险事故是由第三者造成的；其次，根据法律或合同规定，第三者对保险标的的损失负有赔偿责任，被保险人对其享有赔偿请求。

2. 保险标的损失原因属于保险责任范围，即保险人负有赔偿义务。如果损失发生原因属于除外责任，那么保险人就没有赔偿义务，也就不会产生代位求偿权。

3. 保险人给付保险赔偿金。对第三者的赔偿请求权转移的时间界限是保险人给付赔偿金，并且这种转移是基于法律规定，不需要被保险人授权或第三者同意，即只要保险人给付赔偿金，请求权便自动转移给保险人。

（四）保险双方在代位追偿中的权利义务

1. 保险人的权利义务。保险人的权利是保险人在赔偿金额范围内代位行使被保险人对第三者请求赔偿的权利。保险人的义务是保险人追偿的权利应当与他的赔偿义务等价，如果追得的款项超过赔偿金额，超过部分归被保险人。

2. 被保险人的权利义务。第一，在保险赔偿前，被保险人需保持对过失方起诉的权利；第二，不能放弃对第三人责任方的索赔权；第三，由于被保险人的过错致使保险人不能行使代位请求赔偿权利的，保险人可以相应扣减保险赔偿金；第四，被保险人有义务协助保险人向第三责任方追偿；第五，被保险人已经从第三者处取得损害赔偿的，保险人赔偿保险金时，可以相应扣减被保险人从第三者处已取得的赔偿金额。

（五）代位追偿在海上保险中的应用

1. 全部损失与部分损失中的代位追偿。海洋货物运输保险中，保险标的的损失分为全部损失和部分损失。无论是全部损失还是部分损失，只要该损失是由于第三者的责任造成的，保险人在赔付被保险人的损失后，均可享有代位追偿权。但在全部损失和部分损失中，保险人享有的权利有所不同。英国1906年的《海上保险法》第七十九条中规定：

（1）凡保险人给付全损赔偿后，无论赔付的是保险标的的整体全损或货物可分离的部分全损，所有该受偿保险标的的任何残余物的一切利益即归保险人所有，并自造成损失的事故发生时起，保险人即取代被保险人对于标的的一切权利和补偿，但以被保险人取得的赔偿为限。

（2）当保险标的发生部分损失，保险人于赔付该部分损失后，保险人不能取得该保险标的或其残余物的所有权，即不能取得物上代位权。但如果该损失是因第三者的责任造成的，保险人在其赔款限度内，可以取得被保险人对第三者的损害赔偿请求权。

我国《保险法》第五十九条规定：保险事故发生后，保险人已支付了全部保险金额，并且保险金额等于保险价值的，受损保险标的的全部权利归于保险人；保险金额低于保险价值的，保险人按照保险金额与保险价值的比例取得受损保险标的的部分权利。

2. 不足额保险中的代位追偿。海上保险中，经常会出现投保人投保的金额低于保险标的的实际价值的情况。这种保险金额低于保险价值的保险称为不足额保险。

由于不足额保险中的保险金额低于标的的实际价值，其差额部分的风险投保人并未转移给保险人，因而不足额部分的风险视为由投保人自行承担。当标的发生全损时，保险人按约定保险金额赔付；当标的发生部分损失时，一般适用比例分摊原则，即由保险人与被保险人就损失按保险金额与保险价值的比例分摊。

3. 共同海损中的代位追偿。在海运中，当船、货遭遇自然灾害或意外事故时，为保证船、货等方面的共同安全，或者为了能继续完成航程，而有意识、合理地采取挽救措施所造成的某些牺牲或支出的费用，统称为"共同海损损失"。

共同海损既然是为了解除船、货及有关利益方的共同危险而产生的，那么其中必然就有受益方和受害方之分。受益方就是由于解除共同危险使船、货、运费免遭损失的有关当事人；而受害方是指遭受牺牲或负担费用的有关当事人。

当发生共同海损后，受害的船东、货主或运费收取人，一般先要求各自的保险人赔付他们的损失，待共同海损理算结束后，上述保险人一般以各自被保险人的名义行使代位追偿权，向各有关利益方追偿他们应分担的共同海损损失的分摊额（对于受害方应分摊的那一部分，保险人不能追偿），保险人所能追偿的金额仅以其赔付的数额为限。

4. 海上诉讼追偿的诉讼时效。国际及各国有关海商立法都规定了海事请求权的时效。我国《海商法》规定的时效期间为一年的有海上货物运输合同、海上拖航合同、共同海损分摊、多式联运合同、船舶碰撞的追偿请求权等；时效期间为两年的有海上旅客运输合同、航次租船合同、定期租船合同、光船租赁合同、船舶碰撞、海难救助及海上保险合同等；时效期间三年的是油污损害赔偿。

三、重复保险的分摊原则

（一）重复保险分摊原则的概念

我国《保险法》第五十六条规定：重复保险是指投保人对同一保险标的、同一保险利益、同一保险事故分别与两个以上保险人订立保险合同，且保险金额总和超过保险价值的保险。重复保险分摊原则（Contribution）指根据保险补偿原则，在发生重复保险赔付责任时，将保险标的的损失赔偿责任在各保险人之间进行分摊，以避免被保险人获得超过实际损失的赔偿的法律原则。该原则和代位追偿原则一样，也是补偿原则派生出来的保险原则。

（二）重复保险的构成条件

从我国及国际上主要国际保险立法对重复保险所下的定义可以看出，构成重复保险必须同时满足下列条件：

1. 必须是对同一保险标的和同一保险事故投保。这里的"同一"一词并非要求投保人所投保险合同所承包的保险标的和保险事故绝对相一致，而只是要求存在相同的标的和相同的保险事故。而当此相同的保险标的因相同的保险事故造成损失时，各保险人都应对此负责，即重复保险的各个保险合同都是针对相同标的的相同保险事故而承保的。例如，某出口商为其出口货物在 A 保险公司投保水渍险，又在 B 公司投保了水渍险和盗窃险。尽管 A、B 两家公司承保的保险事故不绝对相同，但对该商人的货物来说，两家保险公司同时承担了同一保险事故——水渍，因而构成重复保险。

2. 必须是对同一保险利益投保。即同一投保人对于同一保险标的有相同的保险利益。如果为了不同的保险利益而以同一保险标的、同一保险事故向两个或两个以上保险人订立保险合同，也不构成重复保险。

3. 必须是同两个以上保险人订立保险合同。如果投保人向同一个保险人就同一个保险标的、同一保险利益、同一保险事故先后订立数个保险合同，并不构成重复保险。

4. 必须是保险期间重叠的投保。保险期间的重叠分为全部重叠和部分重叠。全部重叠是指投保人同数个保险人订立的数个保险合同，其保险的起讫时间完全相同；部分重叠是指投保人同数个保险人订立的数个保险合同，其起讫时间虽非完全相同，但有时间上的重叠性，即时间有交叉性；所以部分重叠又称交叉重叠。保险期间的全部重叠或部分重叠都可以构成重复保险的条件。

5. 必须是每个保险人都对损失负责的投保。如果同一保险标的、同一保险利益，因同一保险事故而发生损失，尽管同数个保险人订立了数个保险合同，但只有一个保险人对此事故负责，而其余保险人按照各自保单条款的规定对此事故不负责任，则损失只能由一个保险人承担，不存在重复保险。

（三）分摊原则在海上保险中的应用

在实际运用中，保险人对损失后的赔款进行分摊的方法主要有以下两种：

1. 比例责任分摊。比例责任制又称保险金额比例分摊制，是各保险人按各自单独承保的保险金额占总保险金额的比例来分摊保险事故损失的方式。计算公式如下：

某保险人承担的赔偿责任 = 该保险人的保险金额 / 所有保险人的保险金额总和 × 实际损失。

【例题】某保险标的的保险价值为 100 万美元，投保人分别向 A 保险人投保 20 万美元，向 B 保险人投保 40 万美元，向 C 保险人投保 60 万美元。保险事故发生后，该标的的实际损失为 60 万美元，则：

A 保险人应赔偿的金额为

$$\frac{20}{20+40+60} \times 60 = 10(万美元)$$

B 保险人应赔偿的金额为

$$\frac{40}{20+40+60} \times 60 = 20(万美元)$$

C 保险人应赔偿的金额为

$$\frac{60}{20+40+60} \times 60 = 30(万美元)$$

2. 责任限额分摊。责任限额制也称赔款比例分摊制，是指保险人承担的赔偿责任以单独承保时的赔款额作为分摊的比例而不是以保额为分摊的基础。计算公式为

某保险人承担的赔偿责任 ＝该保险人单独承保时的赔款金／

所有保险人单独承保时的赔款金额的总和 × 实际损失。

【例题】A 保险人承保的金额为 3000 美元，B 保险人承保的金额为 5000 美元，损失金额为 5000 美元，按责任限额方式分摊：

A 保险人应赔偿的金额为

$$\frac{3000}{3000+5000} \times 5000 = 1875(美元)$$

B 保险人应赔偿的金额为

$$\frac{5000}{3000+5000} \times 5000 = 3125(美元)$$

（3）顺序分摊。按出单时间顺序赔偿，先出单的公司在其保险限额内赔偿，后出单的公司只在其损失额超出前家公司的保险额时，再在其保险限额内赔偿超出部分，如果还有其他保险公司承保，那么依据时间顺序按照此方法顺推下去。

 【小贴士】

绝对免赔额与相对免赔额

某些易碎、易短量的商品在运输途中遭受一定比例的损失是不可避免的，故投保这类商品规定在某百分比范围内的破碎或短量可以免赔，该百分比就是免赔率（额）。投保的商品实际损失比率超过规定的免赔率时，保险公司只负责赔偿超过的部分，这种赔偿的比率叫做绝对免赔率（额）。相对免赔率（额）是指保险标的的损失只要达到保单规定的百分数时，保险公司不作任何扣除而全部予以赔偿。

【思考题】

一、选择题

1. 海上保险保险利益主要有（　　）。

A. 船舶　　　　　B. 运费　　　　　C. 货物　　　　　D. 相关责任

E. 以上全是

2. 最大诚信原则是保险合同双方应遵循的重要原则之一。下列不属于最大诚信原则基本内容的是（　　）。

A. 告知　　　　　B. 陈述　　　　　C. 保证　　　　　D. 分摊

3. 从事海上保险业务，保险人和被保险人都必须遵循相应的原则，因此，和其他财产保险一样，海上保险遵循的基本原则不包括（　　）。

A. 最大诚信原则　B. 给付原则　　　C. 保险利益原则　D. 损失补偿原则

4. 某货轮被鱼雷击中后，被拖到某港口维修，两天后因狂风巨浪冲打，海水入舱，最后沉没。根据近因原则判断，舰艇损失的近因是（　　）。

A. 鱼雷打中　　　B. 狂风巨浪冲打　C. 海水入舱　　　D. 修补不及时

5. 英国 1906 年《海上保险法》和我国《海商法》都有规定，在（　　）被保险人必须对保险标的具有利害关系。

A. 投保时

B. 保险标的发生损失时

C. 理赔时

D. 在货物运输中

6. 保险利益原则是指在签订和履行保险合同的过程中，（　　）对保险标的必须具有保险利益。

A. 投保人　　　　B. 保险人　　　　C. 受益人　　　　D. 保险代理人

7. 在损失发生的过程中，多种原因对其起决定性作用，则近因是（　　）。

A. 空间上与损失最接近的原因　　　B. 最重要的原因

C. 最直接的原因　　　　　　　　　D. 同时存在的多种原因

8. 下列选项中，（　　）不属于保险利益原则对于保险经营的利益。

A. 避免赌博行为发生　　　　　　　B. 防止道德风险发生

C. 防止重复保险的发生　　　　　　D. 便于衡量损失，避免保险纠纷

9. （　　）不是委付成立的条件。

A. 委付必须由被保险人向保险人提出　B. 委付应是就保险标的的部分提出

C. 委付不得附有条件　　　　　　　D. 委付必须经过保险人的同意

10. 保险人赔偿被保险人损失后，依法取得对第三者代位追偿的情况不包括（　　）。

A. 第三者对被保险人的侵权行为

B. 第三者不履行合同规定的义务，造成保险标的的损失

C. 第三者不当得利

D. 被保险人对第三者的侵权行为

二、案例分析题

1. 有一份 FOB 合同，货物装船后，卖方向买方发出装船通知，买方向保险公司投保了"仓至仓条款一切险"（All risks with warehouse to warehouse clause）。但是货物在从卖方仓库运往码头的途中，被暴风雨淋湿了 10%。事后卖方以保单含有仓至仓条款为由，要求保险公司赔偿，但是遭到了保险公司的拒绝。后来卖方又请买方以投保人名义凭保险单向保险公司索赔，同样被拒。

问：在上述情况下，保险公司能否拒赔？为什么？

2. 1996 年 10 月，某贸易公司委托一家钢材公司向某五金制品公司出售 10000 吨钢材，在交易中卖方使用钢材公司的名义。合同约定货物于 1996 年 11 月在远东港口装运，

卸货港为中国汕头，货物由买方投保。根据该合同，五金公司就合同项下为这批货物向保险公司投保了海运货物平安险，并支付了保险费。保险人签发了保险单。1996 年 12 月 30 日，买卖合同项下的货物在俄罗斯港口装货完毕，承运人签发了两套提单。1997 年 1 月 8 日，承运上述货物的船舶在开往汕头港途中因货舱进水而沉没，货物也因此全损。

讨论：根据保险利益原则，保险公司是否承担责任？

（注：贸易公司、五金公司没有钢材进口许可证）

3. 某年，我国福建省某进出口公司（卖方）与法国某有限公司（买方）签订合同，约定由卖方提供 20000 箱芦笋罐头，每箱 15.50 美元，FOB 厦门，合同总值为 31 万美元，收到信用证后 15 天内发货。买方致电卖方，要求代其以发票金额 110% 将货物投保至法国马赛的一切险。卖方收到买方开来的信用证及派船通知后，按买方要求代其向 A 保险公司投保。保险单的被保险人是买方，保险单上所载明的起运地为供货厂商所在地龙岩市，目的港为法国马赛。但是，三天后货物自龙岩市运往厦门港的途中发生了意外，致使 10% 的货物受损。事后，卖方以保险单中含有"仓至仓"条款为由，向 A 保险公司提出索赔要求，但遭到拒绝。后卖方又请买方以买方的名义凭保险单向 A 保险公司提出索赔，同样遭到拒绝。在此情况下，卖方以自己的名义向福建省中级人民法院提起诉讼，要求保险公司赔偿其损失。法院判决其败诉。请分析是否合理。

4. 某企业为一批货物分别向甲、乙、丙三家保险公司投保，保额分别为 80 万元、50 万元和 60 万元。在保险期限内发生保险事故使货物损失 120 万元。甲、乙、丙三家保险公司依照比例责任分摊、限额责任分摊和顺序责任分摊的方式应承担的赔偿金额分别是多少？

第五章

海洋货物运输保险承保的范围

【结构图】

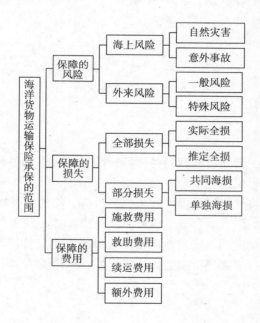

【学习目标】

- 理解并掌握国际海洋货物运输保险的承保责任范围：海上风险与损失、外来风险与损失。
- 单独海损与共同海损的条件、计算及区别。
- 施救费用与救助费用的区别与运用。

【引导案例】

某货轮满载货物驶离 A 港口。开航后不久，由于空气湿度很大，导致老化的电线短路引起大火，将装在货舱甲的毛毯完全烧毁。船到 B 港口卸货时发现，装在同一货舱中的烟草和茶叶由于羊毛燃烧散发出的焦糊味道而遭受了不同程度的串味损失。其中烟草由于包装较好，串味不是非常严重，经过特殊加工处理，仍保持了烟草的特性，但是等级已大打折扣，售价下降三成。而茶叶则完全失去了其特有的芳香，无论如何不能当做茶叶了，只能按照廉价的填充物处理。后来，该船不幸又与另一艘货轮相撞，船体严重受损，货舱乙破裂，舱内进入大量海水，剧烈的震动和海水浸泡导致舱内装载的精密仪器严重受损。为了救险，船长命令用亚麻临时堵住漏洞，造成大量亚麻损失。在船舶停靠在避难港进行大修时，船方就受损精密仪器的抢修整理事宜向岸上有关专家进行了咨询，发现整理恢复费用十分巨大，已经超过了货物的保险价值。为了方便修理船舶，不得不将货舱丙和货舱丁的部分纺织品货物卸下，在卸货时造成一部分货物钩损。试分析各部分损失属于什么类型和性质？

提示：毛毯：实际全损；烟草：部分损失；茶叶：实际全损；精密仪器：推定全损；亚麻：共同海损；纺织品：共同海损。

第一节　保障的风险

一、风险的概念

在海洋货物运输中，货物可能遇到各种各样的风险，受到各种损失，但保险人并不是对所有的风险都予以承保，也不是对损失都予以赔偿。为了方便货主投保，明确双方的权利和义务，保险人将其提供的保险保障分为风险、损失和费用三部分。

风险（Risk）是指人们在生产、生活或对某一事项作出决策的过程中，对未来结果的不确定性，包括正面效应的不确定性和负面效应的不确定性。在海洋货物运输中，风险一般指产生负面效应、带来经济损失的不确定性。风险没有"有无"之分，只有"大小"之分。

二、风险的分类

海运货物保险承保的风险主要有海上风险和外来风险两大类（见表 5-1）。

表 5-1　　　　　　　　　　　　　　　　　风险列表

风险种类	风险的内容	
海上风险（Perils of Sea）指船舶或货物在海上航行中发生的或随附海上运输所发生的风险	自然灾害：恶劣气候、雷电、地震、火山爆发、洪水、海啸、浪击落海等	
	意外事故：船舶搁浅、触礁、与流冰或其他物体碰撞、爆炸、火灾、沉没、船舶失踪等	
外来风险（Extraneous Risks）指海上风险以外的其他外来原因造成的风险	一般原因：偷窃、短少和提货不着、渗漏、短量、碰损、破碎、钩损、淡水雨淋、生锈、玷污、受潮、受热、串味等	
	特殊原因：战争、罢工、交货不到、拒收等	

1. 海上风险（Perils of the Sea）又称海难。一般是指船舶或货物在海上航行中发生的或随附海上运输（如与陆路、内河或与驳船相接近的地方）所发生的风险，包括自然灾害和意外事故。注意：该术语是有特定范围的。一方面它并不包括一切在海上发生的风险，如海运途中因战争引起的损失不含在内；另一方面它又不仅仅局限于航海途中所发生的风险，它还包括与海运相连接的内陆、内河、内湖运输过程中的一些自然灾害和意外事故。

（1）自然灾害（Natural Calamity）。不以人的意志为转移的自然界破坏力量所引起的灾害。如恶劣气候（Heavy Weather）、雷电（Lightning）、海啸（Tsunami）、地震（Earth Quake）、洪水（Flood）、火山爆发（Volcanic Eruption）、浪击落海（Washing Overboard）等人力不可抗拒的力量所造成的灾害。

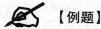
【例题】

上述自然灾害中，洪水、地震、火山爆发等风险，是真正发生在海上的风险吗？

解答：不是，这些是发生在内陆或内河或内湖的风险。但对于海运货物保险来说，这些风险是伴随海上航行而产生的，且危害往往很大。为了适应被保险人的需要，在长期实践中，逐渐地把它们也列入海运货物承保范围之内。

（2）意外事故（Fortuitous Accidents）。由于偶然的，难以预料的原因造成的事故，如船舶搁浅（Stranding）、触礁（Striking a Reef）、沉没（Sunk）、失火（Fire）、碰撞（Collision）、爆炸（Explosion）、投弃（Jettison）、吊索损害（Sling Loss）、海盗行为（Piracy）、船长和船员的不法行为（Barratry of Master and Mariner）等原因造成的事故。

2. 外来风险（Extraneous Risks）。又称除外风险，是指由于海上风险以外的其他外来原因引起的风险，可分为一般外来风险和特殊外来风险。

（1）一般外来风险。指被保险货物在运输途中由于偷窃、雨淋、短量、玷污、渗漏、破碎、受潮受热、串味、生锈等一般外来原因所造成的风险损失。

（2）特殊外来风险。指由于战争、罢工、交货不到、拒收、政府禁令等特殊外来原因所造成的风险损失。

第二节　保障的损失

一、损失的概念

海上损失，简称海损，是指被保险货物在海运过程中，由于海上风险所造成的损坏或灭失。根据保险惯例解释，凡与海陆连接的陆运过程中所发生的损坏或灭失，也属海损范围。

二、损失的分类

就货物损失的程度而言，海损可分为全部损失和部分损失；就货物损失的性质而言，海损又分为共同海损和单独海损。

1. 全部损失（Total Loss），简称全损，是指整批或不可分割的一批被保险货物在运输途中遭受全部损失。按损失的情况不同，分为实际全损和推定全损两种。

（1）实际全损（Actual Total Loss，ATL），又称"绝对全损"，是指被保险货物完全灭失或完全受损、变质后已经失去了原有的价值或用途。如整批货物沉入海底无法打捞、船被海盗劫去，货物被敌方扣押，船舱进水、舱内水泥经海水浸泡无法使用，船舶失踪半年仍无音讯等。具体来讲，构成被保险货物实际全损的情况有下列几种：

第一，被保险货物完全灭失，指被保险货物的实体已经完全毁损或不复存在。如大火烧掉船舶或货物，糖、盐这类易溶货物被海水溶化，船舶遭飓风沉没，船舶碰撞后沉入深海等。

第二，被保险货物丧失原有用途和价值，即被保险货物的属性已被彻底改变，不再是投保时所描述的内容，例如货物发生了化学变化使得货物分解，茶叶遭浸泡等。在这类情况下，被保险货物丧失商业用途或使用价值，均属于实际全损。但如果货物到达目的地时损失虽然严重，但属性没有改变，经过一定的整理，还可以以原来的商品名义降价处理，那就只是部分损失。

第三，被保险人无法挽回地丧失了被保险货物。在这种情况下，被保险货物仍然实际存在，可能丝毫没有损失，或者有损失而没有丧失属性，但被保险人已经无可挽回地丧失了对它的有效占有。比如，一根金条掉入了大海，要想收回它是不可能的。再如，战时保险货物被敌方捕获并宣布为战利品。

第四，被保险货物的神秘失踪。按照海上保险的惯例，船舶失踪到一定合理的期限，就被宣布为失踪船舶。在和平时期，如无相反证据，船舶的失踪被认为是由海上风险造成的实际全损。船舶如果失踪，船上所载货物也随之发生"不明原因失踪"，货主可以向货物保险人索赔实际全损。

例如，某公司出口稻谷一批，因保险事故被海水浸泡多时而丧失其原有价值，货到目的港后只能低价出售，这种损失属于实际全损。

（2）推定全损（Constructive Total Loss，CTL），又称商业全损，是指货物发生保险事故后，被保险货物虽未达到完全灭失的状态，但是可以预见到它的实际全损已经不可避免，或者为了避免发生实际全损所需支付的抢救、修理费用加上继续将货物运抵目的地的费用之和，将超过保险价值。具体来讲，被保险货物的推定全损有以下几种情况：

第一，被保险货物的实际全损不可避免。如船舶触礁地点在偏远而危险的地方，因气候恶劣，不能进行救助，尽管货物实际全损还没有发生，但实际全损将不可避免地发生。又如货物在运输途中严重受损，虽然当时没有丧失属性，但可以预计到达目的地时丧失属性不可避免。这类情况下被保险人就可以按推定全损索赔。

第二，被保险人丧失对被保险货物的实际占有。被保险人丧失对被保险货物的实际占有，在合理的时间内不可能收回该标的，或者收回标的的费用要大于标的回收后的价值，就构成推定全损。

例如，有一批出口服装，在海上运输途中，因船体触礁导致服装严重受浸。若将这批服装漂洗后运至原定目的港所花费的费用已超过服装的保险价值，这种损失属于推定全损。

　　第三，保险货物严重受损，其修理、恢复费用和续运费用总和大于货物本身的价值，该批货物就构成了推定全损。

　　例如，有一台精密仪器价值15000美元。货轮在航行途中触礁，船身剧烈震动而使仪器受损。事后经专家检验，修复费用为16000美元；如拆为零件销售，可卖2000美元。问该仪器属于何种损失？

　　该种损失属于推定全损。因为其修理、恢复费用和续运费用总和大于货物本身的价值。

　　发生推定全损时，被保险人可以要求保险人按全部损失赔偿，也可要求按部分损失赔偿。这时须向保险人发出委付（Abandonment）通知。如果被保险人未发送委付通知，损失只能被视为部分损失。

　　在推定全损的情况下，后果处理即被保险人获得的损失赔偿有两种情况：

　　①按全部损失赔偿。被保险人可以向保险人办理委付（Abandonment），保险人按全损赔偿；即委付→赔偿→代位权→追究责任方。

　　②按部分损失赔偿。被保险人不办理委付保留对残余货物的所有权，由保险人按部分损失进行赔偿。

 【小贴士】

委付

　　所谓委付，是指在推定全损的情况下，被保险人将保险标的的一切权利包括所有权转让给保险人，而要求保险人按照实际全损的赔偿予以补偿。

　　2. 部分损失（Partial Loss）。部分损失是指货物的损失没有达到上述全部损失的程度。按损失产生的原因不同，可分为共同海损与单独海损两种（见表5-3）。

　　（1）共同海损（General Average，GA）。共同海损是海运领域内一种特殊的法律制度，是指载货的船舶在海运途中遇到灾害、事故，威胁到船、货的共同安全。为了解除这种威胁，维护船、货的安全或者使航程得以继续完成，由船方有意识地、合理地采取措施所作出的某些特殊牺牲（如抛货）或支出某些额外费用（如雇用拖轮拖拉搁浅的船舶）。

　　由此可见，构成共同海损的条件：

　　①危险实际存在且不可避免，而不是主观臆断的。

　　②船货面临共同危险。所谓共同危险，是指至少船、货两个共同利益关系主体同时遭遇海难。空载航行的船舶，或者是卸货完毕的船舶遇难，因不存在共同利害关系方，故没有共同海损的问题。

　　③措施是有意而合理的。

　　④牺牲必须是特殊的，费用必须是额外的。牺牲必须是特殊的是指在不正常情况下造成的。

　　⑤措施必须是有效果的。

　　说明：采取共同海损行为一般应由船长作出决定和负责指挥。但如遇特殊情况其他人的指挥行为包括船员和乘客的指挥行为，如果符合共同海损成立的上述条件，共同海损也可成立。

常见共同海损的类型一般有以下几种：

①抛货以及为急于抛弃货物，在船边或舱面开凿洞口，使船身、甲板等遭受的损失。为船货共同安全，减轻船重，防止船舶沉没，将部分货物或船舶设备抛入海中；抛货是船长首先考虑的共同海损措施之一。

②扑灭船上火灾。为扑灭船上火灾，灌浇海水、淡水或化学灭火剂造成船或货的损失。

③有意搁浅。采取紧急的人为搁浅措施造成船或货的损失。

④避难费用。船舶在航行途中因意外事故或者自然灾害遭遇危险，为了船货的共同安全前往避难港，因此而产生的费用属于共同海损。

⑤救助报酬。船舶遇到意外事故后支付其他船的救助报酬。

共同海损的分摊：共同海损的牺牲和费用，应由船舶、货物和运费三方按照最后获救的价值大小，按比例进行分摊。

例如，某一货船在途中遭遇暴风雨，船身严重斜倾，即将倾覆。船长为了避免船只覆没，命令船员抛弃船舱内的一部分货物以保持船身平衡。这种抛弃就是为了避免船、货的全部损失而采取的措施，被抛弃的货物属于特殊牺牲，即为共同海损牺牲。又例如，船舶搁浅时，为了使船舶脱险，雇用拖驳强行脱浅的费用，即为共同海损费用。

 【例题】

有一货轮在航行中与流冰相撞。船身一侧裂口，舱内部分乙方货物遭浸泡。船长不得不将船就近驶入浅滩，进行排水，修补裂口。而后为了浮起又将部分甲方笨重的货物抛入海中。乙方部分货物遭受浸泡损失了 8 万美元。将船舶驶上浅滩以及产生的一连串损失共为 20 万美元，那么，如何分摊损失（该船舶价值为 150 万美元。船上载有甲、乙、丙三家的货物，分别为 80 万美元、68 万美元、30 万美元，待收运费为 2 万美元）？

解答：乙方部分货物遭受浸泡损失了 8 万美元属于单独海损，船舶搁浅和维修是属于共同海损，所花费的 20 万美元费用需要共同分担。解答见表 5－2。

表 5－2　　　　　　　　　　　　　　共同海损分摊

各有关方	获救的标的物价值（万美元）	分摊比例（%）	分摊金额（万美元）
船方	150	46.58	9.32
货方甲	80	24.84	4.97
货方乙	68－8	18.63	3.73
货方丙	30	9.32	1.86
运费方	2	0.62	0.12
合计	322	100.00	20.00

（2）单独海损（Particular Average，PA）。单独海损是指被保险货物受损后，尚未达到全部损失程度，仅为部分损失。而这部分损失不属于共同海损，它只涉及船舶或货物所有人单方面的利益损失，并不涉及其他方，该损失仅由各受损者单独负担；同时仅指保险标的本身的损失，不包括由此而引起的费用损失。

例如，某公司出口大米 1 万公吨，在海洋运输途中遭受暴风雨，海水浸入舱内，大米受海水浸泡其中有 3000 公吨变质。这种损失只是使该公司一家的利益遭受影响，跟同船所装的其他货物的货主和船东利益并没有什么关系，因而就属于单独海损。

【例题】

某货轮从天津新港驶往新加坡。在航行途中船舶货舱起火，大火蔓延到机舱。船长为了船、货的共同安全，下令往舱内灌水，火很快被扑灭。但是由于主机受损，为继续航行，于是船长决定雇用拖轮将船拖回新港修理，修好后重新驶往新加坡。这次造成的损失有：

A. 1000 箱货物被火烧毁。

B. 600 箱货物被水浇湿。

C. 主机和部分甲板被烧坏。

D. 拖轮费用。

E. 额外增加的燃料和船上人员的工资。

从损失的性质上看，上述哪些损失属于共同海损，哪些属于单独海损？为什么？

解答： 共同海损：BDE，因为这三项是船长为了船、货的共同安全，进行救火而向船舱灌水，造成的特殊牺牲和支出的特殊费用。

单独海损：AC，因为这两项损失是由于火灾这一风险直接造成的。

表 5 - 3　　　　　　　　　　　共同海损与单独海损的区别

比较项目	共同海损	单独海损
致损原因	为解除或减轻风险，人为地有意识地造成	由所承保的风险直接导致船、货受损
损失的承担者	受益各方根据获救利益的大小按比例分摊	受损者自己承担
损失的内容	除保险标的外，还包括支出的特殊费用	保险标的物

第三节　保障的费用

一、费用的概念

海上风险不仅会造成海运货物的损失，还会产生费用方面的损失，即为抢救受损货物，防止损失进一步扩大而形成的费用。这部分费用就是海上费用，它一般也是由保险人支付。海上费用包括施救费用、救助费用、续运费用和额外费用。

二、费用的分类

1. 施救费用（Sue and Labor Expenses）。施救费用是指被保险货物在遭遇保险责任范围内的灾害事故时，被保险人或其代理人，雇用人或保险单受让人，为了避免或减少货物损失，采取各种抢救措施所支出的合理费用。

2. 救助费用（Salvage Charges）。救助费用是指被保险货物遭受保险责任范围内的灾害事故，由保险人和被保险人以外的第三者采取救助措施并获成功，由被救方向救助方支付的一种报酬。救助费用一般都可列为共同海损的费用项目，因为通常它是在船、货各方遭遇共同危难的情况下，为了共同安全由其他船舶前来救助而支出的费用。

3. 续运费用（Forwarding Charges）。续运费用是指船舶遇难后，在中途港或避难港由于卸货、存仓以及运送货物所产生的费用，其目的是为防止或减轻货损。

4. 额外费用（Extra Charges）。额外费用是指为了证明损失索赔的成立而支付的费用，包括对受损货物进行检验、勘察、公证、理算或拍卖受损货物等支付的费用。

【思考题】

一、选择题

1. 一批货物在海运途中发生承保范围内的损失，其修理费用超过货物修复后的价值，这种损失属于（　　）。

A. 实际全损　　　B. 推定全损　　　C. 共同海损　　　D. 单独海损

2. 某公司出口稻谷一批，因保险事故被海水浸泡多时而丧失其原有用途，货到目的港后只能低价出售，这种损失属于（　　）。

A. 单独损失　　　B. 共同损失　　　C. 实际全损　　　D. 推定全损

3. 在海洋货物运输保险业务中，共同海损（　　）。

A. 是部分损失的一种　　　　　　　　B. 是全部损失的一种

C. 有时为部分损失，有时为全部损失　D. 是推定全损

4. 在发生（　　）的情况下，不可判定货物发生了实际全损。

A. 为避免实际全损所支出的费用与继续将货物运抵目的地的费用之和超过了保险价值

B. 货物全部损失

C. 货物完全变质

D. 货物不可能归还被保险人

5. 某载货船只载着甲货主的3000箱棉织品、乙货主的50公吨小麦、丙货主的200公吨大理石驶往美国纽约。货轮起航的第二天不幸遭遇触礁事故，导致船底出现裂缝，海水入侵严重，使甲货主的250箱棉织品和乙货主的5公吨小麦被海水浸湿。因裂口太大，船长为解除船、货的共同危险，使船舶浮起并及时修理，下令将丙货主的50公吨大理石抛入海中。船舶修复后继续航行。货轮继续航行的第三天又遭遇恶劣气候，使甲

货主另外 50 箱货物被海水浸湿。下列说法（　　）是不正确的。

A. 因触礁而产生的船底裂缝及甲、乙货主的货物损失属于共同海损

B. 使船舶浮起并及时修理而抛入海中的丙货主损失属于共同海损

C. 因恶劣气候导致的甲货主 50 箱货物的损失属于单独海损

D. 本案中各货主都投保了平安险，保险公司将对以上 A、B、C 损失给予赔偿

二、案例分析题

1. 某货轮从天津新港驶往新加坡。在航行途中船舶货舱起火，大火蔓延到机舱，船长为了船、货的共同安全，下令往舱内灌水，火很快就扑灭。但是由于主机受损，无法继续航行，于是船长决定雇用拖轮将船拖回新港修理，修好后重新驶往新加坡。这次造成的损失有：

1000 箱货被火烧毁，600 箱货被水浇湿，主机和部分甲板被烧坏，拖轮费用，额外增加的燃料和船上人员的工资。

问题：从损失的性质看，前述损失各属何种海损？为什么？

2. 分析以下属于单独海损、共同海损、推定全损、实际全损、推定全损中哪一种？

A. 连夜暴雨，致使船头 A 仓货物受潮

B. 船舶触礁后下沉，为使船只不至于沉没，船长下令抛弃部分货物

C. 两只船舶不慎相撞，致使其中一艘船只沉没，货物散落海上无法打捞

D. 船只海上行船时遭遇战争袭击，致使全船沉没

E. 有一批出口服装，在海上运输途中，因船体触礁导致服装严重受浸，若将这批服装漂洗后运至原定目的港所花费的费用已超过服装的保险价值

3. 有一货轮在航行中与流冰相撞，船体一侧裂口，海水涌进，舱内部分货物遭浸泡。船长不得不将船就近驶上浅滩，进行排水、修补裂口。而后，为起浮又将部分笨重货物抛入海中。

问题：这一连串的损失都是单独海损吗？

金融保险丛书
高等院校实务教程

第六章

海洋货物运输保险险种及条款

【结构图】

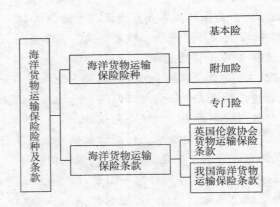

【学习目标】

- 掌握我国海洋运输货物基本险责任与除外责任。
- 了解我国海洋运输货物附加险责任与除外责任。
- 了解我国海洋货物运输保险专门险责任与除外责任。
- 熟悉英国伦敦协会货物运输保险责任与除外责任。

【引导案例】

保险条款不明确导致纠纷案例：A 公司以 CIF 价格条件引进一套德国产检测仪器。因合同金额不大，合同采用简式标准格式，保险条款一项只简单规定"保险由卖方负责"。仪器到货后，A 公司发现一部件变形影响其正常使用。A 公司向外商反映要求索赔，外商答复仪器出厂经严格检验，有质量合格证书，非他们责任。后经商检局检验认为是运输途中部件受到震动、挤压造成的。A 公司于是向保险代理索赔。保险公司认为此情况属"碰损、破碎险"承保范围，但 A 公司提供的保单上只保了"协会货物条款"

（C），没保"碰损、破碎险"，所以无法索赔付。A公司无奈只好重新购买此部件，既浪费了金钱，又耽误了时间。

第一节　海洋货物运输保险险种

一、基本险

基本险，又称主险，是可以单独投保的险别，不必依附于其他险别项下。基本险所承保的主要是"自然灾害"和"意外事故"所造成的货物损失或费用。

我国海洋货物运输保险的基本险主要包括平安险、水渍险和一切险三种。

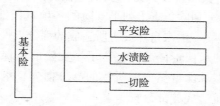

图6-1

（一）保险责任

1. 平安险（Free from Particular Average，FPA）。平安险这一名称在我国保险行业沿用已久，其英文原意不是"平安"，其含义源自于"ICC条款"中的ICC（C）险的解释，为"free from particular average"。Average在一般场合的含义是平均、一般、平庸的意思，在保险术语里，是海损的意思；Particular Average是单独海损；Free from Particular Average直译即是单独海损不赔，它仅对由于自然灾害所引起的单独海损不赔偿。

平安险除负责共同海损外，原则上只负责由于自然灾害和意外事故造成的全部损失，对因为海洋风险所引起的单独海损（亦即非共同海损性质的部分损失）不负责赔偿。因此，平安险的原来保障范围只赔全部损失。但在长期实践的过程中对平安险的责任范围进行了补充和修订，当前平安险的责任范围已经超出只赔全损的限制。

概括起来，平安险的责任范围主要包括：

（1）在运输过程中，由于自然灾害和运输工具发生意外事故造成整批货物的实物的实际全损或推定全损。

（2）由于运输工具发生意外事故而造成的货物全部损失或部分损失。

（3）在运输工具已经发生搁浅、触礁、沉没、互撞、焚毁等意外事故的情况下，货物在此前后又在海洋遭受恶劣气候、雷电、海啸等自然灾害所造成的部分损失。

（4）在装卸或转运时由于一件或数件整件货物落海造成的全部或部分损失。

（5）被保险人对遭受承保责任内危险的货物采取抢救、防止或减少货损的措施而支付的合理费用，但以不超过该批被救货物的保险金额为限。

（6）运输工具遭遇海难后，在避难港由于卸货所引起的损失，以及在中途港、避难港由于卸货、存仓以及运送货物所产生的特别费用。

（7）共同海损的牺牲、分摊和救助费用。

（8）运输契约订有"船舶互撞责任"条款，根据该条款规定应由货方偿还船方的损失。

在三个基本险别中，平安险的承保责任范围最狭窄，多用于大宗、低值的散装或裸装货，如矿石、废金属等。

2. 水渍险（With Average 或 With Particular Average，WA 或 WPA）。水渍险这一名称也是我国保险行业的译名，其英文原意不是"水里浸泡"，不能认为水渍险凡货物遭受水湿损失均属于水渍险的责任范围。其含义源自于"ICC 条款"中的 ICC（B）险的解释，其含义为"with particular average"，有时又简写为"with average"，直译为"单独海损要赔"，又称"单独海损险"，其真正含义为"负责单独海损"。但并不是说保险公司只负责赔偿单独海损，而是说保险公司除负责上列平安险的各项责任外，还负责被保险货物由于恶劣气候、雷电、海啸、地震、洪水自然灾害所造成的部分损失。

由此可看出：水渍险的承保责任范围包含了平安险的承保责任范围；水渍险只是在平安险的责任基础上，扩展承保自然灾害所致的部分损失；水渍险责任范围＝平安险八项责任范围＋因自然灾害所造成的部分损失。

由此可见水渍险保险责任的特点主要有：

第一，水渍险的保险责任超过平安险的保险责任，自然灾害造成的货物部分损失是在海上运输过程中最常见的、最容易发生的损失。

第二，水渍险不负责货物因某些外部原因所造成的部分损失，如碰损、锈损、钩损等。

水渍险只适用于那些不大可能发生碰损、破碎，或者容易生锈但不影响使用的货物，如铁钉、铁丝、螺丝等小五金类商品，以及旧汽车、旧机床、旧设备等二手货。

3. 一切险（All Risks，AR）。一切险又称综合险。但是不能认为承保一切损失。其责任范围是：除包括上列平安险和水渍险的各项责任外，还负责被保险货物在运输中由于一般外来风险所造成的全部或部分损失。值得一提的是，一切险不是对一切损失都负责赔偿。首先，不负责除外责任造成的损失；其次，对非外来原因，即内在原因、货物本身的原因造成的损失也不负责。而且，外来风险是指平安险和水渍险不予承保的一般附加风险，并非所有的外来风险。

一切险的保险责任范围最大，提供的保险保障比较充分，各类货物都能适用，特别是粮油食品、纺织纤维类商品和精密仪器仪表等都应投保一切险。

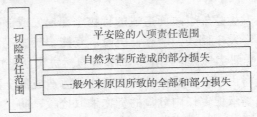

图 6—2

表 6-1 　　　　　　　　　　CIC 主要险种责任范围比较表

	下列原因所致的货物损失或发生的费用	平安险	水渍险	一切险
1	恶劣气候、雷电、海啸、地震、洪水等自然灾害	◎	✓	✓
2	由于运输工具发生意外事故而造成的货物全部损失或部分损失	✓	✓	✓
3	在运输工具已经发生搁浅、触礁、沉没、互撞、焚毁等意外事故的情况下，货物在此前后又在海洋遭受恶劣气候、雷电、海啸等自然灾害所造成的部分损失	✓	✓	✓
4	在装卸或转运时由于一件或数件整件货物落海造成的全部或部分损失	✓	✓	✓
5	被保险人对遭受承保责任内危险的货物采取抢救、防止或减少货损的措施而支付的合理费用，但以不超过该批被救货物的保险金额为限	✓	✓	✓
6	运输工具遭遇海难后，在避难港由于卸货所引起的损失，以及在中途港、避难港由于卸货、存仓以及运送货物所产生的特别费用	✓	✓	✓
7	共同海损的牺牲、分摊和救助费用	✓	✓	✓
8	运输契约订有"船舶互撞责任"条款，根据该条款规定应由货方偿还船方的损失	✓	✓	✓
9	外来原因所致的全部和部分损失	×	×	✓

说明：◎表示负责标的本身的全部损失，但不负责部分损失。✓表示负责标的本身的损失（全部损失和部分损失）或有关的费用损失。×表示不承担责任。

（二）除外责任

又称责任免除，指保险人依照法律规定或合同约定，不承担保险责任的范围，是对保险责任的限制。

任何商品保险都不是万能的，总有一些不能赔付的责任内容。这是因为，保险公司都是经营性的，以盈利为目的，要考虑承担的风险的问题。保险公司要对风险进行认真考察，避免承保风险过大，造成保险公司的亏损。相应地，保险公司对风险进行筛选，把一些发生的可能性较大、损失较多的风险列为除外责任。

对海洋货物运输保险的三种基本险别，保险公司规定有下列除外责任（Exclusions）：

1. 保险人的故意行为或过失所造成的损失。

2. 属于发货人责任所引起的损失。

3. 保险责任开始前，被保险货物已存在的品质不良或数量短差所造成的损失。

4. 保险货物的自然损耗、本质缺陷、特性以及市价跌落、运输延迟所引起的损失或费用。

5. 属于海洋运输货物战争险条款和货物运输罢工险条款规定的责任范围和除外责任。

此外，"被保险人知情的运输工具不适航或者不适用"，虽然未在条款中列明，但根据"最大诚信原则"实际上这种情况也属于除外责任，只是作为一种默示担保（Implied Warranty）。

（三）责任起讫

与国际保险市场的习惯做法一样，我国的海洋货物运输保险条款规定的保险责任起讫期限，也是采用"仓至仓"条款（Warehouse to Warehouse Clause，W/W Clause），即保险公司的保险责任自被保险货物运离保险单所载明的起运地仓库或储存处所开始运输时生效，包括正常运输过程中的海洋、陆路、内河和驳船运输在内，直至该项货物到达保险单所载明目的地收货人的最后仓库或储存处所或被保险人用做分配、分派或非正常运输的其他储存处所为止。如未抵达上述仓库或储存处所，则以被保险货物在最后卸载港全部卸离海轮后满 60 天为止。如在上述 60 天内被保险货物需转运至非保险单所载明的目的地时，则以该项货物开始转运时终止。

（四）索赔期限

以上三种基本险别的索赔时效，自被保险货物在最后卸载港全部卸离海轮后起算，最多不超过两年。

二、附加险

附加险（Additional Risk）是对基本险的补充和扩大。投保人只能在投保一种基本险的基础上才可加保一种或数种附加险。目前，我国的附加险有一般附加险和特殊附加险两种。

（一）一般附加险（General Additional Risk）

一般附加险（又称普通附加险）所承保的是由于一般外来风险所造成的全部或部分损失，其险别共有下列 11 种：

1. 碰损、破碎险（Clash and Breakage）。有的货物如机器、瓷器、玻璃器皿等，由于其本身的特点在运输途中受到震动、挤压、碰撞后，发生破碎和碰撞损失，本附加险负责赔偿诸如此类的损失。

值得注意的是，由于意外事故造成货物的碰撞、破碎，已在平安险和水渍险的承保之列，所以，本附加险实际上只负责外来原因引起的碰撞、破碎损失。

2. 串味险（Taint of Odor）。承保被保险的食用物品、中药材、化妆品原料等货物在运输过程中因受其他物品的影响而引起的串味损失。

3. 淡水雨淋险（Fresh Water and/or Rain Damage，FWRD）。货物在运输中，由于淡水、雨水以至雪融所造成的损失，保险公司都应负责赔偿。淡水包括船上淡水舱、水管漏水以及汗等。

发生了淡水雨淋损失，被保险人须在及时提货后十天内申请检验。

4. 偷窃、提货不着险（Theft，Pilferage and Non – Delivery，TPND）。在保险期限内，承保货物被偷或被窃，以及运抵目的地后整件提不到货的损失。这里的"偷窃"不含暴力因素。"偷"一般指整件货物被偷，"窃"通常指窃取整件货物中的一部分。凡偷窃损失，被保险人须在及时提货后四天内申请检验。"提货不着"是对整件货物而言，并非指整批货物。发生了提货不着的损失，被保险人应及时向承运人等责任方索取货物的短少证明。

5. 短量险（Shortage）。该险主要承保被保货物在运输过程中因外包装破裂、裂口、扯缝或散装货物发生散失、比实际重量短少的损失。对有包装货物的短少，必须看外包装是否有破裂、扯缝等异常情况，以区别货物是原来的短少还是外来原因造成的短少。对散装货物则应以装船重量和卸船重量之间的差额作为计算短量的依据，但不包括正常损耗。

6. 渗漏险（Leakage）。本保险对被保险货物在运输过程中，因容器损坏而引起的渗漏损失，或用液体储藏的货物因液体的渗漏而引起的货物腐败等损失，负责赔偿。

7. 混杂、玷污险（Intermixture and Contamination）。该险主要承保被保险货物在运输过程中，因混进杂质或被玷污所造成的损失。例如矿砂、矿石等混进了泥土、草屑等而使质量受到影响，布匹、纸张、食物、服装等被油类或带色的物质所玷污而造成损失等，都属于此项附加险的保险责任。

8. 钩损险（Hook Damage）。该险主要承保被保险货物在装卸过程中因遭受钩损而引起的损失，并对包装进行修补或调换所支付的费用负责赔偿。

9. 受潮受热险（Sweat and Heating）。该险主要承保被保险货物在运输过程中因气温突变或由于船上通风设备失灵致使船舱内水汽凝结、发潮或发热所造成的损失。

10. 锈损险（Rust）。金属或金属制品一类货物常常易生锈。生锈的原因很多，有的由水渍险承保，如钢丝过海水生锈等。本附加险主要承保外来原因造成金属或金属制品一类货物生锈的损失。

因金属制品的特性，在运输途中极易生锈，有的甚至必然生锈，因此，保险人对承保锈损险常常持慎重的态度。

11. 包装破裂险（Breakage of Packing）。该险主要承保被保险货物在运输途中因搬运或装卸不慎，致使包装破裂所造成的短少、玷污等损失。此外，为继续运输安全需要而产生的修补包装或调换包装所支付的费用也均由保险公司负责赔偿。

一般附加险只附加在平安险和水渍险两种主要险别之下，来作为补充。由于一切险的责任范围已包括一般附加险的责任，故一般附加险没有必要附加在一切险项下。

（二）特殊附加险（Special Additional Risk）

特别及特殊附加险，同一般附加险一样，不能单独承保，只能附加在主险项目下。之所以要将它同一般附加险区别开来，是由于它所承保的责任已经超出一般意外事故的范围，不在一切险的范围之内。特别及特殊附加险的致损因素，往往是同政治、国家行政管理、战争以及一些特殊的风险相关联的。国际上也没有统一划分特别及特殊附加险的责任范围的标准，只是为了区分方便，才将它分开来归类。

特殊附加险条款有两类：一类同一般附加险条款，附加在平安险、水渍险和一切险等主要险别项下，补充主要险别和保险责任，但受基本条款的约束，如进口关税险、舱面险等；另一类虽附加在主险项下，但是，如果同基本条款中的任何条文有抵触时，则以附加险条款为准，如战争险、拒收险等。

下面是常用的特殊及特别附加险险种：

（1）进口关税险（Import Duty Risk）。

（2）舱面险（On Deck Risk）。

（3）拒收险（Rejection Risk）。

（4）黄曲霉素险（Aflatoxin Risk）。

（5）易腐货物险（Perishable Goods Risk）。

（6）交货不到险（Failure to Deliver Risk）。

（7）出口货物到港澳存仓火险责任扩展条款（Fire Risk Extension Clause）。

（8）码头检验条款（Survey at Jetty Risk）。

（9）战争险（War Risk）。

（10）战争险的附加费用（Additional Expenses War Risks）。

（11）罢工险（Strikes Risk）。

三、专门险

在我国海洋货物运输保险中，还有专门适用于海运冷藏货物的海洋运输冷藏货物保险、海运散装桐油的海洋运输散装桐油保险以及活牲畜、家禽运输的保险。这三种保险均属基本险性质。

（一）海洋运输冷藏货物保险

根据中国人民财产保险股份有限公司 1981 年 1 月 1 日修订的《海洋运输冷藏货物保险条款》的规定，海洋运输冷藏物保险（Ocean Marine Insurance – Frozen Products）险别分为冷藏险（Risks for Frozen Products）和冷藏一切险（All Risks for Frozen Products）两种。

冷藏险的责任范围除负责水渍险承保的责任外，还负责赔偿由于冷藏机器停止工作连续达 24 小时以上所造成的被保险货物的腐败或损失。

冷藏一切险的责任范围，除包括冷藏险的各项责任外，还负责赔偿被保险货物在运输途中由于一般外来原因所造成的腐败或损失。

（二）海洋运输散装桐油保险

根据中国人民财产保险股份有限公司 1981 年 1 月 1 日修订的《海洋运输散装桐油保险条款》的规定，海洋运输散装桐油保险（Ocean Marine Insurance – Woodoil Bulk）是保险公司承保不论何种原因造成的被保险散装桐油的短少、渗漏、玷污或变质的损失。

海洋运输散装桐油保险的责任起讫也按"仓至仓"条款负责。但是，如果被保险散装桐油运抵目的港不及时卸载，则自海轮抵达目的港时起满 15 天，保险责任即行终止。

（三）活牲畜、家禽运输保险

第二节　海洋货物运输保险条款

保险条款是保险合同或保险单上载明规定双方约定权利和义务的条文，从被保险人有无选择的角度来看，保险条款可以分为基本条款和附加条款。目前我们常见的海洋货物运输险主要使用以下两种条款：

1. 英国伦敦保险业协会1982年1月1日修订、1983年4月1日起正式实施的《协会货物条款》即ICC（INSTITUTE CARGO CLAUSES）条款，它是由英国伦敦保险业协会制定的专业条款，是在英国劳合社船货保险单（简称SG保险单）的基础上整理而成的。该系列条款至今已沿用200余年，在国际保险界处于垄断地位。它是世界上影响最深远也最广泛的保险条款。尽管许多保险公司均有自己的保险条款，但基本上都以该条款为母本，内容也与ICC基本相同。

2. 中国人民财产保险股份有限公司（简称PICC，下同）1981年1月1日修订的《海洋货物运输保险条款》，即中国条款（China Insurance Clause，简称"CIC条款"），其全称为《中国海洋货物运输保险条款》。它基本上参照了原来的ICC条款。按基本险与附加险分类。基本险包括平安险、水渍险和一切险，附加险包括一般附加险、特别附加险和特殊附加险。该条款于2009年进行了修订。

在国际保险市场上，各国保险组织都制定有自己的保险条款，但最为普遍的是采用ICC条款。在国际运输货物保险中，我国企业按CIF或CIP条件出口时，一般按CIC条款投保，但如果国外客户要求按ICC条款投保，一般可予接受。

陆路和航空运输货物保险是在海洋货物运输保险的基础上形成的。因此，其条款与海洋货物运输保险在实质上并无差别。了解了海洋货物运输保险条款，陆路和航空运输货物保险条款也就迎刃而解了。

一、英国伦敦保险业协会货物保险条款

英国伦敦保险业协会在1982年1月1日修订、1983年4月1日起正式实施的《协会货物条款》（Institude Cargo Clause，ICC），即ICC条款，最早制定于1912年。为了适应不同时期国际贸易、航运、法律等方面的变化和发展，该条款已先后多次补充和修改。修订工作于1982年1月1日完成，并于1983年4月1日起正式实行。

ICC条款一共有6种险别（见图6-3）。

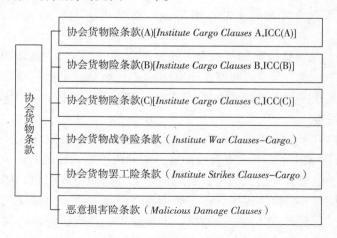

图6-3

除 ICC（A）、ICC（B）、ICC（C）三种险别可以单独投保外，战争险和罢工险在需要时也可以作为独立的险别投保。ICC 的险别按照保险责任递增的形式分为 ICC（C）条款、ICC（B）条款和 ICC（A）条款。ICC（A）、ICC（B）、ICC（C）条款，每一条款均分 8 项，即：

（1）承保风险（Risks Covered），内分 3 条。

（2）除外责任（Exclusions），内分 4 条。

（3）保险期间（Duration）。

（4）赔偿（Claims），内分 4 条。

（5）保险利益（Benefit of Insurance），内分 3 条。

（6）减少损失（Minimising Losses），内分 2 条。

（7）防止延迟（Avoidance of Delay）。

（8）法律与惯例（Law and Practice）。

（一）承保的风险

承保的风险主要包括三个条款，即风险条款、共同海损条款和双方过失碰撞条款。

1. 风险条款（Risks Clause）。风险条款实际上就是主要险种条款，三种险别的区别主要反映在风险条款中。

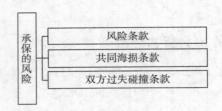

图 6-4

（1）ICC（C）的承保风险。ICC（C）对承保风险的规定，采用的是列明风险方式。ICC（C）只承担重大意外事故，而不承担自然灾害及非重大意外事故所造成的货损。

ICC（C）承包的具体风险如下：灭失或损害合理归因于下列原因者：火灾、爆炸，船舶或驳船搁浅、触礁、沉没或倾覆，陆路运输工具倾覆或出轨，船舶、驳船或运输工具同水以外的任何外界物体碰撞，在避难港卸货以及灭失或损害由于以下原因造成者：共同海损牺牲，抛货。

（2）ICC（B）的承保风险。ICC（B）对承保风险的规定也采用列明风险方式。ICC（B）承保的具体风险如下：灭失或损害合理归因于下列原因者：火灾或爆炸，船舶或驳船遭受搁浅、触礁、沉没或倾覆，陆路运输工具的倾覆或出轨，船舶、驳船或运输工具同水以外的任何外界物体碰撞，在避难港卸货，地震、火山爆发或雷电以及灭失或损害由于下列原因造成者：共同海损牺牲；抛货或浪击落海；海水、湖水或河水进入船舶、驳船、运输工具、集装箱、大型海运箱或储存处所；货物在船舶或驳船装卸时落海或跌落造成任何整件的全损。

（3）ICC（A）的承保风险。ICC（A）关于承保风险的规定采用"一切险减除外责任"的概括说明方式。ICC（A）承保的风险具体包括以下几项：ICC（B）承保的所有风险，海盗行为，恶意损害行为，外来风险造成的货物损失。

从承保范围看，ICC（A）条款主要承保海洋风险和一般外来风险，责任范围广泛。在风险条款中，ICC（A）条款改变了以往"列明风险"的方式，采用"一切险减去除外责任"的方式，声明承保一切风险造成的损失，对约定和法定的除外事项，在"除外责任"部分全部予以列明；对于未列入除外责任项下的损失，保险人均予负责。

为了便于理解，将ICC（A）、ICC（B）及ICC（C）三种险别中保险人承保的风险列表进行比较（见表6-2）。

表6-2　ICC1982（A）、（B）及（C）三种险别中保险人承保的风险列表比较表

	下列原因所致的货物损失或发生的费用	（C）	（B）	（A）
1	火灾、爆炸	✓	✓	✓
2	船舶、驳船触礁、搁浅、沉没或倾覆	✓	✓	✓
3	陆路运输工具倾覆或出轨	✓	✓	✓
4	船舶、驳船或运输工具同水以外的其他任何外界物体的碰撞或接触	✓	✓	✓
5	在避难港卸货	✓	✓	✓
6	地震、火山爆发或雷电	×	✓	✓
7	共同海损牺牲	✓	✓	✓
8	共同海损分摊和救助费用	✓	✓	✓
9	运输合同中订有"船舶互撞责任"条款，根据该条款的规定应由货方偿还船方的损失	✓	✓	✓
10	投弃	✓	✓	✓
11	浪击落海	×	✓	✓
12	海水、湖水或河水进入船舶、驳船、运输工具、集装箱、其他海运箱或储存处所	×	✓	✓
13	货物在装卸船舶或驳船时落海或跌落，造成任何整件的全损	×	✓	✓
14	由于被保险人以外的其他人（如船长、船员等）的恶意行为所造成的损失或费用	×	×	✓
15	海盗行为	×	×	✓
16	由于一般外来原因所造成的损失	×	×	✓

说明：①"✓"代表承保风险；"×"代表免责风险或不承保风险。

②第13项即"吊索损害"，第14项即"恶意损害"。

2. 共同海损条款（General Average Clause）。共同海损条款的具体内容是："本保险承保共同海损和救助费用，其理算与确定应依据海上货物运输合同和/或准据法及习惯。该项共同海损和救助费用的产生，应为避免任何原因所造成的或与之有关的损失所引起的，但本保险规定的不保风险和除外责任引起的除外。"

3. 双方过失碰撞条款（Both to Blame Collision Clause）。船舶互撞责任条款的具体内

容是："本保险另对被保险人在运送契约内'双方过失碰撞条款'所负之责任，按照保单应付之比例额予以赔偿。倘船舶所有人依据该条款要求赔偿时，被保险人应立即通知保险人，保险人有权自费为被保险人就该赔偿提出抗辩。"

（二）除外责任（内含4条）

1. 一般除外责任。可归因于被保险人故意不法行为造成的损失、损害或费用。

保险标的的自然渗漏、重量或容量的自然损耗或自然磨损造成的损失。

保险标的包装或准备不足或不当造成的损失、损害或费用。

保险标的固有缺陷及特性所引起的损失、损害或费用。

直接由于延迟包括承保风险引起的延迟所造成的损失、损害或费用。

由于船舶所有人、经理人、承租人或经营人破产或经济困境产生的损失或费用。

由于使用任何原子或核裂变和（或）聚变或其他类似反应或放射性作用或放射性物质的战争武器产生的损失、损害或费用。

ICC（A）、ICC（B）、ICC（C）对于一般除外责任的规定基本上是一致的。但ICC（A）仅对被保险人的故意不法行为所致损失和费用不赔偿，而ICC（B）、ICC（C）则规定对任何人的故意不法行为对保险标的的造成的损失和费用不赔偿。

2. 不适航、不适货除外责任（Unseaworthiness and Unfitness Exclusion Clause）。若起因于船舶或驳船不适航，船舶、驳船、运输工具、集装箱或大型海运箱对保险标的的安全运输不适货，而且保险标的的装于其上时，被保险人或其雇员对此种不适航或不适货有私谋所造成的损失、损害或费用，保险人不予负责。

保险人放弃载运保险标的到目的港的船舶不得违反默示适航或运货保证，除非被保险人或其雇员对此种不适航或不适货有私谋。

ICC（A）、ICC（B）、ICC（C）关于不适航与不适货除外责任的规定是完全一致的。

3. 战争除外责任（War Exclusion Clause）。战争险除外责任条款中的各项责任均为协会战争险条款承保的风险责任。鉴于有协会战争险条款承保战争风险，因此将战争险承保的各项责任列为标准条款即ICC（A）、ICC（B）、ICC（C）的除外责任。

海运货物保险人对于以下风险造成的货物损失不承担责任：战争、内战、革命、造反、叛乱及由此引起的内乱或任何交战方之间的敌对行为，捕获、扣押、扣留、拘禁或羁押（海盗除外）和此种行为引起的后果或进行此种行为的企图，被遗弃的水雷、鱼雷、炸弹或其他被遗弃的战争武器。

ICC（A）、ICC（B）、ICC（C）关于战争险除外责任的规定基本是一致的，但ICC（A）承保海盗风险，ICC（B）、ICC（C）不承保海盗风险。

在ICC（A）条款中，加上了"海盗行为除外"这几个字，明确将海盗风险从除外责任中剔除，即将海盗风险作为承保风险。由于ICC（B）条款采取列明风险的方法确定承保风险，所以按照ICC（B）条款的规定，保险人对海盗风险不予负责。

4. 罢工除外责任（Strikes Exclusion Clause）。罢工险除外责任条款中的各项责任均为协会罢工险条款承保的风险责任。鉴于有协会罢工险条款承保罢工风险，因此将罢工险承保的各项责任列为标准条款即 ICC（A）、ICC（B）、ICC（C）的除外责任。

海运货物保险人不承担下列损失、损害或费用：罢工者、被迫停工工人，以及参加工潮、暴动或民变的人员造损者；罢工、停工、工潮、暴动或民变造损者；恐怖分子或出于政治动机而行为的人员造损者。

ICC（A）、ICC（B）、ICC（C）关于罢工险除外责任的规定基本是一致的。

（三）保险期限（Duration）

ICC（A）、ICC（B）、ICC（C）三个条款有关保险期限的规定是完全一致的，主要包含：

1. 运输条款（Transit Clause）。

2. 运输合同终止条款（Termination of Carriage Clause）。

3. 航程变更条款（Change of Voyage Clause）。

其他内容，ICC（A）、ICC（B）、ICC（C）大致相同。

二、我国海洋货物运输保险条款

我国保险条款主要使用中国人民财产保险股份有限公司（简称 PICC，下同）制定的条款，即"中国条款"（China Insurance Clause，简称 CIC 条款），其全称为《中国海洋货物运输保险条款》。CIC 条款是中国人民财产保险股份有限公司参照国际通行做法并结合我国实际情况拟订的，经过几十年来的应用与实践，已被国际贸易、航运、保险界广泛接受。

ICC 条款与 CIC 条款的区别：

1. 结构不同。CIC 条款详细具体，三个条款各有 19 条，A、B、C 条款按风险划分，所承保的风险差距较清楚，容易区分。ICC 条款简明扼要，仅有一个条款，分为 5 条。三个险种是按风险程度划分，差距不够清楚，内容有所重叠。

2. CIC 条款较 ICC 条款更有利于被保险人，主要表现在水渍险和平安险与 B、C 条款的差别。例如水渍险和平安险承保在装卸或转运过程中，由于一件或数件货物落海造成的全部或部分损失，而 B 条款和 C 条款仅承保由此而造成的全损等。

3. ICC 条款增加了除外责任。设立了船舶或驳船不适航或不适货而造成货损的除外责任（限于被保险人或其雇用人员知道这种不适航或不适货的情况），增加了由于船舶所有人、经理人、租船人或经营人破产不履行债务造成的损失或费用。

4. 索赔时效不同。CIC 条款规定的索赔时效为从被保险货物在最后卸货港全部卸离海轮后起算，最多不超过 2 年。ICC 条款未作任何规定。

【思考题】

一、选择题

1. 根据中国的保险条款，不能单独投保的险别是（　　　）。

A. 平安险　　　　B. 水渍险　　　　C. 附加险　　　　D. 一切险

2. 按保险人承保责任范围大小，下列三种险别依次顺序应为（　　）。

A. 平安险、一切险、水渍险　　　　　B. 一切险、水渍险、平安险

C. 水渍险、平安险、一切险　　　　　D. 一切险、平安险、水渍险

3. 《中国海洋货物运输保险条款》规定的索赔期限为（　　）。

A. 3 年　　　　　B. 2 年　　　　　C. 6 年　　　　　D. 1 年

4. 根据现行伦敦保险协会的保险条款规定，承保范围最小的险别是（　　）。

A. ICC（A）　　　B. ICC（B）　　　C. ICC（C）　　　D. ICC（D）

5. ICC 中的货物（A）、（B）、（C）条款的内容大体等于 CIC 条款中的（　　）。

A. 平安险、水渍险、一切险　　　　　B. 一切险、水渍险、平安险

C. 水渍险、一切险、平安险　　　　　D. 水渍险、平安险、一切险

6. CIC "特殊附加险" 是指在特殊情况下，要求保险公司承保的险别，该险别（　　）。

A. 一般可以单独投保　　　　　　　　B. 不能单独投保

C. 可单独投保两项以上　　　　　　　D. 在被保险人同意的情况下可以单独投保

7. "仓至仓"（W/W）条款是（　　）。

A. 承运人负责的运输责任起讫的条款

B. 保险公司承保的保险责任起讫的条款

C. 适用于各种险别的条款

D. 出口人承担的货物品质担保责任起讫的条款

8. 按照中国保险条款的规定，一切险的责任范围是指（　　）再加上一般外来原因所致的全部和部分损失。

A. 水渍险的责任范围　　　　　　　　B. 平安险的责任范围

C. 平安险和水渍险的责任范围　　　　D. 一切险的责任范围

二、案例分析题

1. 广州某厂从英国进口货物一批。英商应我方的要求，将货物交给指定运送人经荷兰船运到广州。但在卸货时发生短缺。据船公司回答，所有短缺货物已卸在香港，将安排运回广州。约过了 20 天，发现短缺货物未全部运来，而且又无法查清货物究竟在何处，致使该厂的生产计划拖延，生产受到损失。

根据案例请回答：

（1）船公司应付何责任？

（2）该厂是否可就由于生产计划拖延而造成的估计损失要求赔偿？

（3）在多次转船运输中，买方为避免此损失发生应该投保何种险别较好？

2. 某公司进口一批货物，已投平安险加战争险。运载该批货物的海轮在航行途中遇到敌对两国交战，船舶被炮火击中受严重创伤，但货物未受损害。当该船驶到附近港口修理时，却因遭遇恶劣气候，船舶沉没，货物全部损失。

根据案例请回答：

（1）什么叫 "近因原则"？本案的保险公司是否负责赔偿？

（2）如果本案买方投保的是一切险，保险公司是否应该赔偿？

（3）战争险的责任期限与平安险的责任期限是否一样？

3. 某公司出口卡车 700 辆，该批货物均装于船面（国外买方同意接受舱面提单）。航行途中遇到大风浪，有 20 辆卡车被冲入海中。后该船又触礁，严重漏水。为了挽救船和其他货物，船长下令将余下的 680 辆卡车推入海中。问：上述两种情况是否都属共同海损？

4. 某货轮从上海港驶往新加坡，途中触礁，船底撞穿、海水涌入，部分货物遭水浸。船长为避免船舶沉没，令船舶强行搁浅，这样又使船、货发生损失。由于船舶受损严重，无法继续航行，于是船长决定雇用拖轮将货船拖往附近港口修理，检验后重新驶往新加坡。事后调查，这次事件造成的损失有：

（1）1000 箱货物由于船舶触礁而被水浸湿。

（2）600 箱货物由于船舶搁浅而遭水渍。

（3）船底因触礁而受损。

（4）船底因搁浅而受损。

（5）拖船费用。

（6）额外增加的燃料和船长、船员工资。

上述各项费用从性质上看，哪些属于单独海损？哪些属于共同海损？为什么？

第七章

海洋货物运输保险的投保

【结构图】

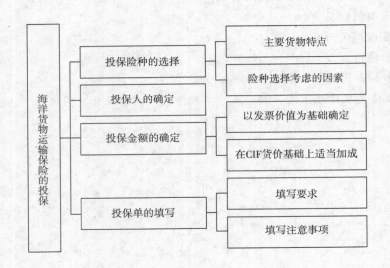

【学习目标】

- 了解投保险种的选择。
- 能帮助客户填写保险单。

【引导案例】

　　小陈刚毕业进入某外贸公司工作不久，接到一笔将3个集装箱的烟花从湖南浏阳出口到伦敦的业务。为了防止海上运输过程中遇到风险发生损失，小陈找到××财产保险公司想投保一份海洋运输货运险。但是小陈对于保险险种和投保过程并不了解，假如你是该公司业务人员，你能帮他完成这份保单的投保工作吗？

　　海洋货物运输的投保是指投保人或被保险人向保险公司表示订立保险合同的意向的

一种要约行为。海洋货物运输保险的投保一般以书面形式进行，即保险公司根据核保实务需要了解的有关主要事项制定出书面表达格式（投保单），再让客户按要求填写。所以本章实务的核心内容就是投保单的填写，而之前要先了解如何选择投保险种以及涉及的贸易价格条件来确定保险金额。

第一节　投保险种的选择

海洋货物运输保险的险种在前述章节已经有了详细阐述，在这里不加赘述。我们主要谈谈投保人如何根据货物种类、性质、特点、包装、运输工具、运输路程等情况来选择保险产品。

客户投保时需要选择恰当的保险产品，既要考虑能获得所需的经济保障，又要适当节省保险费的支出。现在客户一般倾向于投保一切险加保战争险、罢工险，虽然保障全面，但有些商品不一定需要这样的保障，却要负担更多的保费。而且对于保险公司来说承保一切险面临损失的风险更大，对于某些不满足承保条件的商品保险公司不会承保一切险（具体论述见下一章），所以投保人应该根据现实情况选择保险产品进行投保。

一、主要货物特点及保险产品的选择

表7-1　　　　　　几种商品容易受损的情况以及适合投保的险种一览表

货物种类	常见风险	适合投保险种
粮食食品类（如大豆、玉米、动植物油、冻猪肉等）	涉及水分问题，如受潮、结块、霉变、通风不良变质；水分蒸发导致短量；冷冻食品可能由于冷藏机器损坏使商品解冻变质	一切险，或在平安险、水渍险的基础上加短量险、受潮受热险，冷冻食品要投保冷藏货物险
土产畜产类（如鱼粉、皮毛、茶叶等）	受潮受热、玷污、偷窃等	可在平安险、水渍险的基础上加受潮受热险、玷污险、偷窃险，也可投保一切险
轻工品类（如玻璃陶瓷制品，家用产品，仪表，杂货，纸张等）	破损、碰损、偷窃、受潮等	可在平安险、水渍险的基础上加碰损险，提货不着险，偷窃险
工艺品类（如首饰、珐琅、雕刻品、漆器类等）	破损、碰损、偷窃等	价值高可投保一切险，或可在平安险、水渍险的基础上加碰损险，偷窃险
五金类（如钢筋、铁皮、铸铁块、铁钉、铁丝、龙头等小五金）	短量、破损等，小五金类不大可能发生偷窃、碰损等损失	在平安险、水渍险的基础上加提货不着险、碰损险，或只投保水渍险
矿产类（如矿石、水泥、建材等）	大宗运输，容易发生短量，建材的主要风险是破损	价值高可投保一切险，或加保短量险、破损险
化工类（如原油、橡胶等）	短量、玷污、漏损，特殊化学物质的其他特性风险	一切险，或在平安险、水渍险的基础上加玷污险、渗漏险
机械类（如机床、电力机器、汽车、医疗器械等）	碰损	在平安险、水渍险的基础上加碰损险
纺织纤维类（如毛、棉、麻、丝绸、服装等）	容易遭受的损失较多，如玷污、雨淋、偷窃、钩损等	一切险

从目前对投保险种选择的趋势看，对价值较高的商品客户倾向于投保一切险，其实可以根据货物特点和主要特点考虑，不一定投保一切险。

 【课堂讨论】

××外贸公司从美国进口一批废铜，价值约为 83 万美元。保险由买方办理，外贸公司找到××保险公司购买海洋货物运输保险。如果你是该外贸公司业务人员，怎样选择投保险种？

二、其他选择投保险种的考虑因素

投保人选择符合实际投保需要的险种时除了考虑货物种类和价值外，还通常考虑下列因素，并且这些因素也是保险公司在海洋货物运输保险承保时对于承保风险需要评估的因素，对此后面我们再详细阐述：

1. 包装。包装材料及包装方式直接影响到货物的损毁。货物的包装应由贸易当事人约定或按国际惯例规定，若包装存在问题就避免不了在运输过程中对于货物的损害。

2. 运输方式。货物采用何种方式运输，是经海运、空运、陆运或联合运输，对危险事故的发生也有直接影响。运输方式、工具不同，可能遭遇的危险事故不同。比如若采用海运方式，船龄就是必须要考虑的因素。

3. 附加危险。货物在运输过程中从起运地到目的地之间有无发生战争或罢工危险事故的可能，若有，必须考虑加保战争及罢工险以求保障。

4. 国际贸易条件。如果买卖双方对货物运输保险种类已有约定，应从其约定，否则应按国际商会制定的《跟单信用证统一惯例》（UCP500）中关于货物保险的处理规定执行。

 【小贴士】
贸易合同中的保险英文表达

（1）贸易合同中约定投保平安险（FPA）。如"卖方按发票金额加成 10% 投保平安险"，其英文表达为"Insurance to be effected by the Sellers for 10% of invoice value against F. P. A"。

（2）贸易合同中约定投保水渍险（WA）。如"卖方按发票金额加成 10% 投保平安险"，其英文表达为"Insurance to be effected by the Sellers for 10% of invoice value against W. A"。

（3）贸易合同中约定投保一切险（All Risks）。如"卖方按发票金额加成 10% 投保平安险"，其英文表达为"Insurance to be effected by the Sellers for 10% of invoice value against All Risks"。

（4）贸易合同中约定投保平安险加保罢工险。如"卖方按发票金额加成 10% 投保平安险加保罢工险"，其英文表达为"Insurance to be effected by the Sellers for 10% of invoice value against FPA and War Risks"。

第二节　投保人的确定

在了解了主要的保险产品和选择投保险种的依据后，似乎投保人就可以为货物选择合适的保险产品了。但是在国际贸易中还有一个基本问题：海洋货物运输保险应当由买方还是卖方办理？国际贸易中货价是由货物本身的成本（Cost）、运费（Freight）、保险费（Insurance Fee）三部分组成，保险由卖方还是买方办理取决于不同的价格条件。在第二章中我们学过六种贸易术语，在实务操作中比较常见的是 FOB、CFR、CIF 这三种贸易术语，也即在国际贸易中的贸易价格条件。该三种贸易术语的详细内容已在第二章作了阐述，在此不再重复。我们重点学习在这三种贸易条件下投保人的确定。

1. FOB 价格条件。FOB 价格条件即以货物装上运输工具为价格条件，卖方负责将货物装到买方指定的运输工具上，承担将货物装上运输工具前的费用和风险。当货物越过船舷或装上船只，风险由卖方转移给买方。买方负责租船订舱、支付运费等，货物运输保险由买方办理。

2. CFR 价格条件。CFR 价格条件即卖方负责将货物运送到买方指定的口岸，货物价格中包含运费在内，不包含保险费。货物在运输途中的保险由买方办理。按照《国际贸易术语解释通则》的解释，卖方在货物装船过后必须无延迟地通知买方。有些国家规定，当货物装船后，卖方必须立即通知买方办理保险。如有疏漏而导致买方未办理保险，卖方应承担货物在运输途中的风险。

3. CIF 价格条件。CIF 价格条件即卖方将货物装上船只，并支付起运港到目的港的运费和保险费，也就是说货物价格中包含运费和保险费。这种情况下保险由卖方办理并承担保险费用。

根据上述内容可知，以 FOB 和 CFR 价格条件成交的合同，货物的投保均由买方负责办理。以 CIF 价格条件成交的合同，货物的投保由卖方办理并负担保险费。

 【课堂讨论】

我国某外贸公司向日、英两国商人分别以 CIF 和 CFR 价格出售蘑菇罐头，问这两笔交易中各由谁办理货运保险手续？

第三节　投保金额的确定

投保人投保海洋货物运输保险时应向保险公司申报保险金额，保险金额是被保险人对保险标的的实际投保金额，是保险公司承担保险责任的标准和计收保险费的基础。在保险货物发生保险责任范围内的损失时，保险金额就是保险公司赔偿的最高限额。

海洋货物运输保险的保险金额一般是以发票价值为基础确定的。各国保险法及国际贸易惯例一般都规定海洋货物运输保险的保险金额可在 CIF 货价基础上适当加成，一般是加成 10%。当然保险公司与被保险人可以根据不同货物、不同地区进口价格与当地市价之间的不同差距、不同经营费用和预期利润水平，约定不同的加成率。保险金额的计算公式为

$$保险金额 = CIF 价格 \times （1 + 加成率）$$

 【例题】

湘潭保利贸易有限公司（Xiangtan Boric Trade CO. LTD）出口 1000 包硫酸锌（zink sulphate）到美国，起运港是湘潭，目的港是纽约，以 CIF 价格成交，共 23000 美元。

1. 计算保险金额为多少？

保险金额 = CIF 价格 × （1 + 加成率）= 23000 × （1 + 10%）= 25300（美元）

若价格条件是 CFR 价格，应将 CFR 价格换算成 CIF 价格，再在 CIF 价格基础上加成计算保险金额。按照之前讲述的贸易术语，CFR 价格 = CIF 价格 − 保险费，保险费为在保险金额基础上乘以保险费率（具体请见第八章），所以 CFR 价格 = CIF 价格 − CIF 价格 × （1 + 加成率）× 保险费率，即从 CFR 价格换算成 CIF 价格可利用以下公式：

$$CIF 价格 = \frac{CFR 价格}{1 - （1 + 加成率）\times 保险费率}$$

再按换算好的 CIF 价格计算保险金额。

2. 假设成交价格为 CFR 价格，保险费为 1%，请计算保险金额为多少？

$$保险金额 = CIF 价格 \times （1 + 加成率）= \frac{CFR 价格}{1 - （1 + 加成率）\times 保险费率} \times （1 + 加成率）$$

$$= \frac{23000}{1 - （1 + 10\%）\times 1\%} \times （1 + 10\%）= 25581.39（美元）$$

第四节　投保单的填写

当客户已经对投保险种进行了选择并明确承保方式后，就可以填写投保单了。海洋货物运输保险中各个保险公司都有自己印刷的空白投保单，虽然格式不一，但所填项目大同小异。保险公司工作人员在指导客户填写投保单时，一定要事先将合同条款特别是合同免责事项明确向投保人说明，并由投保人亲笔签字。出具保险单时注意避免差错。

下面是××保险公司的海洋货物运输保险的投保单样式，我们以此为例说明如何填写投保单：

货物运输保险投保单
APPLICATION FORM FOR CARGO TRANSPORTATION INSURANCE

被保险人
Insured：_____

发票号（INVOICE NO.）

合同号（CONTRACT NO.）

信用证号（L/C NO.）

发票金额（INVOICE AMOUNT）_____投保加成（PLUS）_____%

兹有下列物品向某保险公司　　分公司投保。（INSURANCE IS REQUIRED ON THE FOLLOWING COMMODITIES：）

标记 MARKS&. NOS.	包装及数量 QUANTITY	保险货物项目 DESCRIPTION OF GOODS	保险金额 AMOUNT INSURED

起运日期：　　　　　　　　　　　　　　　　装载运输工具：

DATE O FCOMMENCEMENT _____PER CONVEYANCE：_____

自　　　　　　　　　　　　　经　　　　　　　　　　　　至

FROM _____VIA _____TO _____

提单号：　　　　　　　　　　　　　　　　　赔款偿付地点：

B/L NO. _____CLAIMPAYABLE AT _____

投保险别：（PLEASE INDICATE THE CONDITIONS&/OR SPECIAL COVERAGES：）

_____

请如实告知下列情况：（如'是'在［　］中打'√'，'不是'打'×'）IF ANY, PLEASE MARK '√' OR '×'：

1. 货物种类：　　袋装［　］　　散装［　］　　液体［　］　　活动物［　］　　机器/汽车［　］　　危险品等级［　］
   GOODS：　　BAG/JUMBO　　BULK　　LIQUID　　LIVE ANIMAL　　MACHINE/AUTO　　DANGEROUS CLASS

2. 集装箱种类：　　普通［　］　　开顶［　］　　框架［　］　　平板［　］　　冷藏［　］
   CONTAINER：ORDINARY　　OPEN　　FRAME　　FLAT　　REFRIGERATOR

3. 转运工具：　　海轮［　］　　飞机［　］　　驳船［　］　　火车［　］　　汽车［　］
   BY TRANSIT：　　SHIP　　PLANE　　BARGE　　TRAIN　　TRUCK

4. 船舶资料：　　　　　船籍［　］　　　　　　　船龄［　］
   PARTICULAR OF SHIP　　REGISTRY　　AGE

备注：被保险人确认本保险合同条款和内容已经完全了解。　　投保人（签名盖章）APPLICANT'S SIGNATURE
　　　THE ASSURED CONFIRMS HEREWITH THE TERMS AND
　　　CONDITIONS OF THESE INSURANCE CONTRACT FULLLY
　　　UNDERSTOOD。

　　　　　　　　　　　　　　　　　　　　　　_____

投保日期：（DATE）

电话：（TEL）　　　　　　　　　　　　　　地址：（ADD）

本公司自用（FOR OFFICE USE ONLY）

费率：　　　　　　　　　　保费：　　　　　　　　　　备注：

RATE：_____PREMIUM _____

经办人：　　　　　　　　　　核保人：　　　　　　　　　　负责人：

BY _____

一、填写要求

1. 被保险人名称（Insured）。被保险人是在发生保险事故损失时有向保险人请求赔偿权的人。被保险人可为货物买方也可为卖方，取决于贸易条件。

2. 发票号、合同号、信用证号。按照货物买卖中开具的发票、签订的合同和信用证等信息填写，将发票、合同、信用证的复印件在投保时一并交给保险公司，由保险公司核保时审查。

3. 标记（MARKS&. NOS.），又称唛头，应该和货物提单上所载的标记符号相一致，特别要同刷在货物外包装上的实际标记符号一样，以免发生赔案时，引起检验、核赔、确定责任的混乱。

4. 包装及数量（Quantity）。要将包装的性质如箱、包、件、捆及数量写清楚。

5. 保险货物项目（DESCRIPTION OF GOODS）。按照提单或发票等将货物名称如实具体填写。

6. 保险金额（AMOUNT INSURED）。要按照发票的 CIF 价值加上一般为 10% 的加成确定。若发票价为 FOB 或 CFR，应将运费、保险费相应加上去再另行加成。

7. 开航日期。开航日期是指载运被保险货物的船舶或其他运输工具的开航及抵达日期。

8. 装运工具。应写明船名、吨位、船籍等信息。如果是联运，则要写明联运方式，如海空联运等。

9. 航程或路程。写明货运的起始地点，若到达目的地有两条或以上路线，则要写上自____经____至____。

10. 提单号码。提单是指在船舶运输中，承运人和托运人之间订立的规定双方在货物运输过程中的权利、义务、责任和免责的合同，是一种重要的海上货物运输合同的证明，表明货物已由承运人收受或装上船并据此将货物交付给收货人。填写投保单时，按照提单所列单号填写此项。

11. 赔款支付地点。按照国际惯例，以货物到达地为索赔地点，即进口货物索赔在国内，出口货物索赔在国外。

12. 投保险种。需要投保哪些险种，要写明确，不含糊，并按照保险的英文标准表达来填写（常用保险条款英文表达见书后附录1）。

13. 投保日期。投保日期应在船舶开航或运输工具出发之前。若遇特殊情况出现开航后再投保的情况，应填写倒签保单担保函予以说明。

二、填写注意事项

1. 投保时所申报的情况必须属实，如货物名称、运输工具、包装性质等。因为保险公司是按照投保人所申报情况确定是否承保，定什么费率。若错误申报或隐瞒真实情况，发生损失时保险公司将拒绝赔偿。

2. 投保的险种、币制与其他条件必须和信用证所列保险条件要求完全一致。卖方、买方银行在审查出运单证时，对保险单上所列各项内容必须对照信用证。如有不符，买方银行可以拒绝付款。

3. 要注意尽可能投保到内陆目的地，因为收货人往往在内陆。若投保保险只保到港口，则从港口到内陆段发生损失就得不到保障。而且损失只有在货物到达内陆目的地经检验才能确定，也会对责任确定造成困难。

4. 投保后发现投保项目有错漏，要及时向保险公司申请批改。特别是涉及保险金额的增减，保险目的地的变动，都应该马上向保险公司提出，否则影响保障的利益。

📄 【案例】

以下是一张已填写好的某保险公司海洋货物运输保险的投保单，以供参考。

货物运输保险投保单
APPLICATION FORM FOR CARGO TRANSPORTATION INSURANCE

被保险人
INSURED：HUNAN CENTRE MACHINERY CO. , LTD.
发票号（INVOICE NO. ）：2011014ZY - 3
合同号（CONTRACT NO. ）：
信用证号（L/C NO. ）
发票金额（INVOICE AMOUNT）____USD21000. 00____ 投保加成（PLUS）____10____ %
兹有下列物品向某保险公司 分公司投保。（INSURANCE IS REQUIRED ON THE FOLLOWING COMMODITIES：）

标记 MARKS&. NOS.	包装及数量 QUANTITY	保险货物项目 DESCRIPTION OF GOODS	保险金额 AMOUNT INSURED
N/M	1000BAGS/25MT	LITHOPONE B301 ZNS 28 - 30% 25MT（1FCL）	USD23100. 00

起运日期：
DATE OF COMMENCEMENT ____JUL13. 011____
装载运输工具：
PER CONVEYANCE：____JIEAN5 V. 010E____
自 ____CHANGSHA, CHINA____ 经 ____ VIA ____ 至 ____TO ____CHENNAI, INDIA____
FROM
提单号：
B/L NO. ____HJSCCHHR10080600____ CLAIMPAYABLE AT ____CHENNAI, INDIA____ 赔款偿付地点
投保险别：（PLEASE INDICATE THE CONDITIONS&/OR SPECIAL COVERAGES：）
COVERING ALL RISK FROM WAREHOUSE TO WAREHOUSE FOR 110PCT INVOICE VALUE
CLAIM PAYABLE IN CHENNAI, INDIA

请如实告知下列情况：（如'是'在［ ］中打'√'，'不是'打'×'）IF ANY, PLEASE MARK '√' OR '×'：
1. 货物种类： 袋装［√］   散装［ ］   液体［ ］   活动物［ ］   机器/汽车［ ］   危险品等级［ ］
   GOODS： BAG/JUMBO BULK LIQUID LIVE ANIMAL MACHINE/AUTO DANGEROUS CLASS
2. 集装箱种类：普通［√］   开顶［ ］   框架［ ］   平板［ ］   冷藏［ ］
   CONTAINER： ORDINARY OPEN FRAME FLAT REFRIGERATOR
3. 转运工具： 海轮［√］   飞机［ ］   驳船［ ］   火车［ ］   汽车［ ］
   BY TRANSIT： SHIP PLANE BARGE TRAIN TRUCK
4. 船舶资料： 船籍［中国］   船龄［5］
   PARTICULAR OF SHIP REGISTRY AGE

备注：被保险人确认本保险合同条款和内容已经完全了解。   投保人（签名盖章）APPLICANT'S SIGNATURE
   THE ASSURED CONFIRMS HEREWITH THE TERMS AND
   CONDITIONS OF THESE INSURANCE CONTRACT FULLLY
   UNDERSTOOD。
                                                张先森
投保日期：（DATE）2011. 07. 13   日期：2011. 07. 12
电话：（TEL）0731 - 82119211   地址：（ADD）长沙市岳麓区金星大道20号

本公司自用（FOR OFFICE USE ONLY）
费率：   保费：   备注：
RATE：____1‰____   PREMIUM ____¥150. 2____
经办人：   核保人：   负责人：
BY ____李星____   ____王林____   ____陈冬尔____

【思考题】

一、选择题

1. 1992 年《中华人民共和国海商法》及国际贸易惯例都规定，海洋货物运输保险的保险金额的确定可在 CIF 价格的基础上加成（   ）。

A. 10%　　　　　B. 15%　　　　　C. 20%　　　　　D. 25%

2. 若贸易双方以 CFR 价格成交，在这种价格条件下，一般来说货物运输保险由（   ）办理。

A. 买方　　　　　B. 卖方　　　　　C. 经纪人　　　　　D. 代理人

3. 我方按 CIF 条件成交出口一批罐头食品，卖方投保时，按（   ）投保是正确的。

A. 平安险 + 水渍险　　　　　　　　B. 一切险 + 偷窃、提货不着险

C. 水渍险 + 偷窃、提货不着险　　　D. 平安险 + 一切险

4. 保险单上所列内容必须（   ）信用证上对保险条件的规定。

A. 基本符合　　　B. 完全符合　　　C. 不符合　　　D. 大意符合

5. 海洋货物运输保险中，大宗、低值、粗糙的无包装货物适合投保（   ）。

A. 水渍险　　　　B. 一切险　　　　C. 平安险　　　　D. 短量险

6. 海洋货物运输保险，从 CFR 价格计算的保险金额的公式正确的是（   ）。

A. $保险金额 = \dfrac{CFR\ 价格}{1 - (1 + 加成率) \times 保险费率} \times (1 + 加成率)$

B. $保险金额 = \dfrac{CFR\ 价格}{1 - (1 - 加成率) \times 保险费率} \times (1 - 加成率)$

C. $保险金额 = \dfrac{CFR\ 价格}{1 - (1 + 加成率) \times 保险费率}$

D. $保险金额 = \dfrac{CFR\ 价格}{1 - (1 - 加成率) \times 保险费率} \times (1 + 加成率)$

7. 相对于一般货物，鱼粉的主要风险在于（   ）。

A. 短量　　　　　B. 自燃和变质　　　C. 串味　　　　D. 有毒的危险品

二、案例分析题

1. 某外贸公司按 CFR 价格条件出口一批冷冻食品，合同总金额为 10000 美元，加一成投保平安险、短量险，保险费率分别为 0.8% 和 0.2%，问保险金额为多少？

2. 请根据以下内容填写海洋货物运输保险投保单：

（1）投保人：湖南中机进出口有限公司（HUNAN CENTRE MACHINERY CO. LTD）。

（2）保险标的：磷酸镁（MAGNESIUM SULFATE）。

（3）标记：磷酸二铵（FERTICA）。

（4）数量：2000 包。

（5）起运港：湖南新港 XINGANG。

（6）目的港：巴拿马，巴尔波亚 BALBOA。

（7）开航日期：2011.06.20。

（8）CIF 价格成交：USD475/包。

（9）投保险种：按 CIF 加成 10% 投保一切险，费率 0.07%。

（10）发票号：11089。

（11）运输工具：MSC BETTINA – D1125R。

货物运输保险投保单
APPLICATION FORM FOR CARGO TRANSPORTATION INSURANCE

被保险人

Insured：_____

发票号（INVOICE NO. ）

合同号（CONTRACT NO. ）

信用证号（L/C NO. ）

发票金额（INVOICE AMOUNT）_____投保加成（PLUS）_____%

兹有下列物品向某保险公司　　分公司投保。（INSURANCE IS REQUIRED ON THE FOLLOWING COMMODITIES：）

标记 MARKS&. NOS.	包装及数量 QUANTITY	保险货物项目 DESCRIPTION OF GOODS	保险金额 AMOUNT INSURED

起运日期：　　　　　　　　　　　　　　装载运输工具：

DATE O FCOMMENCEMENT _____PER CONVEYANCE：_____

自　　　　　　　　　　经　　　　　　　　　　至

FROM _____VIA _____TO _____

提单号：　　　　　　　　　　　　　　　　赔款偿付地点：

B/L NO. _____CLAIMPAYABLE AT _____

投保险别：（PLEASE INDICATE THE CONDITIONS&/OR SPECIAL COVERAGES：）

_____

请如实告知下列情况：（如'是'在［　］中打'√'，'不是'打'×'）IF ANY, PLEASE MARK '√' OR '×'：

1. 货物种类：　　袋装［　］　　散装［　］　　液体［　］　　活动物［　］　　机器/汽车［　］　　危险品等级［　］
   GOODS：　BAG/JUMBO　BULK　LIQUID　LIVE ANIMAL　MACHINE/AUTO　DANGEROUS CLASS

2. 集装箱种类：　普通［　］　开顶［　］　框架［　］　平板［　］　冷藏［　］
   CONTAINER：ORDINARY　OPEN　FRAME　FLAT　REFRIGERATOR

3. 转运工具：　海轮［　］　飞机［　］　驳船［　］　火车［　］　汽车［　］
   BY TRANSIT：　SHIP　PLANE　BARGE　TRAIN　TRUCK

4. 船舶资料：　　　　　　　船籍［　］　　　　　　　船龄［　］
   PARTICULAR OF SHIP　REGISTRY　AGE

_____

备注：被保险人确认本保险合同条款和内容已经完全了解。　投保人（签名盖章）APPLICANT'S SIGNATURE

　　　THE ASSURED CONFIRMS HEREWITH THE TERMS AND

　　　CONDITIONS OF THESE INSURANCE CONTRACT FULLLY

　　　UNDERSTOOD。

投保日期：（DATE）　　　　　　　　　　　　　　　日期：

电话：（TEL）　　　　　　　　　　　　　　　　　地址：（ADD）

_____

本公司自用（FOR OFFICE USE ONLY）

费率：　　　　　　　　　　保费：　　　　　　　　　　备注：

RATE：_____PREMIUM _____

经办人：　　　　　　　　　　核保人：　　　　　　　　　　负责人：

BY _____　_____　_____

金融保险丛书
高等院校实务教程

第八章

海洋货物运输保险的承保

【结构图】

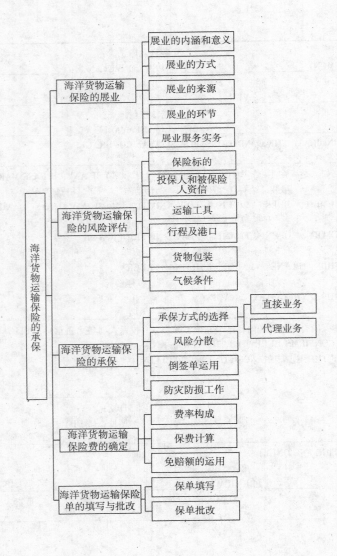

【学习目标】

- 掌握如何对所投保的海洋运输货物进行风险评估。
- 知道保险费构成,掌握保险费率厘定和保费计算。
- 掌握保险单条款英文,能看懂海洋货物运输保险的保险单。
- 掌握保险单的批单和批改。
- 能帮助、指导客户进行防灾防损。

【引导案例】

在第七章的引导案例中,该财产保险公司业务人员已经指导小陈按照他的要求和公司相关规定填好了海洋货物运输保险的投保单,小陈原本以为这次货物的投保工作已经做完,可以签订保险合同然后放心将货物出口了。没想到,保险公司业务人员告知小陈说,由于烟花这类货物风险比较大,公司原则上不予承保。若承保的话保险费率会比较高,而且要设置免赔额。小陈被这些专业术语吓住了,感叹道:"买个保险真的这么难吗?"

海洋货物运输保险的承保是指保险人收到投保人填写的海洋货物运输保险投保单后,对投保单进行审核的过程。保险人审核客户填写的投保单,可能会作出两种选择:一种是接受投保人的投保要求,根据投保单内容,签订保险合同,并出具保险单,完成承保全过程;另一种选择是拒绝投保人的投保要求,并向投保人说明不能承保的理由。本章首先介绍如何进行海洋货物运输保险的展业,然后重点介绍如何完成核保、承保过程,包括进行风险评估、厘定保险费率、进行保单批改等实务环节,最后出具的保险单是应该能看懂的。

第一节 海洋货物运输保险的展业

一、展业的内涵和意义

1. 内涵。保险展业也称推销保险单,是保险展业人员引导具有保险潜在需求的人参加保险的行为,即为投保人提供投保服务,是保险经营的起点。

保险展业由保险宣传和销售保险单两种行为构成,其根本目的是增加保险标的,以分散风险、扩大保险基金。展业面越宽,承保面越大,获得风险保障的风险单位数越多,风险就越能在空间和时间上得以分散。

2. 意义。保险展业所具有的重大意义是由保险服务本身的特点所决定的,主要表现在以下几个方面:

①通过展业唤起人们对保险的潜在需求。保险契约是一种无形商品,是为被保险人

或受益人的未来生活提供保障，这一特点容易导致人们的保险需求比较消极。所以，十分有必要通过保险展业一方面满足被保险人现实需求，另一方面唤起人们的潜在需求。

②通过展业选择保险标的和风险。由于在保险营销过程中很可能出现逆选择，保险展业过程也是甄别风险、避免逆选择的过程。

③通过展业争夺市场份额，提高经济效益。保险展业的顺利开展可为保险经营带来良性循环。展业面越大，签订的保险合同越多，由保费形成的责任准备金就越多，保险经营的风险会随之降低，也为进一步降低保险价格、吸引更多客户创造了条件。

④通过展业提高人们的保险意识。广泛而优质的保险展业工作不仅能为保险企业带来新的客户，而且也可唤起全社会的风险意识，对树立整个保险业的良好形象起到重要作用。

二、展业的方式

保险展业的方式包括保险人直接展业、保险代理人展业和保险经纪人展业。

1. 保险人直接展业。直接展业是指保险公司依靠自己的业务人员去争取业务，这适合于规模大、分支机构健全的保险公司以及金额巨大的险种。

2. 保险代理人展业。对于许多保险公司来说，单靠直接展业不足以争取到大量的保险业务，在销售费用上也不合算。如果单靠直接展业，就必须增设机构和配备大量展业人员，工资和费用支出势必提高成本；而且展业具有季节性特点，在淡季时，会产生人员过剩的问题。因此，国内外的大型保险公司除了直接展业外，还广泛建立代理网，利用保险代理人展业。

保险代理可分为专业代理和兼业代理。保险公司和代理机构的代理关系是以代理合同为基础的。保险代理人与保险人签订代理合同，在规定的权职范围内为保险人招揽业务，并按其招揽的业务量取得佣金。

3. 保险经纪人展业。保险经纪人不同于保险代理人。保险经纪人是投保人的代理人，对保险市场和风险管理富有经验，能为投保人制订风险管理方案和物色适当的保险人，是保险展业的有效方式。

三、展业的来源

1. 商务厅及招商部门公告：能提供下一年度本辖区内进出口情况的第一手材料。

2. 专业银行国际结算处：根据银保合作或银行中间业务的需要。

3. 外贸公司或具有进出口业务的单位。

4. 已存客户的进出口业务延伸。

四、展业的环节

1. 展业准备：对本地区保险资源状况进行调查分析。

①本地区有对外贸易经营权企业。

②本地区进出口货运量，各种运输工具所占比重。

③本地区承运部门情况及承运人资信情况。

2. 展业宣传。

①宣传的方式

- 宣讲：通过对保户直接宣传和办学习班的方式使大家了解涉外货运险。
- 宣传栏：通过设立宣传栏进行介绍。
- 宣传单：通过发宣传单的方式进行介绍。
- 新闻媒体：通过电视、广播、报纸等进行宣传介绍。
- 宣传对象：对有外贸进出口经营权的企业积极做工作，争取更多的国内投保的价格条件。

②宣传的内容

- 服务宗旨：介绍保险公司的服务宗旨和理念，以及投保水险的意义。
- 业务知识：介绍涉外货运险条款、费率、投保方式和索赔办法。
- 其他有助于发展涉外货运险业务的内容。

3. 业务洽谈。

①专业知识

- 价格贸易术语和保险条款。
- 包装条件及航运路线所面临的风险。
- 货物种类、目的地及公司规定的费率和指明加费。
- 货物风险的分类。
- 外贸单证与海运险保单所要求的内容：装箱单（数量）、提单（开行日期、船名、目的地）、信用证（保险条款、商品及其包装的描述）、发票（发票金额及保险金额的确定）。

②保险合作协议的签订（预约保单）

- 预约保单是格式化的协议书，适合各类货物运输形式的保险，是保险公司增强保险市场的竞争能力、提高保险业务水平、一揽子承保批数众多的货运险项目或全年货运险业务的承保方式。
- 进出口货运险预约保险单由"进出口货运险投保单"、"进出口货运险预保单"和"进出口货运预约保险申报单"组成。
- 预约保单的填制通常包括保险标的、全年或单一合同的预计金额、保险期限、保险条件、保险限额、保费结算、协议的变更、保证条款等内容。

③投保单及保单的缮制

- 投保人按照信用证、提单、发票的内容根据单证一致的原则，如实地填具投保单，并在投保单上签名盖章，作为向保险公司投保的依据。投保单一式一份，由投保人填写并签字盖章交保险人。
- 缮制完的保险单（一式六联）应连同保险费收据一式三联分发如下：保险单正本三份连同保险费收据一份送投保人。保险公司自留保险单副本三份。第一份连同保险费收据，投保单按顺序号理齐，订本归卷，备以后理赔时查阅；第二份同保险费收据一份送会计部门收费入账；第三份同作废保单如果有的话一起按序号装订交省公司，凭以换取新的空白保单。

五、展业服务实务

保险展业时，应充分考虑投保人的要求，尽可能为投保人提供优质服务。

①帮助投保人分析自己所面临的风险。不同风险需要不同的保险计划。每个企业的生产状况不同，所面临的风险也不相同。保险人要指导投保人分析面临的多种风险，哪种风险最迫切需要保险保障。

②帮助投保人确定自己的保险需求。投保人确认自己所面临的风险及其严重程度后，需要进一步确定自己的保险需求。保险人应当将投保人所面临的风险分为必保风险和非必保风险，投保人优先考虑必保风险。一般说来，投保人确定保险需求的首要原则是高额损失原则，即某一风险事故发生的频率虽然不高，但造成的损失严重，应优先投保。

③帮助投保人估算投保费用。对于投保人来说，确定保险需求后，还需要考虑自己究竟能拿出多少资金来投保。资金充裕，便可以投保保额较高、保险责任较宽的险种。

④帮助投保人制订具体的保险计划。保险人替投保人安排保险计划时确定的内容应包括保险标的情况、投保责任范围、保险金额多少、保险费率高低、保险期限长短等。

【案例】

××保险有限公司进出口货运险预约保险协议
Insurance Company Limited Open Cover For Marine Cargo

甲方： 　　　　　　　　　（投保人/被保险人）

乙方：××保险有限公司　　　（承保人）

为使甲方具有保险利益的进出口货物在运输过程中，遭受保险责任范围内的损失能及时得到补偿，经甲、乙双方协商一致，乙方对甲方需投保货物采用预约方式予以承保，同时双方订立以下进出口货物运输预约保险协议，以资共同遵守。

一、保险标的（Subject Matter）

甲方保证将其需办理保险的全部货物向乙方办理保险。乙方对甲方货物出运后向其投保的货损，将不承担赔偿责任。

货物种类＿＿＿＿＿＿

二、适用条款及承保险别（Conditions & Coverages）

乙方按照 □ 英国协会货物条款（ICC 条款）

　　　　　□ 中国人保货物运输保险条款（PICC 条款）

承保　　□ A 条款　　□ B 条款　　□ C 条款

　　　　□ 平安险　　□ 水渍险　　□ 一切险

附加　　□ 战争险　　□ 罢工险

三、责任起讫（Duration）

□ 仓至仓

□ 有效越过船舷至仓库

□ 有效越过船舷至码头卸货后结束

□ 其他_____

四、运输工具（Conveyance）

汽车、火车、船舶、飞机

甲方须选择或要求客户选择适合于安全运输的船舶（参照 2001 年 1 月 1 日英国协会船级条款）或经乙方认可的其他运输工具。对超过 20 年船龄的运输船舶，乙方将另加收____% 的老船加费。乙方不接受 30 年船龄以上的承运船舶。若甲方违反上述规定，乙方有权解除本保险协议或拒绝承担部分或全部经济赔偿责任。

五、运输路线（Transport Route）

（请至少列明洲别地区，美洲应区分北美洲、拉丁美洲，亚洲应区分东南亚、西亚，欧洲应区分东欧、西欧、南欧）

六、包装条件（Packing）

□ 裸装   □ 袋装   □ 罐装   □ 集装箱运输，包装方式_____   □ 其他_____

七、保险金额（Amount Insured）

本协议项下的总保险金额按甲方上一年度全年进出口贸易额的_____% 计算，预计_____万美元。月末结算时按照甲方逐笔申报的投保数据计算实际保险金额。

本协议每一运输工具最高保险金额：_____万美元。每一保单进口货物的保险金额按货物到岸价（CIF 价）加成 10% 确定。

八、保险费率（Insurance Rate）

普通货物、一般国家（或地区）主险费率为_____%，附件战争险、罢工险另加费_____%。综合费率为_____%。特殊货物、特定国家（或地区）的进出口货运险费率按特别约定办理。

九、保险费（Premium）

预约保险费 ＝ 保险金额 × 综合费率

本协议项下甲方应支付给乙方的总保险费预计数为美元（大写）_____，经双方协商，甲方按下列方式缴纳保险费：

甲方应于本协议签订后一周内乙方支付预计保险费的_____%，其余部分在协议期末一周内根据实际保险费用，多退少补。

乙方同意甲方分_____期支付保险费：第一期保费为人民币/美元_____元于本协议签订一周内付讫。

乙方同意甲方按月支付保险费，乙方须在每月 5 日前将上月保费付讫。

甲方如未按上述约定履行支付保险费义务，出险后乙方有权拒赔，按出险时保费于出险时保险协议约定的应收保费之比例赔偿。

十、免赔额/率（Deductible）

绝对免赔率为保险金额的_____‰。

绝对免赔额为：人民币/美元 _____ 元。

绝对免赔率为保险金额的 _____ ‰，或绝对免赔额为 _____，以两者高者为准。

十一、出运通知/投保手续（Departure Notice/ Application Procedure）

1. 为充分保障甲方的经济利益，投保人应于每次货物合同签署后，立即根据合同复印件填写投保申请书，签章后以传真通知我公司。我公司收到投保申请书后一个工作日内出具暂保单予以承保。

投保人应保证在收到卖方的装船通知后第一时间通知我公司，并将正式提单、商业发票等单证传真给我公司。我公司收到单证后于当月最好五个工作日内汇总出具保险凭证、付款通知书。

2. 如果单次运输保额超过 _____ 万元，或保险标的超出本合同约定范围，授保人应于货物起运前3个工作日书面通知我公司，我公司书面同意后方可承担保险责任。如果超出该限额而未按约定期限提起申报，保险公司有权不接受该笔业务或者仅按照限额进行赔偿，超出部分由投保人/被保险人自行承担。

3. 为充分保障甲方经济利益，甲方应于每批货物起运前在乙方投保，出口海运业务，目的地为近洋（中国香港、中国澳门、中国台湾、新加坡、马来西亚、泰国、菲律宾、日本、韩国、越南）的运行倒签3天，目的为远洋地区（上述地区之外）允许倒签7天。甲方提供倒签单保证函以后方可承保。航空货运和进口货运险不允许倒签单。

十二、损失与索赔（Loss & Claim）

被保险货物如发生保险责任范围内的损失时，甲方应立即通知保单上指定的机构进行现场查勘。根据法律法规等应当由承运人或其他第三方负责赔偿的，甲方应首先向承运人或其他第三方提出书面索赔。对受损货物，甲方负有及时施救的义务。

甲方就保险责任范围内的货损向乙方提出赔偿时，应提供如下单证：保险单、发票、提单、装箱单、磅码单、货损货差证明、检验报告及有关照片、索赔清单、向责任方索赔的书面单证及保险合同或条款的其他单证。

乙方不承担运输过程中的任何投保货物的存仓责任，除非甲方向乙方单独投保了仓储险。

乙方应按本协议及保险条款规定及时赔偿。对于涉及向第三者责任追偿的权利，甲方应积极配合乙方行使代位追偿权。

十三、保证条款（Promise Item）

1. 投保人/被保险人应按保单规定无遗漏地将每一票货物向保险公司如数投保。保险公司在承保的任何时间内，有对被保险人的账簿单据中有关预约保单规定范围内的内容进行查阅的权利。

2. 投标人/被保险人应如实提供上一年度或前一合同的交易额和贸易中的出险情况，包括出险的商品、港口、损失金额和损失原因。

十四、争议处理（Disputes Resolution）

因本协议发生争议，由双方协商解决，协商不成的，提交 _____ 仲裁机构仲裁或向中华人民共和国有司法管辖权的有关部门起诉。

十五、协议期限（Period of Agreement）

本协议有效期限自_____年_____月_____日零时起至_____年_____月_____日 24 时止。如一方因故终止合同，应提前_____天以书面通知对方解约。

十六、其他事项（Others）

本协议规定的内容与适用条款内容相抵触之处，以协议内容为准。

本协议一式两份，甲乙双方各执一份留存。

附件：《英国协会货物条款（ICC）条款》

　　　《中国人保货物运输保险条款（PICC）条款》

甲方：单位（盖章）　　　　　　乙方：单位（盖章）

经办人：（签字）　　　　　　　经办人：（签字）

电话：　　　　　　　　　　　　电话：

日期：　　年　　月　　日　　　日期：　　年　　月　　日

中国××工业集团公司货物运输预约保险协议

甲方：中国××工业集团公司及各成员单位

乙方：中国××保险集团股份有限公司

1. 协议双方说明

甲方为货物运输保险的投保人；

乙方为货物运输保险的承保公司。

2. 投保人/被保险人

投保人名称：中国××工业集团公司及各成员单位

被保险人：中国××工业集团公司及各成员单位

地　　址：具体名单及地址以投保时实际申报的为准

3. 保险标的

包括但不限于被保险人成交的全部采购业务、销售业务。凡价格条件规定由被保险人办理保险的，除另有规定外，不论何种运输方式，都属本协议保险范围。

4. 运输工具及运输方式

运输工具：不限

运输方式：不限

5. 运输区域：不限

6. 协议期限

2011 年 4 月 1 日 0:00 时起，至 2013 年 3 月 31 日 24:00 时止

7. 保险金额及保险价值

进出口货物运输的保险金额以到岸价格（CIF）加成 10%。

国内货物运输的保险金额以货价（含税价）＋运杂费。

8. 包装条件：运输合同约定的包装方式

9. 保险费率：执行 2009—2010 年费率

10. 免赔额

（1）进出口货物运输保险每次事故绝对免赔额：无免赔。

（2）国内货物运输一般事故每次事故绝对免赔额：无免赔。

11. 保险责任

以甲方选择投保险种的保险责任范围为准。

12. 适用条款

《陆路货物运输保险》一切险

《海洋货物运输保险条款》一切险

《航空运输货物保险条款》一切险

《邮包保险条款》一切险

《协会货物保险》A 条款

甲方可根据信用证及买卖合同要求随时选择以上或其他条款。

13. 附加条款

下列附加条款除特别指明外，均适用本货物运输险预约协议的各个部分，若其与本协议第 12 条基本条款相冲突，则以下列附加条款为准：

（1）货物运输罢工险条款

（2）短量险

（3）钩损险条款

（4）碰损、破碎险条款

（5）包装破裂险条款

（6）不受控制条款

（7）违反条件条款

（8）交货不到险

（9）舱面货物条款

（10）海洋运输货物战争险条款

（11）陆路运输货物战争险条款（火车）

（12）航空运输货物战争险条款

（13）邮包战争险条款

14. 特别约定

下列特别约定除特别指明外，均适用本货物运输险预约协议的各个部分，若其与本协议第 12 条基本条款相冲突，则以下列特别约定为准：

（1）装卸责任特别约定

（2）临时存储特别约定（30 天）

（3）放弃代位追偿权利特别约定

（4）错误和遗漏特别约定

（5）运输扩展特别约定

（6）理算师特别约定

（7）预付赔款特别约定

（8）不使失效特别约定

（9）隐藏损坏特别约定（30天）

（10）免检条款特别约定

（11）特别费用特别约定

（12）转运及快递费用特别约定

15. 保险责任起讫

自被保险货物在起运地仓库或储存处所开始装货时生效。包括正常运输过程中的海上、陆路、内河和驳船运输在内，直至该项货物到达保险单所载明目的地收货人的最后仓库或储存处所或被保险人用做分配、分派或非正常运输的其他储存处所卸载完毕，并经收货人开箱检验结束时终止。收货人有义务及时开箱检验。如超过60天不开箱检验，保险责任自行终止。

如未抵达上述仓库或储存处所，则以被保险货物在最后卸载港全部卸离海轮后满六十天为止。如在上述六十天内被保险货物需转运到非保险单所载明的目的地时，则以该项货物开始运转时终止。

16. 投保出单

国内货物运输如被保险人要求则出具保险单；进出口货物运输逐笔出单；投保时不出具投保明细，出险时提供损失标的有关资料。

17. 赔偿处理与追偿

甲方在获知投保货物发生损失时，应立即向乙方报案。乙方接到报案后应迅速对受损货物进行联合检查。根据法律法规等应当由承运人或其他第三方负责赔偿的，甲方应首先向承运人或其他第三方提出书面索赔。对受损货物，甲方应督促有关方采取防止损失扩大的合理措施，积极施救。对甲方因防止扩大损失而支出的合理费用，乙方负责赔偿，以保险金额为限。

××工业旗下（包括全资、控股、参股）物流公司承运的货物发生损坏或灭失的，对依法应当由其承担赔偿责任的，承保公司同意放弃对其进行追偿的权利。

18. 索赔单证

甲方就保险责任范围内的货损向乙方提出赔偿时，应提供如下单证：保险单原件（或复印件）、进口（出口）发票、装箱单、提（运）单、商检证书、费用收据等单证。

如果根据法律或有关规定，应当由承运人或其他第三者负责赔偿一部分或全部的，还需要携带向第三者提出索赔的书面材料及诉讼书。

19. 双方权利、义务

①甲方应及时缴纳本保险协议规定的保险费。

②甲方应严格遵守国家及交通运输部门关于安全运输的各项规定，货物包装必须符合运输部门规定的标准。

③甲方应协助乙方对保险货物进行的查验防损工作。

④发生保险事故后,甲方应立即通知乙方当地保险机构或者向乙方保险服务工作组报案,并应迅速采取施救和保护措施防止或减少货物损失。

⑤甲方应如实告知乙方每年的货物运输总额以及相关货物运输情况。

⑥损失材料完备后,乙方应在规定时间内向甲方损失进行赔偿。

20. 附件法律效力

本协议涉及的附件与本协议具有相同的法律效力。

21. 争议解决

在本协议履行过程中,若发生争议,甲、乙双方首先应通过友好协商解决。如协商不能达成一致时,双方同意由北京市仲裁委员会仲裁。

本协议未尽事宜经双方协商后可签署补充协议,补充协议与本协议具有同等法律效力。

本协议正本一式二份。甲乙双方各持一份。

自双方签字之日起生效,有效期为二年。

甲方:　　　　　　　　　　　　　乙方:

盖章　　　　　　　　　　　　　　盖章

日期:　　　年　　月　　日　　　日期:　　　年　　月　　日

第二节　海洋货物运输保险的风险评估和承保

一、海洋运输货物的风险评估

保险公司根据客户的投保要求,需要在承保之前对保险标的的风险状况进行评估,以确定是否承保,什么条件承保。海洋货物运输保险由于保险标的处于流动状态,且通过不同运输工具、地点进行运转,涉及环节多,风险大,所以保险公司在接受该业务时必须进行风险评估工作。风险评估直接关系保险公司承保业务质量,是把好核保关的重要一环,其涉及内容及专业知识相当广泛,一般包括以下几个方面:

1. 保险标的。保险标的是保险公司承担风险责任的对象。保险标的本身的特性、客观条件与灾害事故危及标的物的可能性及其损失程度有着密切关系,也是保险公司确定是否予以承保和厘定费率的依据。在各公司业务指南上都列明了一些常见货物的主要风险(可参考第七章第一节中主要货物特点),如发霉、破损、渗漏、雨淋等,核保人员必须对货物标的主要风险调查、了解清楚。

2. 投保人和被保险人资信。由于道德风险的存在,保险公司在承保时调查投保人、被保险人的信誉和道德、财务状况是至关重要的。有的公司规定,比如:三年连续保单满期赔付率超过90%的业务,有恶意拖欠保费记录的客户,以骗赔为目的以超出实际标的价值投保且高额索赔的客户,隐瞒编造案情、故意夸大损失经核查有欺诈的客户等列入黑名单，公司将禁止承保该类业务。

3. 运输工具。海洋货物运输保险主业的运输工具是船舶，所以承保时需要对船舶的要素包括船型、船龄、载重吨、船籍、船旗、船级、国际安全管理规则等方面进行认真审核，以上信息可通过《劳合社船舶手册》，equasis 数据库（www.equasis.org），中国船级社（www.css.org）等渠道查询到。一般公司规定对于超龄船舶（超过 15 年）应在原费率基础上进行老船加费后承保。

4. 行程及港口。运输路线、航程远近、是否中转、是否转船、换柜及扩展内陆运输等因素对保险标的危险的产生与否有极大影响，同时世界各地的港口在装卸设备、吞吐能力、治安状况、管理水平等方面差异极大，使保险标的在各港口装卸时发生货损、货差的状况不同。有些公司规定，航程涉及伊拉克、阿富汗、黎巴嫩、车臣共和国、巴勒斯坦等局势混乱或爆发大规模示威、抗议地区并要求附加战争险和罢工险责任的禁止承保；出口至西非、尼日利亚、尼泊尔的业务由于港口管理水平较差，需加贴"码头检验条款"等。

5. 货物包装。货物包装对保险标的危险产生有很大影响。比如散装货物易发生短量、沾污，跟普通货物相比风险大，保险公司对于该类货物的承保会严格控制保险费率；大型设备若采用裸装方式，一般只承保平安险或水渍险，这些都是保险公司管控风险的承保规定。

6. 气候条件。航行期间和航行范围内的气候因素，诸如季风、雨雾、地震、火山爆发、礁石、浅滩、海啸及风暴等情况，均在审查范围之内。

 【课堂讨论】

国内某大型企业出口一套保额为 2000 万美元的大型机器设备至伊拉克，向保险公司投保海洋货物运输一切险附加战争险。时值海湾战争美伊激烈交战，集装箱运输，承运船位 22 年老船，请评估该业务的主要风险。

二、海洋货物运输保险的核保与承保

如前所述，由于海洋货物运输保险承保的货物特性复杂、运输工具多样等原因，风险较大，而且因为保险费相对较低，一旦发生标的损失保险公司要进行赔偿的话，利益损失比较严重，因此一般保险公司对于该险种的承保都有非常具体、严格的规定来控制风险发生。

（一）海洋货物运输保险核保的主要内容

海洋货物运输保险核保的主要内容包括承保方式，保险标的物，风险因素，费率厘定，保险单内容，条款，附加险的措辞，保险业务的选择，保单批改，背书，转让，保险单证是否符合《跟单信用证统一惯例》要求，对来证措辞存在问题的处理，分保共保的安排等方面。

（二）承保方式的选择

根据业务性质不同，海洋货物运输保险有不同承保方式，主要分为直接业务和代理业务。

1. 直接业务。直接业务指由保险公司直接接受投保人投保，并直接签订保险合同的承保方式，又分为逐笔签单业务和预约统保业务。其中预约保险是货运险市场最常见的一种承保方式，是保险人与投保人双方经过商定，对投保人/被保险人未来一段时间内将要发生的货物运输的所有情况以及承保条件作出描述规定并形成预约保险单或预约保险协议的一种保险。在每一次运输情况如货物名称、数量、金额、船名、航程等确定以后，被保险人应向保险人进行承保，保险人据此计算保险费并出具保险单，从而使双方事先达成的协议取得法律效力。预约保单或协议除了普通货运险单应包含的要素信息外还应包含"预计保额"、"单一运输工具最高限额"、"运输申报"、"保费结算"等信息。被保险人每次运输超过约定限制时应事先取得保险人同意。

2. 代理业务。代理业务指保险人委托代理机构代为承揽风险、核定风险、接受投保、签订保险合同的承保活动方式。保险公司根据保险代理人工作量和承保业务数量多少支付代理费或佣金。因为海洋货物运输保险对象涉及面广，单纯依靠保险公司自己力量直接进行承保效益低，因而当今世界各国的保险公司普遍建立保险代理承保制度，也是海洋货物运输保险的承保的主要方式。代理人有专业代理机构，如专业保险代理公司以及兼职代理机构或个人，如轮船公司、外贸公司、银行等部门人员代保险公司从事承保活动。

（三）风险分散

单一保险公司在承保了大量标的尤其是巨额风险标的的风险后，不可能将所保业务全部自留，而要用平均分散风险的原则，将自己承担的风险责任的一部分转嫁给另一个保险公司承担，这种转嫁风险的方式称为再保险。保险公司对本身所承担的保险业务中每一危险单位负责的限额称为自留额。比如某公司规定每一危险单位的限额为投保金额的96%，剩下的4%由分保公司承担。保险公司承受投保人投保的数额受其自留额和再保险责任额的总和约束，这就是保险公司的承保能力。

保险公司对海洋货物运输保险使用一种"航次卡"来记载所承保货物的详情（可直接在保险公司核保系统中查询到）。在每次承受新的投保时，可以从有关卡片中立即查出同一危险单位已承担责任总额，然后作出适当安排，或拒绝继续接受，或接受承保金额，或将超额部分运用再保险方式分保出去。保险公司再保险部门还制定出对各种海洋运输保险所能承受责任的最大限度规定的"限额表"，公司核保人员根据"限额表"决定该危险所应援用的限额。

（四）倒签单运用

海洋货物运输过程中，由于买卖条件、环境、货物种类的因素，或者由于投保人对海洋货物运输保险不重视，或是发货时来不及完成书面投保手续等原因造成货物上船起运时没有办理海洋货物运输保险，投保人在货物起运后要求办理海洋货物运输保险的，保险公司一般不予承保；或者根据客户实际情况，如签订预约保险协议且赔付率不高的客户，要求客户填写倒签保单担保函作出书面承诺在投保前未出险，保险公司对投保前的损失一律不承担赔偿责任。倒签期限一般为3天。若为老客户或运输过程风险较小业务，期限可适当延长。

【案例】

以下为某公司空白的倒签保单担保函：

倒签保单担保函

××保险股份有限公司××公司：

我公司有一笔货运险业务，发票/合同号为_____，运输合同/提单号为_____，未在货物出运前及时向你公司办理书面投保。现我公司因___客户___需要，特请你公司予以协助，补签该笔业务的保险单。如该货物于　　年　　月　　日前（包括当日）发生保险责任范围内的损失或事故，我公司放弃向你公司提出保险索赔；如涉及其他被保险人向你公司提出保险索赔的，我公司同意对你公司因此支付的所有保险赔款承担相应的赔偿责任。

现特立此保函。

投保人签章：
2012 年　　月　　日

（五）防灾防损工作

根据风险评估分析，在承保开始时深入了解有关所保货物面临的风险，有针对性地做好风险防范工作，才能提高承保质量和效率，这就是承保时的防灾防损工作。这对于海洋货物运输保险的承保是很重要的实务操作内容，预防在前损失必减。实际承保操作中的主要防灾防损工作有以下几点：

1. 监装监卸。一般来说对于特殊商品必须坚持此项工作，比如大宗散装货物。以鱼粉为例，监装时要注意货物是否经过商检部门的检查并出立证书证实为合格产品，货运的货舱要有良好的通风设备，装载前货舱要清洁使之完全干燥无锈，要求被保险人选择条件较好的载运船，尤其是对于鱼粉等高风险厌恶商品必须要求被保险人选择具有承运鱼粉经验的承运人。

2. 改进包装。如对于易破碎的货物，例如玻璃器皿、陶瓷、大理石等，在运输途中会由于装卸、运输工具的震颤等造成货物本身的破裂，承保此类货物必须了解货物的包装情况。外包装必须有明显的警示标志，防止装卸时野蛮搬运，箱内衬垫物必须能固定物品。

3. 集装箱运输方式下的防灾防损。海洋货物运输保险中集装箱是一种主要的运输方式，在此方式下应明确提供的集装箱是否完好无损，要求装箱方提供集装箱的货物配载图，了解货物是否安全合理地装入箱内，查实集装箱的铅封是否完好。

【案例】

某保险公司承办一批花炮出口到欧洲的海洋货物运输险业务。货物运抵港口后拆箱时发现部分花炮被海水浸湿已无法使用。后来经过当地检验机构检测，事故原因为集装箱某侧面由于锈斑导致出现小洞进水。保险公司赔偿花炮出口商损失部分价值，并向运输方追偿。但若在承保时做好防灾防损工作，确保集装箱的完好无损，将不会有此保险事故的发生。

第三节　海洋货物运输保险费的确定

在确定了保险标的的风险状况即作了风险评估后，对于保险公司可以承保的货物，首先要确定保险金额（详见第七章第三节），然后要进行费率厘定，从而计算出保险费，也即得到保险公司的业务收入。保险费率的厘定是一项重要工作。各家保险公司在保险费率上都有自己的标准和规定，在实际操作中也是一项很灵活的事，允许根据货物特性、投保人情况等在基准费率的30%范围内调整。

在货物风险评估中考虑的因素都将影响保险费率的确定，在此不再赘述，以一个案例来说明。

 【案例】

长沙某厂家通过一家外贸公司将5件湘绣成品出口到美国，要求保险一切险及破损险，业务人员根据保险公司轻工业产品基准费率将保险费率确定为2‰。但核保人员发现该厂产品是第一次出口，厂家资信也属一般，再加上丝织品容易破损，将该笔业务保险费率提高至8‰，并设定免赔率为保险金额的10%。

接下来我们来看一下保险费的确定。

一、我国海洋货物运输保险费率的构成

我国海洋货物运输保险的费率一般包括基本险费率、附加险费率和逾龄船舶运输工具增加费率三部分，计算的保险费率应该是三项费率之和。

1. 一般货物的基本险费率。我国规定的基本险有平安险、水渍险和一切险三种。附加险不能单独承保，必须在平安险或水渍险的基础上加保。加保一项附加险，除了费率表中另有规定外，按照一切险的费率计算。投保同一险别，由于国家或地区或港口的不同，保险公司所确定的费率是不一样的。

2. 附加险费率。战争险费率单独列出，一般为0.02%，也可视地区战争形势变化随时调整。

3. 运输工具（船舶）增加费率。要按照船舶名录核对船舶的吨位、建造年份，并确定船龄。海洋货物运输保险中，一般认为船龄在15年以上的船舶为老船，保险公司按老船的费率加收保险费。比如某公司规定船龄超过15年（含）应在原费率基础上加费20%或直接加费0.2‰~0.3‰，船龄超过20年（含）应在原费率基础上加费30%或直接加费0.4‰~0.5‰，船龄超过25年原则上不予承保。

二、保险费的计算

在确定保险金额和保险费率后就能够计算出保险费，即保险费＝保险金额×保险费率。若在国际贸易中以 CIF 价格成交，则保险费＝CIF 价格×（1＋加成率）×保险费率；若以 CFR、FOB 价格成交，先将 CFR 和 FOB 价格换算为 CIF 价格，后计算保险费，则保险费＝$\dfrac{CFR（FOB）价格×（1＋加成率）}{1－（1＋加成率）×保险费率}$×保险费率。

 【例题】

以第七章第三节中的案例计算该笔业务保险费应为多少？

解答： 在之前案例中我们已经计算过该笔保险业务的保险金额为 25300 美元，若按 5‰的保险费率来计算，则该笔业务保险费为 126.5 美元，折合人民币约为 803 元。

三、免赔额的运用

免赔额是保险人对易损、易耗的保险货物发生保险责任范围内的损失时，免除一部分赔偿责任的百分比。其目的一是为了促使被保险人加强风险管理，二是为了减少经常发生的小额损失赔付所增加的双方的工作量。根据货物的不同特性和运输方式，考虑具体风险状况和正常途耗，设立相应的免赔额。免赔额可以是一个具体金额、百分比，也可以是具体金额加上损失的百分比，以高者为准。比如某保险公司规定对于谷类物品（玉米、大豆、大米、花生仁、大麻籽等），要设定保额 0.3%~0.5% 的免赔率。

第四节 海洋货物运输保险单的缮制

一、海洋货物运输保险单的出具

在海洋货物运输保险的核保工作完成后，可以确认承保的，保险公司将与投保人或被保险人达成协议，正式签订保险合同。保险公司出具海洋货物运输保险单，它是保险人向投保人或被保险人签发的正式的书面文件，是保险人向投保人或被保险人证明保险公司对保险标的承保的一种证明。

保险单是根据投保单的内容完成的，其中大部分项目填写跟投保单填写要求一样。保险单要填写的内容包括以下项目：合同、发票、信用证号，被保险人，货物名称、数量、包装及标记，保险金额，保险费，装运工具，起运日期，航程或路程，保险险别及条件，赔款支付地点，签字盖章等（可参照第七章第四节：投保单的填写）。

二、海洋货物运输保险单的份数

当信用证无明确规定保险单的份数时，保险公司一般出具一式六份的保险单，由三份正本（Original）和三份副本（Copy）构成，正本后面附有条款，而副本没有。通常需要提交至少两份正本给被保险人（出口公司），被保险人一般需提交给银行一套完整的保险单。其他的由保险公司业务部门与财务部门留存。

三、海洋货物运输保险单的背书

海洋货物运输保险单可以经背书（Endorsed）而转让，保险单据被保险人背书后即随着保险货物所有权的转移自动转到受让人手中。一般背书的方法有以下几种：

1. 空白背书（Blank Indorsed）。空白背书只需在保险单的背面注明被保险人（包括出口公司名称和经办人的名字）名称即可。当来证没有规定使用哪种背书时，即使用空白背书方式。

2. 记名背书。当来证要求"ENDORSED IN THE NAME OF ×××"或"EDLIVERY TO（THE ORDER OF）××× CO."时，即使用记名方式背书。具体做法是：在保险单背面注明被保险人名称和经办人的名字后打上"EDLIVERY TO ××× CO."或"IN THE NAME OF ×××"字样。此种保险单不便于转让，故实际操作中使用较少。

3. 记名指示背书。当来证要求"INSURANCE POLICY ISSUED TO THE ORDER OF ×××"时，此时在提单背面注明被保险人名称和经办人的名字后，再打上"TO OR-DER OF ×××"。

四、海洋货物运输保险单注意事项

海洋货物运输保险单是国际贸易和运输中不可缺少的单据和文件，往往会在世界范围流转。保单质量不仅影响保险公司声誉，甚至涉及国家对外影响，出具保单时必须注意下述几点：

1. 保险单文字和字句必须清楚明确，若为外文保险单，要注意外文使用正确性。

2. 保单内容必须与信用证要求及商业发票、提单等相互核对一致，严格做到单单一致、单证一致。

3. 出口公司在取得保险公司出具的保单后，凡以出口方为投保人的保险单均需背书，以利转证。

4. 保险单要按编号顺序使用；对注销的保险单要按正本排列归档，以便查核。

5. 保险险种的措辞要根据保险单要求对承保险别加以确定，排列顺序为主险（平安险、水渍险、一切险）、附加险（如偷窃险、短量险等）、特别附加险等。

6. 保险单制成后要由复核人员复核。复核的内容包括保险单上项目是否打印完全，保险单上的内容和投保单是否一致，承保险种是否符合投保单或信用证要求；理赔检验代理人名称、地址是否准确；保险费率和保险费计算是否有误等。

【案例】

某公司海洋货物运输保险单样式

PICC 中国人民财产保险股份有限公司
PICC PROPERTY AND CASUALTY COMPANY LIMITED

总公司设于北京　　　　　一九四九年创立　　　　　　**AEY01A2010Z51**
Head Office Beijing　　　　Established in 1949

货物运输保险单 CARGO TRANSPORTATION INSURANCE POLICY

印刷号（Printed Number）
合同号（Contract No.）　　　　　　　　　　保险单号（Policy No.）
发票号（Invoice No.）
信用证号（L/C No.）
被保险人（Insured）：HUNAN WANGCHENG COUNTY FOREIGN ECONOMICS AND TRADE CO., LTD

中国人民财产保险股份有限公司（以下简称本公司）以被保险人向本公司缴付约定的保险费为对价，按照本保险单列明条款承保下述货物运输保险，特订立本保险单。
THIS POLICY OF INSURANCE WITNESSES THAT PICC PROPERTY AND CASUALTY COMPANY LIMITED (HEREINAFTER CALLED "THE COMPANY") AT THE REQUEST OF THE INSURED AND IN CONSIDERATION OF THE AGREED PREMIUM PAID TO THE COMPANY BY THE INSURED,UNDERTAKES TO INSURE THE UNDERMENTIONED GOODS IN TRANSPORTATION SUBJECT TO THE CONDITIONS OF THIS POLICY AS PER THE CLAUSES PRINTED BELOW.

标记 MARKS & NOS.	包装及数量 QUANTITY	保险货物项目 GOODS	保险金额 AMOUNT INSURED
C1106 MONTREAL	12 CASES	CASTER	USD12,713.98

总保险金额：US DOLLARS TWELVE THOUSAND SEVEN HUNDRED AND THIRTEEN AND CENTS NINETY
Total Amount Insured: EIGHT ONLY
保费（Premium）: AS ARRANGED　　　　起运日期（Date of Commencement）: Jul.13.2011
装载运输工具（Per Conveyance）: HONG KONG EXPRESS 56E27
自　　　　　　　　　　　　　经　　　　　　　至
From SHENZHEN,CHINA　　　　Via　　　　To MONTREAL,CANADA
承保险别（Conditions）:

COVERING ALL RISKS AS OUR OCEAN MARINE CARGO CLAUSES (1/1/1995)
OF THE PBOC. (WAREHOUSE TO WAREHOUSE CLAUSES IS INCLUDED)
INCLUDING RUST CLAUSES

所保货物如发生保险单项下可能引起索赔的损失，应立即通知本公司或下述代理人查勘。如有索赔，应向本公司提交正本保险单（本保险单共有　　份正本）及有关文件。如一份正本已用于索赔，其余正本自动失效。
IN THE EVENT OF LOSS OR DAMAGE WHICH MAY RESULT IN A CLAIM UNDER THIS POLICY,IMMEDIATE NOTICE MUST BE GIVEN TO THE COMPANY OR AGENT AS MENTIONED.CLAIMS,IF ANY,ONE OF THE ORIGINAL POLICY WHICH HAS BEEN ISSUED IN　　　　ORIGINAL(S TOGETHER WITH THE RELEVENT DOCUMENTS SHALL BE SURRENDERED TO THE COMPANY.IF ONE OF THE ORIGINAL POLICY HAS BEEN ACCOMPLISHED,THE OTHERS TO BE VOID.

保险人：
Underwriter

电话（TEL）:
传真（FAX）:
地址（ADD）:

赔款偿付地点
Claim Payable at MONTREAL IN USD　　　　　　授权人签字:

第五节　批改保单

保险单出立后，如果保险内容有变动，如保险金额增减、航程目的地变更等，就会出现保险单所载项目与实际不符的情况，影响保险关系双方的利益。对此，就需要在关系双方具体情况下对保险单进行批改，使其符合投保人实际情况。批改采用填写书面保险批单形式进行。保险批单一经签发，保险合同双方应按照批改后的保险单来确定双方的权利义务关系。批改后的保险单效力优于原始保险单。

批改一般由投保人或被保险人提出申请，保险公司经审核无误给予确认后方可办理批改手续。批改应注意的事项和法律效力有如下几个方面：

1. 凡是承保规定允许的承保条件和内容，在接到批改申请后保险公司可同意批改。

2. 申请批改的内容涉及保险公司承保责任的，如保险金额增加、保险期限延长，则批改必须在保险标的无任何损失时或被保险人不知标的有损失时才被同意，否则保险公司不接受批改或即使保险公司接受了批改申请，相应的批改在法律上也无效。

3. 批单的内容应与原保险单相联系，即批单应记载原保险单的内容和对此所作的批改，并附在原保单上。

4. 批单无论是保险公司签发还是代理人签发，都具有同等效力。

某公司货运险批改申请书样表见表8-1。

表8-1　　　　　　　　　××财产保险股份有限公司货运险批改申请书

投保人		地址	
保险险别		保单号码	
申请批改事项			
保险公司审查意见： 　　　　年　月　日		投保人签单： 　　　　年　月　日	

保险批单常用英语表达如下：

1. 更改船舶名称。It is hereby noted that the name of the ship carrying the goods insured under this policy should be "YUAN YANG" instead of "YUAN WANG" as originally stated. Other terms and conditions remain unchanged。

2. 更改目的地。It is hereby noted that the final destination under this policy should be "Changsha" instead of "Yueyang" as originally stated. Other terms and conditions remain unchanged。

3. 更改保险条件及险别。It is hereby noted that this insurance is amended to cover all risks as per ocean marine cargo clauses of PICC (1981/01/10) instead of London Institute Clause (C) as originally stated. Other terms and conditions remain unchanged。

【思考题】

一、简答题

1. 核保人在对货运险进行风险评估时，应考虑哪些要素？

2. 核保人在审核预约协议业务时，必须明确哪些要素？

二、案例分析题

1. 某公司向我公司投保一船原油运输险，要求投保一切险。我们已经知道下列情况：

（1）装货港为伊朗，卸货港为秦皇岛。

（2）货物为 10 万吨原油，每吨 200 美元。

（3）承运船为 1980 年制造的散装油轮。

（4）客户要求 110% 加成投保。

请说明你的承保建议。

2. 请按照下列内容填写海洋货物运输保险单：

投保人：广州对外贸易进出口公司

保险人：××财产保险有限责任公司长沙分公司

保险标的：Zinc sulphate monohydrate

数量：2160×25kg

包装：Plastic woven bag

起运港：Huangpu，Guangzhou

目的港：Bangkok，Thailand

承保险别：一切险加保战争险和罢工险

保险金额：USD 46000

开航日期：2011.07.10

船号：HA42110708A

赔款支付地点：Bangkok，Thailand

3. 在以上例子中，外贸公司将目的港口改为"Singapore"，请据此填写保险单批改申请书。

金融保险丛书
高等院校实务教程

第九章

海洋货物运输保险理赔

【结构图】

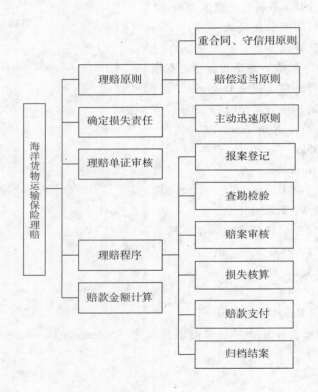

【学习目标】

- 了解理赔程序。
- 掌握保险理赔原则。
- 熟悉保险理赔的计算方法。

【引导案例】

我国 A 公司与墨西哥 B 公司于某年 8 月 2 日签订购买一批钢管。A 公司为钢管运输购买出口货运险,当船只到达墨西哥港口时发现一部分钢管生锈、有油污,甚至有弯曲变形以及保护塞丢失的状况,这种情况保险公司应当如何处理?这些发生损失的钢管属于出口货运险理赔的范围吗?怎么赔?承保的货物发生部分损失时理赔金额又应当如何计算?

第一节　概　　述

国际货运险合同是履约赔偿合同。国际货运险理赔是保险人履行保险合同规定,实行经济补偿义务的具体反映。保险合同一经订立,保险人就应按照合同承担赔偿损失的法律责任。一旦货物在运输途中发生了保险责任范围内的损失,被保险人有权向保险人提出索赔;保险人也有义务对赔案进行审理,以确定货物损失责任的归属。如果属保险责任,则计算赔付的金额,直至支付赔款。从接到被保险人的出险通知到支付赔款的这一系列过程就是通常所说的理赔。

一、理赔原则

(一)重合同、守信用原则

海上保险合同是一种具有法律约束力的经济合同。对海上损失进行赔偿既是海上保险合同规定的保险公司应尽的义务,也是被保险人应该享受的权利。保险公司应该从尊重和维护被保险人的合法利益出发,重合同、守信用,按照合同的规定赔偿被保险人的经济损失,以赢得被保险人或保户的信任,提高保险公司的声誉。

(二)赔偿适当原则

1. 以实际损失为赔偿原则。海上保险的赔偿限度同其他保险一样,从法律的角度看是保险价值,从合同的角度看是保险金额。然而,在海上保险实务中,大都以保险标的物的实际损失为标准。实际损失的计算是以损失发生时受损财产的实际现金价值为基础。如果货物发生了推定全损,保险人同意按推定全损赔付时,被保险人应将货物的残值委付给保险人。至于保险人是否接受委付,则另当别论。在保险人按全损或推定全损赔偿的情况下,赔款不得超过保险金额。

这里应当注意的是,有时候,在施救无效且货物发生全损的情况下,保险人的赔偿会超过保额。但这不意味着违背了赔偿原则,因为施救条款是保险主合同的补充合同,即保险人在原有保险责任之外,又承担了赔偿施救费用的责任。

2. 按比例分担原则。比例分担是在重复保险的情况下,规定本保险公司与他保险公司共同承担保险责任的一种赔偿方式。如果被保险人就同一保险标的、在其保险期间相同的情况下向两个或两个以上的保险公司购买承保相同危险的保险单,则被视为重复保险。

现代海上保险单中均订有比例分担条款。按照条款规定，各保险公司依照其承保金额比例，分担被保险人的实际损失。比例分担的具体方式是比例责任制。比例责任制是指依据各家保险公司的保险金额，按比例分担损失赔偿金额的一种赔偿方式。

（三）主动迅速原则

当保险人得知发生索赔以后，首先要主动、迅速作出反应。因为保险赔案是被保险人向保险人申请赔付，不论赔偿与否，都必须迅速采取行动，不能因为理赔的主动权在自己手里而采取推诿、拖拉的态度。在理赔过程中，属于保险责任的，保险人应迅速赔付。如果通过审核，属于除外责任造成的损失，保险人要坚持原则，拒绝赔付。而保险公司的服务质量在很大程度上反映在理赔工作中，如果反应迟缓，将会引起被保险人的不满，使保险公司的声誉下降。

二、确定损失责任

（一）按保险险别审定

1. 主险责任。

（1）平安险。保险公司对平安险的承保责任范围是：

①保险货物在运输途中由于恶劣气候、雷电、海啸、地震、洪水等自然灾害造成整批货物的全部损失或推定全损。当被保险人要求赔付推定全损时，须将受损货物及其权利委付给保险公司。被保险货物用驳船运往或运离海轮的，每一驳船所装的货物可视做一个整批。

②由于运输工具遭受搁浅、触礁、沉没、互撞、与流冰或其他物体碰撞，以及失火、爆炸等意外事故造成货物的全部或部分损失。

③在运输工具已经发生搁浅、触礁、沉没、互撞、焚毁等意外事故的情况下，货物在此前后又在海上遭受恶劣气候、雷电、海啸等自然灾害所造成的部分损失。

④在装卸或转运时由于一件或数件整件货物落海造成的全部或部分损失。

⑤被保险人对遭受承保责任内危险的货物采取抢救、防止或减少货损的措施而支付的合理费用，但以不超过该批被救货物的保险金额为限。

⑥运输工具遭遇海难后，在避难港由于卸货所引起的损失，以及在中途港、避难港由于卸货、存仓以及运送货物所产生的特别费用。

⑦共同海损的牺牲、分摊和救助费用。

⑧运输契约订有"船舶互撞责任"条款，根据该条款规定应由货方偿还船方的损失。

（2）水渍险（With Average 或 With Particular Average，WA 或 WPA）。"水渍险"的含义源自于"ICC 条款"中的 ICC（B）险的解释，其含义为"with particular average"，有时又简写为"with average"，直译为"单独海损要赔"，但这并不是说保险公司只负责赔偿单独海损，而是说保险公司除负责上列平安险的各项责任外，还负责被保险货物由于恶劣气候、雷电、海啸、地震、洪水等自然灾害所造成的部分损失。由此可看出：水渍险的承保责任范围包含了平安险的承保责任范围。

（3）一切险（All Risks，AR）。一切险的责任范围是：除包括上列平安险和水渍险的各项责任外，还负责被保险货物在运输中由于一般外来风险所造成的全部或部分损失。

投保人可根据货物的特点、运输路线等情况选择投保平安险、水渍险和一切险三种险别中的任一种。

2. 附加险（Additional Risk）责任。附加险是对基本险的补充和扩大。投保人只能在投保一种基本险的基础上才可加保一种或数种附加险。目前，中国保险条款中的附加险有一般附加险和特殊附加险两种。

（二）按条款的除外责任审核保险责任

1. 被保险人的故意行为或过失。被保险人未能及时提货造成的货物损坏或货损扩大；租用不适航的船舶；参与海运欺诈，没有及时申请检验而致使货损扩大等。

2. 发货人责任。发货人的故意行为或过失造成的货损。如明知船舶不适航而租用了不适航的船舶导致货物损坏，或是货损发生后向承运人追偿成为不可能；发货人参与海运欺诈，发货人提供的货物品质、包装不良，标志不清，申报不实等。

3. 货物的自然损耗。因货物自身特性导致在运输过程中所发生的必然损失。如油脂类货物在油舱，因油舱油管沾留的油脂造成的货物短重损失。

4. 货物的本质缺陷。货物本身固有的缺陷导致在运输中必然会发生的损失。如粮食在运输前已有虫卵，遇到适当温度而孵化，导致货物被虫蛀受损。

5. 货物特性。在运输过程中，没有任何外来原因，而是由于货物自身的特性发生的变化引起的损坏，比如水果腐烂变质、砂糖结块等。

6. 市价跌落。保险人无法控制的商业风险属于保险的除外责任。

7. 运输延迟。由于运输过程中的种种原因导致货物未能在明确约定的时间内，在约定的卸货港交付，该情况所导致的货损也属于保险人的除外责任。比如海难所导致的运输延迟，而使货物腐烂变质，保险公司不予赔付。

（三）按保险期限审定保险责任

保险期限条款规定了保险人承担的保险责任仅限于条款所载明的期限之内，即在期限之内由于险别条款中承保风险所致损失方予负责。期限之外货物所发生的损失，即便是由保险条款中所列风险造成，亦不属保险责任。

与国际保险市场的习惯做法一样，我国的海洋货物运输保险条款规定的保险责任起讫期限，也是采用"仓至仓"条款（Warehouse to Warehouse Clause，W/W Clause），即保险公司的保险责任自被保险货物运离保险单所载明的起运地仓库或储存处所开始运输时生效，包括正常运输过程中的海上、陆路、内河和驳船运输在内，直至该项货物到达保险单所载明目的地收货人的最后仓库或储存处所或被保险人用做分配、分派或非正常运输的其他储存处所为止。如未抵达上述仓库或储存处所，则以被保险货物在最后卸载港全部卸离海轮后满 60 天为止。如在上述 60 天内被保险货物需转运至非保险单所载明的目的地时，则以该项货物开始转运时终止。

之前提到过的三种基本险别的索赔时效，自被保险货物在最后卸载港全部卸离海轮后起算，最多不超过两年。

国际货运险保单可以随运输合同的转让而转让。根据保险期限条款，如果保单在保险期限届满后才转让，保单受让人不但无权向保险人索赔保险期限届满后货物发生的损失，即使损失发生在保险期限内，且由承保风险所致亦无权向保险人索赔。

（四）按被保险人义务条款审核

在被保险人未履行保险条款规定的义务而影响保险人利益的情况下，保险人有权对有关损失拒绝赔偿：

1. 当被保险人货物运抵保险单所载明的目的港（地）后，被保险人应及时提货。

2. 被保险人应对遭受承保责任内危险的货物采取迅速、合理的抢救措施。

3. 在航程变更或保单所载明的货物，船名航程有遗漏或错误时，保险责任即行终止。

4. 被保险人向保险公司索赔时，必须提供有关单证。

（五）承运人责任的审定

保险人就承运人的责任进行追偿是一项专门的工作，在以后的章节中我们将详细讨论。

第二节　理赔单证审核

海洋货物运输险的理赔工作主要体现在单证信函的往来上，理赔人员接到赔案后应认真审核索赔单证。理赔的主要单证编号要相符，保单、提单、发票和装箱单所载明的内容必须一致。理赔中，主要审核的单证有：

1. 保单。保单不但载明了保险标的的基本情况，而且载明了保险双方的权利和义务。由于一套保险单往往不止一份，加之被保险人的索赔期限较长，为避免被保险人重复索赔，故要求索赔时，被保险人提供的保单必须是第一正本。对于正本保单遗失的，核实该保单有效，可以补发，并请被保险人签立保单遗失担保函 LETTER OF INDEMNITY，方可向保险人索赔。

2. 提单或其他运输单据正本。运输单据载明货物的承运数量、运输路线、货物的交付状况、承运人的责任等。通过审核运输单据可以确定运输路线以及承运的货物数量是否与保单录单时的路线和数量一致。若涉及两程船的承运货物，应要求被保险人提供第二程提单，并核实第二程提单是否有疑问，最终确定向哪一程追偿。

3. 发票、装箱单、磅码单。货物发票是核对货物数量及计算货物损失金额的依据。装箱单或磅码单证明保险货物装运时件数和重量的细节，是核对货物损失数量或重量的依据。

4. 短卸证明。在运输过程中如有货物短时间卸载的过程应提供承运人签字的证明。

5. 残损证明。该证明也需要有承运人的签字，以证明残损货物的件数及外表受损情况，如 DELIVERY ORDER OR TALLY SHEET 上就有残损货物的件数以及残损程度的描述，有时船长或代理船长也在上面有批注。

6. 商检证书。证明残损数量、程度和原因的基本证件。

7. 其他专业检验机关出具的第三方责任的证书，如船舶检验证书，火灾鉴定报告、卫生、动植物检验证书等。

8. 施救费用单据或清单。如有施救、整理、修理及其他责任方索赔的费用，应有有关单位进行施救等工作后的收费单据或索赔方的费用清单。

9. 被保险人向第三方责任方的索赔函。如涉及第三方责任，在理赔过程中被保险人需提供其向第三方索赔的信函或提出保留追偿权益的信函以及被保险人或代理人与第三责任方来往的信函。此类单证可以证明被保险人已经履行了向第三责任方进行追索的义务，同时为保险人赔付被保险人之后向第三方追偿奠定了基础。保险人对由于被保险人的原因丧失追偿权益部分的损失可不予赔偿，最终将影响被保险人利益。

10. 其他索赔单证。出口货运险理赔中，代理人或被保险人提供的单证中还应包括索赔函、索赔清单或收据及权益转让书。

11. 检验报告。检验报告是保险人审定货物损失责任归属的重要单证，因为它涉及的项目较多，也较全面。归纳起来主要有以下几个方面：

（1）被保险人履行其义务的情况。

（2）运输工具及运输货物的情况。

（3）货物损失及其责任归属。

12. 海事报告摘录或海事声明书。船舶在航行中遭受人力不可抗拒的海难，船长会在海事日志中予以记录，并作成报告送交有关当局。通过审核海事报告或海事声明书，可以明确货物发生损失时的气候情况、船舶航行的动态及船方采取的措施，从而可以初步确定承运人是否应对货物的损失负责。

第三节　理赔程序

一、报案登记

当发生保险事故或保险责任范围内的损失时，被保险人应立即通知保险人。损失通知是保险理赔的第一项程序。在进出口货运险中，如事故发生在国外，还应通知距离最近的保险代理人。损失通知的方式可以是函件或者电话。

保险公司接到损失通知后应详询报案人情况、保险情况及出险情况等要素，客服人员应做好相应记录并填写出险报案登记表。一般情况下，各保险公司均要求通过客服专线进行报案登记，然后填写出险报案登记表。如收到国外代理人的出险通知或赔案后，也应遵循此步骤。

二、查勘检验

保险人或其代理人获悉损失通知后应立即开展保险标的损失的查勘检验工作。海上保险事故或损失发生在国外，查勘检验常由保险的代理或委托人进行。查勘检验作为海上保险理赔一项重要内容，主要包括事故原因、救助工作、第三者责任取证、勘察报告和检验报告制作等。海上保险的检验是理赔实务中一项十分重要的工作，它确定保险标的损失的责任归属、施救措施的合理性等。在海上货物运输保险中，凡属保险责任的货损，收货人必须及时向承保的保险公司申请进行联合检验。这有两个步骤：

1. 港口联合检验。货物抵达目的港后发现货损时，收货人应及时通知保险公司，向商检部门申请联检，共同查明致损原因、损坏数量和程度，并编制港口联检报告或情况记录。

2. 异地联合检验。当货运转运至内陆收货人时，无论货物在港口卸货是否发现损坏，只要货物运抵目的地，发现有保险责任范围内短缺残损时，收货人可通过当地保险公司进行联合检验并编制联检报告。货物检验后，理赔人员应据此确定货损责任的归属。货物"原残"是发货人的责任，属于保险条款的险外责任，保险人不负责赔偿。货物"船残"、"工残"或其他外来原因造成的损失，只要在承保期间内发生均属保险责任，保险人应予赔偿。所谓"原残"是指属发货人责任的货物残损，包括在生产、制造、加工、装配、整理和包装过程中的货损；发货港装船前堆存、转运过程中货损；装货港理货公司出具例外单（Exception List）批明短少损失，货物品质、包装和标志不符合合同规定或国家惯例以及不适合远洋运输造成的残损。货物"船残"是指属船方责任的货物残损。货物"工残"是指属装卸公司或其他第三方责任的货物残损，包括装卸工人明显违章操作、粗暴搬运、不慎装卸、使用工具不当等造成货损或在码头、仓库、堆场等处，因运输、堆存和保管不善所造成的货损。对货物损失的检验报告，国际上有统一的固定格式，通常用劳合社的检验报告格式。各国货物损失检验报告的内容基本相同。检验申请人向保险人或其指定检验代理人申请检验时应提供填写如下内容的必要单证：申请检验表、海运提单、货物发票、海事报告、保险单证、装箱单、理货单、货物的重量单等。

三、赔案审核

保险人收到代理人或委托人的检验报告后，还应向有关各方收集资料，并核实、补充和修正赔案的材料，分析海洋货运险理赔案情，确定责任。

保险人应判断原因是否属保险责任，是否发生在保险期限内，索赔人是否具有可保利益，审查有关单证如保险单证、事故检验报告、保险事故证明、保险标的施救和修理等方面文件。如发现情况不清的，应即查明。不应赔付的，向索赔方讲明理由拒赔；无问题的应迅速理算赔款。

四、损失核算

计算海洋货运险赔偿金额，支付保险赔偿。保险赔偿的计算，保险人通常依据索赔清单（Statement of Claim）。保险赔偿的计算可以由保险人自身进行，也可由其代理人计算或委托海损理赔人理算。一般情况下，理赔检验代理人或被保险人都列出具体赔偿要求、赔偿的依据和具体金额，在核算时需要注意：

1. 货物本身损失部分。要求赔付的损失数量和检验报告所列的数量是否相符，不同性质的损失是否分别计算。货物损失的计算方法可以按货物数量损失计算，也可按货物质量损失的方法计算。

2. 施救、整理费用。除保险标的本身的损失外，对防止或减轻标的损失所支付的合理费用，保险人也须进行赔偿。不同的费用损失，赔偿金额的确定原则也不相同。这里要清楚施救费用和救助费用的区别。（1）救助费用：救助费用是指被保险货物遭遇保险范围内的灾害事故时，向保险人和被保险人以外的第三者支付的实施救助行为的劳务报酬。不论救助费用属于单独海损还是共同海损，一般按照"无效果，无报酬"的原则办理。其次，如非承保风险所致而发生的救助费用不予赔偿；货物如不是足额保险，救助费用则按比例分摊；救助费用的赔偿加上保险标的本身的赔偿额不能超过保额。（2）施救费用：保险人对为了防止或减轻承保风险所致的损失，被保险人进行施救所产生的费用，不论施救行为是否有效，保险人均须进行赔偿，且不受单独海损不赔、整批货物全损、货物并未发生损失、保单上定有免赔率条款、不足额保险等因素的制约。但是在任何情况下保险人对施救费用的赔偿，不得超过保险金额。

3. 检验费用。检验费用的支付是否合理。

4. 代理费用。对代理人经手的案件，要核对代理人收取的核赔费用，再看是否按照代理协议办理。

五、赔款支付

赔款金额核定后，应立即办理付款事宜。一般各保险公司对赔款处理会制定相应的内部理赔权限与处理原则。就总体而言，大多数保险公司对海洋货运险的赔款支付主要有两个实务操作环节：

1. 缮制赔款计算书（见表9-1）。

表9-1　　　　　　　　　　　　　　　**赔款计算书**

赔案编号：　　　　　　　　　　　　　　　　　　　　　　　　赔付计算书号：

客户编号		被保险人	
险种		保单号码	
受益人		出险日期	
保险期限		出险地点	

续表

赔案编号：   赔付计算书号：

保险金额		出险原因	
受损标的/费用类型			
标的数量		运单号	
运输工具		运输路线	
航次		运输标记	
批单号码		本案预赔	
赔付计算过程			
本次赔付金额合计（大写）（币别）			
险别	受损标的	币别	金额
系统外直接理赔费用			
合计			
请将赔付款项付给			
收款人			
账号			
开户行			

填制人：   复核人：   核赔人：

2. 填制赔款收据。赔款收据通常和权益转让书合并在一起，因此该收据不仅证实被保险人已收到赔款，而且表明被保险人对已取得赔款部分的货物权益，转让给保险公司。赔款收据一式两份，分别送给被保险人签字盖章，被保险人与保险人各持一份。如涉及向第三方追偿的案件，还需寄给责任方，表示保险公司已取得转让权益，有权追偿。

六、归档结案

赔案经复核后，应进行结案并归档。对于拒赔案件，理由必须充分，不能轻易拒赔。而拒赔案件的全套单证应退还给被保险人。理赔案卷须有归档批注，一案一卷，单证齐全，编排有序，目录清楚，装订整齐，照片及原始单据一律粘贴整齐并附说明。

第四节 赔款金额计算

一、全部损失

全部损失简称全损，是指被保险货物全部遭受损失。全损有实际全损（Actual Total Loss）和推定全损（Constructive Total Loss）之分。

1. 实际全损。实际全损是被保险人对于保险标的的可保利益发生全部毁损的情况，是指货物全部灭失或全部变质而不再有任何商业价值，即货物的全部损失一经发生不可避免。例如船舶触礁后货船同时沉入海底，水泥经海水浸泡结块丧失使用价值。此外，船舶失踪达到一定时期，例如已达半年仍无消息，也可视做实际全损。

2. 推定全损。指实际全损已不可避免，或受损货物残值加上施救、整理、修复、续运至目的地的费用之和超过其抵达目的地的价值时，视为已经全损。推定全损（Constructive Total Loss；Technical Total Loss）与实际全损对应。虽然保险标的受损后并未完全丧失，是可以修复或可以收回的，但所花的费用将超过获救后保险标的的价值，因此得不偿失。在此情况下，保险公司放弃努力，给予被保险人以保险金额的全部赔偿即为推定全损。

在货物发生全部损失的情况下，不论是实际全损还是推定全损，都是该被保险货物的全部保险金额扣除免赔率之后，全部予以赔偿。按照保险条例，不论承保何种险种，由于海上风险而造成的全部损失和共同海损均属保险人的承保范围。对于推定全损的情况，由于货物并未全部灭失，被保险人可以选择按全损或按部分损失索赔。倘若按全损处理，则被保险人应向保险人提交"委付通知"。把残余标的物的所有权交付保险人，经保险人接受后，可按全损得到赔偿。

二、部分损失

不属于实际全损和推定全损的损失，为部分损失。按照造成损失的原因可分为共同海损和单独海损。

在海洋运输途中，船舶、货物或其他财产遭遇共同危险，为了解除共同危险，有意采取合理的救难措施所直接造成的特殊牺牲和支付的特殊费用，称为共同海损。在船舶发生共同海损后，凡属共同海损范围内的牺牲和费用，均可通过共同海损清算，由有关获救受益方（船方、货方和运费收入方）根据获救价值按比例分摊，然后再向各自的保险人索赔。共同海损分摊涉及的因素比较复杂，一般均由专门的海损理算机构进行理算（Adjustment）。

不具有共同海损性质，且未达到全损程度的损失，称为单独海损。该损失仅涉及船舶或货物所有人单方面的利益损失。

货物遭受部分损失时，根据货物种类、损失性质不同采用不同的计算方法。

1. 数量损失的计算公式。

$$赔款 = 保险金额 \times \frac{遭损货物件数（或重量）}{承保货物总件数（或总重量）}$$

2. 质量损失的计算公式。计算受损货物的质量损失时，首先确定货物完好价值和受损价值，即得出贬值率，以此乘以保额，就等于应付赔款。

对于完好价值和受损后的价值，一般以货物运抵目的地检验时的市价为准。如受损货物在中途处理不再运往目的地，则可以处理地的市价为准。计算公式为

$$赔款 = 保险金额 \times \frac{货物完好价值 - 受损后的价值}{货物完好价值}$$

3. 加成投保的计算公式。损失按发票价值计算，保险金额高于发票价值的计算公式为

$$赔款 = 保险金额 \times \frac{按发票价值计算的损失额}{发票金额}$$

4. 扣除免赔率的计算公式。免赔率是指保险公司对损失免除部分赔偿责任的百分比。免赔率分相对免赔率和绝对免赔率。相对免赔率是指损失达到规定的免赔率时，保险公司对全部损失如数赔偿，其目的是减少零星琐碎的小额赔款。但如果保险标的的损失没有达到这个百分数，保险公司则不予赔偿。绝对免赔率是指损失超过规定的免赔率时，保险公司只对超过免赔的部分进行赔偿，其目的是减少自然损耗或运输损耗损失的赔偿。在海上货物运输保险中，绝对免赔率应用较多。

绝对免赔率的货物发生损失时，计算公式是

$$免赔重量 = 已损货物件数 \times 每件原装重量 \times 免赔率$$

$$赔偿重量 = 损失重量 - 免赔重量$$

$$赔款 = 保险金额 \times \frac{赔偿重量}{保险重量}$$

【思考题】

一、选择题

1. 一切险与水渍险各项保险责任的不同之处在于（　　）的赔偿。

A. 自然灾害所造成的单独海损

B. 意外事故所造成的全部或部分损失

C. 一般外来原因所造成的损失

D. 特殊外来原因所造成的损失

2. 单独海损仅涉及受损货物的所有者单方面的利益，由受损方承担损失，这种损失（　　）。

A. 属部分损失　　　　　　　　B. 属全部损失

C. 属推定全损　　　　　　　D. 有时是全部损失，有时是部分损失

3. 海运货物保险中，按"仓至仓"条款的规定，货物运抵目的港后没有进入指定仓库，（　　）天内保单仍然有效。

A. 30　　　　　B. 60　　　　　C. 90　　　　　D. 120

4. 共同海损牺牲和费用应该由（　　）共同按最后获救的价值按比例分摊。

A. 船舶和运费两方　　　　　　B. 货物和运费两方

C. 船舶、运费和货物三方　　　D. 船舶和货物两方

5. 在正常运输情况下，"仓至仓"条款是以被保险物在最后的卸载港全部卸离海轮后（　　）为止。

A. 满30天　　　B. 满60天　　　C. 满90天　　　D. 满120天

6. 在海运过程中，被保险货物被海盗劫持造成的损失属于（　　）。

A. 实际全损　　B. 推定全损　　C. 共同海损　　D. 单独海损

7. 船舶搁浅时，为使船舶脱险而雇用驳船强行脱浅所支出的费用属于（　　）。

A. 实际全损　　B. 推定全损　　C. 共同海损　　D. 单独海损

8. 国际贸易中，买卖双方约定海运方式，为防止运输途中货物被窃，货主应该投保（　　）。

A. 一切险，偷窃、提货不着险　　B. 偷窃、提货不着险

C. 平安险，偷窃、提货不着险　　D. 水渍险

9. 船舶在航运途中因故搁浅，船长为了解除船货的共同危险，有意合理地将部分货物抛入海中，使船舶起浮，继续航行至目的港，搁浅和抛货造成的损失（　　）。

A. 前者属共同海损，后者属单独海损

B. 前者属单独海损，后者属共同海损

C. 都属共同海损

D. 都属单独海损

10. （　　）是指运输工具在海上遭遇海难后，在中途港或避难港卸货、存仓及续运货物从而产生的费用。

A. 施救费用　　B. 救助费用　　C. 特别费用　　D. 额外费用

二、案例分析题

1. 我万达公司向新加坡出口货物。在从大连至新加坡航行途中，船舶货舱起火，大火蔓延到机舱。船长为船货共同安全，决定采取紧急措施，往舱中灌水灭火。火虽扑灭，但由于主机受损无法继续航行。于是，船长决定雇用拖轮，将货船拖至上海港修理，检修后重新驶往新加坡。事后调查，这次事件造成的损失有：①1000箱货被火烧损。②600箱货由于灌水灭火受损。③主机及部分甲板被烧毁。④拖船费用。⑤额外增加的燃料和船长、船员工资。问：以上各项损失分别属于哪种海损？海损分别由谁分担？

2. 船舶航行途中触礁，造成船舶自身受损价值20000美元，5000美元货物受损。船舶部分地方漏水，急需修补。为船货共同安全，船长决定修船。为此将部分货物卸到岸

上存仓，仓储费 1500 美元，卸货过程中 3000 美元货物受损。问：上述损失分别属于哪种海损？为什么？

3. A 公司一批 400 箱的货物，向某保险公司投保，保险金额为 4000 美元，货物在运输途中受损，受损后能按 7 折的价格出售，而货物的完好价值为 60000 美元。这种情况下应当如何进行理赔，请计算理赔金额。

第十章

海洋货物运输保险索赔与追偿

【结构图】

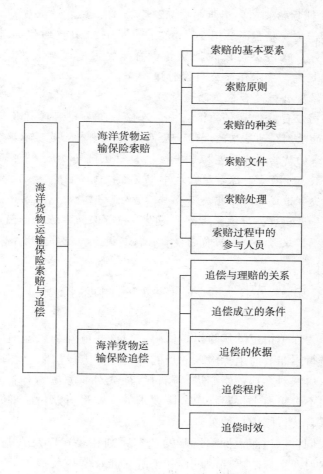

【学习目标】

- 掌握海上保险索赔的原则，了解索赔的种类。
- 掌握海上保险索赔的文件及处理，了解海上保险索赔过程中的参与人员。
- 理解海上保险追偿与理赔的关系，掌握海上保险追偿成立的条件。
- 掌握海上保险追偿的依据，掌握海上保险追偿的程序和实效。

【引导案例】

某年2月，中国某纺织进出口公司与大连某海运公司签订了运输1000件丝绸衬衫到马赛的协议。合同签订后，进出口公司又向保险公司就该批货物的运输投保了平安险单。2月20日，该批货物装船完毕后起航。2月25日，装载该批货物的轮船在海上突遇罕见大风暴，船体严重受损，于2月26日沉没。3月20日，纺织品进出口公司向保险公司就该批货物索赔。保险公司以该批货物由自然灾害造成损失为由拒绝赔偿。于是，进出口公司向法院起诉，要求保险公司偿付保险金。

问题：本案中保险公司是否应负赔偿责任。

分析：保险公司应负赔偿责任。根据中国人民保险公司海洋货物运输保险条款的规定，海运货物保险的险别分为基本险和附加险两大类。基本险是可以单独投保的险种，主要承保海上风险造成的货物损失，包括平安险、水渍险与一切险。平安险对由于自然灾害造成的部分损失一般不予负责，除非运输途中曾发生搁浅、触礁、沉没及焚毁等意外事故。平安险虽然对自然灾害造成的部分损失不负赔偿责任，但对自然灾害造成的全部损失应负赔偿责任。本案中，进出口公司投保的是平安险，而所保的货物在途因风暴沉没时全部灭失，发生了实际全损，故保险公司应负赔偿责任，其提出的拒赔理由是不能成立的。

第一节　海洋货物运输保险索赔

海上保险保单为保单指定的危险提供保障。当这些危险和风险造成损失时，被保险人可以根据保单进行索赔。海上保险人的目的并不是想方设法阻止客户根据保单提出合法索赔；事实上，尽快对客户的索赔进行赔付往往会对业务更为有利。但是，这并不意味着保险人应当对不合乎海上保险保单范围要求的索赔进行赔付。理赔人有责任确保索赔的合法性，如果合法，则应尽快处理。

在本章中，我们将探讨海上保险索赔的基本原则和要素以及索赔涉及的各种文件。另外，我们还将探讨海上保险索赔的过程并了解会涉及哪些人。

一、海上保险索赔的基本要素

海上船舶、货物或责任索赔的合法性取决于五个基本要素。如果存在这五个要素，则可以认定为合法索赔。如果属于合法索赔，保险人应尽快赔付。这五个基本要素是：

1. 风险必须属于保单的保障范围。
2. 已经遭受经济损失。
3. 必须遵守了所有的保证。
4. 在发生损失时，被保险人必须对船舶或货物具有可保利益——此项仅仅参照法律规定。
5. 必须按时支付保费。

二、海上保险索赔原则

影响海上保险索赔的原则有三个：近因，保单的有效期，举证责任。

1. 近因。近因是指引致损害或损失的有效原因，它不一定与损害或损失同时发生。如果有证据表明该原因为损失事实近因，即使在保单生效初期发生损害，被保险人仍可追偿损失。

 【案例】

雷斯切诉鲍威克案（1894 年）

一艘拖船投保了与其他物体碰撞和损害的风险，但是未投保海上危险。该拖船与一个物体相撞，造成了损害，凝汽室的盖子被洞穿。该拖船被拖到安全地点之后，进行了临时性维修以使其继续浮起；同时，该拖船的排气管被从外面塞住。在拖往维修港口的过程中，塞子滑出，拖船沉没。

被保险人提起诉讼，根据该保单主张全损索赔，声称该损失事实上是由于该碰撞引致的。保险人拒绝了该索赔。他们认为自己的责任仅限于碰撞造成的任何损害，不能扩展到船舶沉没造成的损失，他们认为沉没是由于将该拖船拖往维修港造成的。

被保险人胜诉，因为法院裁定碰撞是该损失的近因。碰撞造成凝汽室停止工作，因此，属于事实近因，虽然在时间上有先后之分。

2. 保单有效期。该原则规定，遭受的损害必须发生在保单的有效期间之内。在保单有效期内发生的损害，保险人应当负责。即使造成这种损害的原因发生在保单之前，保险人也应该负责。

 【案例】

变更保险人

一位船员玩忽职守，没有正确修理船舶的某个零件。船舶工作一段时间后，该零件断裂，损坏了该船的发动机。在不良维修之后和断裂之前的时间段内，船主变更保险人，办理了新的保单。尽管问题的原因发生在旧保单的有效期限内，但当时并没有发生任何损失。由于损失发生在新保单有效期内，因此，新保单应当对此负责。

3. 举证责任。举证责任由提出索赔或提出主张的一方来承担，他们需要证明自己的主张是正确的。

为了解除举证责任，被保险人应当根据或然性权衡原则证明，保单承保的危险最有可能是造成该损失的近因。如果损失有可能是保单未提供保障的某个危险引致的，而且这种可能性与保单承保危险引致损失的可能性相同，这样被保险人就未能解除自己的举证责任。

一旦被保险人证明了损失或损害是保单中包括的危险所引致的，则举证责任就会转移到保险人身上。而保险人必须证明存在下列情况之一或一项以上：

- 损失或损害是由未投保危险引致的
- 损失的情况适用于某项除外条款
- 违反了某项保证
- 存在故意不当行为

三、海上保险索赔的种类

海上保险索赔可分为四种：全损，部分损失，费用，责任。

注意：在海上保险中，"average"这个术语表示海损，而"particular"则表示单独海损。

我们将逐一探讨每一种海上索赔。

1. 全损。相对于被保险人而言，全部货物或船舶完全灭失，则称做全损。这类损失的例子包括被盗或未交付的货物、沉没或被火灾烧毁的船舶。全损又可分为实际全损或推定全损。

（1）实际全损。货物或船舶被毁损，或损害到不能维修的程度，或被保险人被剥夺了占有权而不能恢复。在这种情况下，称做发生了实际全损。

 【案例】

阿斯法诉布劳德案（1896 年）

一艘装载着枣子的船舶沉入泰晤士河。两天后打捞，枣子变得又脏又糟，不再适合人类食用。法院裁定枣子已经严重变质，根本不能再作为枣子销售。故而，发生了全损。

（2）推定全损。在下列情况下，可视为发生了推定全损：

- 由于似乎不可避免实际全损而放弃货物或船舶
- 如果要保存货物或船舶，避免实际全损，所引致的费用会超过货物或船舶的价值
- 货物维修和继续将其运抵目的地的成本，将超过货物抵达后的价值

发生推定全损后，货物、船舶及其剩余物仍归被保险人所有。提出部分索赔还是全损索赔，由被保险人决定。如果对货物或船舶提出全损索赔，被保险人应当尽快通过单独的"委付通知"，告知保险人。

如果保险人接受了"委付通知"，则表明保险人将接管被保险人对货物或船舶的利

益，并同意向被保险人支付其保险金额。另外，保险人同时成为有关货物或船舶的所有人，并对于该货物或船舶相关的责任负责，承担诸如搬运货物或清除污染之类的费用。需要指出的是，由于这些潜在责任的存在，保险人很少接受"委付通知"。当保险人赔付全损时，所有残留货物的所有权仍属于被保险人。

2. 部分损失。不属于全损的任何损失，都是部分损失。部分损失可以分为：损害/单独海损和共同海损损失。

（1）损害/单独海损。《1906 英国海上保险法》将损害定义为"投保危险给保险标的物造成的部分损失，而不是共同海损损失"。在海上保险中，损害被称做单独海损。单独海损可以是货物之外的任何东西引致的，例如，海水或钩子等。

（2）共同海损。在海上航程面临共同危险时，为了共同的安全，自愿或合理引致的不寻常牺牲或支出被称做是共同海损。海上航程的所有当事人将按照比例分担共同海损牺牲或支出。

3. 费用。为避免或减低损失这唯一目的而引致的所有成本和费用，海上保单都将提供保障。也就是说，被保险人都将获得赔偿。相应地，被保险人有责任采取一切合理措施减小这类费用。为了使这类成本和费用可以得到偿还，所引致的这类费用必须是：

- 投保危险引致的
- 为了避免或减低损失这一唯一目的而合理引致的
- 由被保险人或其代理人所引致的

除了投保金额外，这些费用也能得到赔付的。

【案例】

湿透的羊毛

码头上有很多包羊毛在等待运输期间被雨水淋湿了。托运人接到通知，安排人将羊毛收回、干燥、重新包装，然后再通过同一艘船托运。这一措施防止了羊毛遭受进一步的损害，由此引致的费用得到了赔偿。

4. 责任。在海上航程运输中——例如，船东、租船人、搬运工、港口当局、船舶维修人、码头经营人或陆路承运人等当事人都可能因过失而引致责任。

另外，与船东签订承运合同（提单）的货主也可能会负有责任。通常情况下，提单中会有规定货主需要分担救助、共同海损和"互有过失"碰撞责任的条款。

四、索赔文件

被保险人必须提供证据证明损失或损害已经发生，并提供必要的文件证明索赔的有效性。相对于货物索赔而言，这类文件包括：

- 保单正本或保险凭证
- 提单
- 价值细目、折扣和销售情况的发票

- 详细说明损失或损害原因、完好毛值和受损价值等的调查证明
- 如果货物已经卖出，则需要载明利润的售出账目
- 所有信函的副本，以及向承担该损害的承运人或有关当事人最初提出索赔的文件副本

为了证明可以依据船舶保险提出索赔，需要提供的文件包括：

- 详细说明损害原因和程度的调查报告
- 完整的维修账目

相对于责任损失而言，需要提供的文件包括：

- 收到的索赔信函
- 如果是在交易过程中引致了有关涉嫌的责任，则需提供与该交易相关的任何合同副本
- 详细说明造成有关涉嫌责任的事件的准确情况调查报告

如果发生共同海损行为，共同海损公估人会要求提供详细的文件。

五、索赔处理

与以前相比，现在的索赔处理要复杂得多。尽管索赔处理原则和基本过程仍然相同，但随着时间的推移，索赔处理方式已经发生了很大变化。

1. 需要考虑的重要事项。在所有海上索赔中，需要考虑的四个重要事项是：

（1）保障条款——发生损失或损害时，必须遵守了保障条款。

（2）损失日期——损失或损害必须发生在保单的保障期间之内。

（3）损失原因——损失或损害的原因必须是在保单中得到保障的原因。

（4）损失地点——损失或损害必须发生在保单保障的区域内。

2. 索赔过程。在基本索赔过程中，会发生下列事件：

- 通知保险人发生了损失
- 如果损失数额巨大，保险人会委任调查员并可能会提供一份保单合同副本
- 调查员将调查损害情况并向保险人提供有关损失原因和损失估计数额的报告
- 保险人研究该报告，如果损失被认为可以追偿，进行理算并作出赔付
- 保险人对船东或其他当事人行使代位追偿权

接受或拒绝损失永远是保险人的自由，记住这一点十分重要。

在提出共同海损索赔时，整个过程将会变得十分复杂。如果在船长注意到恶劣天气等类似情况时，有关的过程就会不及共同海损那样复杂。

保险人可能会委任调查员调查损害情况并取得调查报告，然后将调查报告转交给海上保险公估人。如有必要，还需要将报告转交给律师或负责追偿的代理人。

3. 小额索赔。如果损失数额很小，则取决于保险人的看法。通常的情况是：

- 长期性的托运人定期向被保险人提供索赔一览表
- 一次性托运人提交适当的证明文件

4. 赔付。有时候，海上保险索赔的协商和赔付过程十分复杂，可能会出现延误。然

而，直到最终理算之后才向被保险人赔付并非保险人的意愿。在涉及巨额赔付时，保险人可能会向被保险人先期赔付部分未决款项。在作出最终理算之后，任何先期赔付的款项都将予以扣除。

六、索赔过程中的参与人员

在索赔过程中会涉及许多人。

1. 调查员。调查员的角色是调查、建议并报告海上保险索赔。调查员负责调查索赔的性质和范围以及造成索赔的可能原因，也会向被保险人提供减低损失和索赔程序方面的建议。调查员会提供有关救助货物或船舶方面的建议，并积极促进相关的进程，特别是在可以减低损失时。调查员向保险人提供包含下列详细情况的报告，以便：

- 确定保险人的责任
- 确定承运人和第三方的责任
- 根据保单理算赔偿金
- 确定未来运输需要采取的预防性措施

调查员在从事上述工作时，应该保持独立与公正，这将至关重要。这意味着调查员在完成调查任务时，必须作出自己的判断、不受他人干扰，不带任何偏见并保持公正。尽管调查员是独立的，他或她常常被看做是"代表保险人的"，调查员可能是索赔过程中被保险人与保险人之间的唯一联络人。这意味着调查员可以代表保险人，并在公共关系中扮演着非常重要的角色。然而，调查员在扮演这一角色时，仍然可以保持独立和公正。

调查报告应该包含所有与损害或损失相关的事实资料。它将包括：

- 在可能的情况下，注明日期的照片
- 在"损失原因"部分中包含调查员对损失近因的观点意见
- 详细记录证据中任何不一致的情况以及建议调解分歧的方式
- 出于特定目的而雇请的其他专家的报告，以及调查员对这些专家结论的评论

2. 海损公估人。海损公估人是海上损失理算方面的专家。他们是由船东委任的，帮助其制订和理算大多数商业船舶索赔方案以及所有的共同海损索赔方案。另外，他们也可能是由货物保险人委任，帮助其理算复杂的货物理赔方案。他们向委托当事人提供：

- 对某种情况是否可能造成共同海损，以及该种情况对涉及有关海上航程的当事人意味着什么等提出初步建议
- 赔付所需的文件与资料清单，以及海损理算报告
- 涉及与其他船舶碰撞时，有关委任律师、接受声明和调查损失的建议
- 有关雇请打捞人员方面的指导意见
- 有关保险人赔付一览表的推荐意见
- 有关向保险人发出委付通知和证明存在推定全损所需证据方面的建议

3. 法律顾问。海上保险索赔应立即评估，以便法律代表在必要的情况下可以尽早介

人。在下列情况下，索赔需要法律顾问：
- 带有欺诈嫌疑
- 需要船东或租船经营人保证货物安全、免受损害的情况
- 需要扣押船舶的情况
- 没有明显原因而船舶沉没的情况
- 大量的问题需要澄清
- 保单条文的含义需要解释
- 需要有关追偿损失方面的指导
- 需要进行反驳的指导责任

但是，法律顾问的服务费往往非常昂贵，保险人可能不会雇请法律顾问或免除律师的服务，转而与被保险人协商解决问题。保险人应该根据经营海上保险公司的商业实际情况以及进行法律诉讼的成本，来权衡是否需要法律服务。

4. 理赔人。在市场营销和客户服务方面，保险公司的理赔人扮演着十分重要的角色。良好的客户服务有助于保持住现有的客户，这要比吸引新客户远为实惠和容易。

理赔人应该具备广博的保险和船运方面的知识，其中包括国际付款支付方式、国际贸易术语解释通则、船运方式、文件和术语等。另外，他们还要具备特定的技能，以确保可以妥善处理索赔。下面列出了理赔人需要具备的部分技能：
- 分析——例如，分析保单和索赔，以确定哪些损失得到了保障
- 计划——例如，计划在一定期限内有关索赔的处理进程
- 时间管理
- 协商——例如，与索赔人协商
- 团队协作
- 沟通——例如，简明扼要地传递信息
- 灵活性——例如，适应新技术变化的能力
- 交际策略——例如，在与客户协商问题时，既要保持冷静，又要立场坚定，同时还要充分考虑客户的意见
- 横向思维——例如，利用已经发生的事件来改善风险管理

第二节　海洋货物运输保险追偿

追偿工作是货运险业务中的一个重要环节，这个工作受制于法律的规定，往往都是保险公司支付赔款、取得权益转让书后才能进行。但由于事后介入，往往遇到责任方已经逃避，其财产已经转移的情形，使追偿工作陷入被动的局面，不易取得较好的效果。在追偿工作中灵活运用法律，可以保证追偿的最佳效果。

📄 **【案例】**

太平财产保险有限公司（下称太平财险）跨国追偿获赔950万美元，创下近年中国海事保险追偿最高金额

经过5年努力，太平财险成功追偿一宗发生在南非的货运险沉船案，获肇事船东及其保赔协会赔款950万美元，创下近年来中国海事保险追偿的最高金额，被誉为"中国海事追偿第一案"。

2006年5月3日，太平财险承保的一批进口矿砂在南非附近海域遇暴风雨后船舶断裂沉没。接到报案后，太平财险依据保险条款和货物损失情况快速赔付被保险人933万美元。太平财险专业高效的理赔获得客户高度赞扬，在当地市场引起强烈反响。

随后，太平财险开始了一场艰苦卓绝的跨国追偿战。由于该案涉及近10家海外公司，太平财险先后在中国、英国、美国等地提起法律诉讼，并从多国聘请专家协助解决问题。在无任何经验可循的情况下，太平财险人凭借高度负责的专业精神和娴熟的专业技术，历时5年终于成功追偿巨额赔款。太平财险不畏艰难，运用法律手段保护自身合法权益，在处理该案中的专业表现赢得海外再保人的尊重和认可。

业内人士认为，海外诉讼的巨额成本和烦琐程序让中国保险企业望而却步，鲜有积极参与诉讼的先例。本案的胜诉，充分体现了中国企业在海事追偿方面的经验积累已足以与国际巨头相抗衡，对中国保险企业处理国际贸易争端具有里程碑式意义。该案件同样在国际社会产生巨大影响，不但获得媒体关注在英美国家纷纷登上报刊头条，其司法判决已形成了英美法系的一个新判例，对今后类似案件的处理提供了经验样本。

一、保险追偿与理赔的关系

保险人向被保险人支付保险责任的赔偿之后，取得向第三者责任方追偿的权利。在海上货物运输险中，第三者主要承运人或船舶所有人，按照提单、运单规定，应该承担货物损失的赔偿责任。保险人向承运人等第三者索回已支付给被保险人的赔款，称之为追偿（Subrogation）。对保险人而言，把这项工作做好了，就能维护自身的经济利益，同时也能促使承运人在今后改善经营管理，以免遭受更多的损失。

海上货物运输保险的追偿与理赔（Claims Handling）有明显的区别。首先，从时间上看，一般是先赔偿后追偿，即追偿总是在赔偿工作结束之后进行的，而理赔工作的结束往往又是以赔偿工作结束为准的。所以，追偿和理赔可以看做是两个不同时期的行为。其次，从追偿的效果看，保险公司是否追偿成功与赔偿没有必然联系。最后，从行为对象上看，追偿的对象是第三者，理赔的对象是被保险人。

海上保险追偿与理赔也有明显的联系。首先，追偿可以看做是理赔工作的有效组成部分。只有追偿工作办好了，整个理赔工作才能算是圆满。如果应该追回的赔款没有被追回来，而该赔的款项已经支付出去，长此以往，保险公司就会遭受不必要的经济损失，使经营发生困难。其次，追偿以理赔为前提。先有赔偿后有追偿，这种先后顺序绝不能颠倒。保险公司要追偿成功了才给予赔付，或保险人要求被保险人保证能够追偿回来后

才予以赔付，这种做法对被保险人来说是不公平的。最后，保险人追偿所得应以它所支付的赔偿金额为限。保险公司的追偿款项包括它支付给被保险人的赔偿金以及自赔付之日起到追偿获得成功这段时间应获得的利息。如果追回款项扣除费用开支和利息后，还大于已支付给被保险人的赔偿金额，除了被保险人办理的委付外，一般说来，超出部分应退给被保险人。

因此，海上保险追偿与理赔在内容上有着不可分割的联系。海上保险追偿与理赔是两种不同的行为。同时，追偿是理赔的有效组成部分，追偿是理赔的延续。

二、追偿成立的条件

海上货物运输保险追偿成立的条件（Precondition of Subrogation）有以下几个：

1. 保险标的损失由第三者造成。海上保险合同双方当事人依据合同约定，投保人缴付保险费给保险人，保险人在保险标的遭受损失时进行补偿。这种对价关系体现了保险双方权利义务相互的原则。与保险合同无关的人称为第三者，他对保险标的即不具有可保利益。第三者的过失造成保险标的损失，本着"过失责任自负"的法律原则，他应对这种损失负责。又由于这种损失涉及海上保险合同，所以，才有了海上保险追偿的可能性。

2. 保险公司取得被保险人的赔偿请求权。被保险人获得赔偿后，应将他对第三者的赔偿请求权转让给保险人，保险合同双方都不能放弃这种权利。当被保险人知道第三者应对损失负责时，如果没采取措施保全这种赔偿请求的权利，这是被保险人的弃权行为。保险人明示或默示对第三者责任不予追究，这是保险人的弃权行为。如运输合同中写有"承运人享有保险契约上的利益"等条款，保险人仍然签订保险合同，这说明保险人预先放弃对承运人的赔偿请求权。一般来说，保险人不会放弃对第三者的追偿权，因为对第三者的赔偿请求权对保险人非常重要。如果保险责任由第三者造成，保险公司在赔偿给被保险人后，能够追回已付给被保险人的赔款，这样，保险人实际上没有经济上的损失。1992 年《中华人民共和国海商法》第二百五十三条规定："被保险人未经保险公司同意放弃向第三者要求赔偿的权利，或者由于过失致使保险公司不能行使追偿权利的，保险公司可以相应扣减保险赔偿。"

三、追偿的依据

海上保险追偿的对象是负有责任的第三者，因此，第三者责任的种类和范围就构成追偿的依据（Basis of Subrogation）。在海上保险中，较为常见的第三者责任是运输货物保险中的第三者责任。运输货物的收货人或保险公司向承运人追偿，以海上运输的法规和提单为依据。

1. 法律依据。根据《海牙规则》规定，承运人有承担基本义务的责任和享有免责的权利。

2. 合同依据。海上货物运输合同一般分为租约和提单两种。（1）租约是指货主与船主订立货物运输合同。航程租约合同由船主将整船或一部分舱位租给货主，由船主负责将货物装船运往目的港，同时承担船舶适航、不延误船期和不绕航等责任。而货主承担运费和滞留费的支付、提供港口、负责装卸货物等。如果因船主的原因，造成货物损失，保险人赔偿了货物损失之后，可以依据租约的规定向船主追偿。（2）提单（Bill of Lading）。提单是承运人和托运人之间所订立的运输合同。它规定了承运人和托运人在货物运输过程中的权利、义务、责任和免责内容。提单是承运人或其代理人出具给托运人已收到货物的收据，是物权凭证。承运人在港口船边或承运人自己的码头仓库收受和交付货物，负责装卸货物及其费用。提单还是处理海事纠纷的法定文件，投保海上运输货物保险的凭证。因此，提单是保险人向承运人进行追偿的依据。

四、追偿程序（Procedure）

1. 立案审核。与赔偿的立案登记一样，追偿立案应先按"自追"和"代追"进行登记。登记的内容包括追偿案件编号、收到案子的日期、船名、船东、货物名称、提赔日期、追偿限期、展期情况、追偿金额。追偿结束后，要补充追回金额和处理摘要。然后，收集齐全各种有效追偿证件，包括船上检验报告、船代理出具证明、卸货公司或码头证明、港方或海关证明、货物检验报告等。最后，根据追偿原则，结合具体案情进行审核，查明是否属于承运人责任。如果是承运人的责任，则要缮制索赔清单，寄发索赔函。索赔函的英文表达如下：

（1）索赔函。

We refer to a shipment of textile transported toHelsinki which is shipped on board the vessel Seagull.

From the enclosed documents, you'll note that the goods is damaged or in shortage. According to B/L clauses, you, as the carrier, should be held responsible for the damage to and / or loss of the goods.

As the underwriters, we have paid the loss to the consignees in sum of ＄30000 and would request you to reimburse us for the same amount as soon as possible.

We are waiting for your reply and enclosing the supporting documents for your reference as follows:

① Our statement of claims.

② Bill of Lading.

③ Invoice.

④ Survey Report.

⑤ Tally Sheet.

⑥ Receipt and Subrogation Form.

译文：提及由海鸥轮运到赫尔辛基的纺织品货物，从所附单证中，你们会注意到该批货物遭受残损和短少。根据提单条款，你们作为承运人应对上述提及的货损货差承担赔偿责任。作为保险人，我们已赔付收货人 30000 美元。因此，请你们尽早补偿我们上述损失。

等待你们的答复，并附如下单证：

① 索赔清单。

② 提单复印件。

③ 发票。

④ 检验报告。

⑤ 理货单。

⑥ 收据和追偿表。

（2）催复、延期函。

We refer to our letter dated February 1 st, 2010 and one month has passed by since then, we have no responses from you.

It's trusted that you have finished your investigation and therefore you are kindlyrequested to pay more attention to the case.

As the time limit for this claim will expire on March 1st, 2010, we shall appreciate your settlement prior to that date. If not, please grant us an extension of the limit for a further two months as from today.

We are waiting for your earliest replay.

译文：提及我们 2010 年 1 月 1 日的函件及附件，到目前为止，已过了 1 个月，仍未收到你们的答复。我们相信，你们的调查工作已完成，因此，请对此案给予更多关注。由于本案时效将于 2010 年 3 月 1 日终止，我们期望能够在此之前结案。如不能结案，请自今日起，给予延期 2 个月。等待你们早日答复。

（3）收到赔款，并同意结案的函。

We acknowledge, with thanks, the receipt of your remittance for the sum of ￥30000 in settlement to the claim and enclose herewith our receipt.

Please accept our regards.

译文：贵方汇来的三万美元赔款已收悉，特此告知并随函附上我们的收据。谢谢！

2. 扣船。扣船的目的是保险公司为了取得船方担保，以便日后判定船方有责任时能保证付款。保险人认为有必要扣船时，首先向法院提出扣船申请。法院认为申请合法，就向船方发出扣船命令，要求船方提供担保。所以，扣船不是把船扣留下来直到追偿结束才放船，而是一种要求船方提供担保的手段。当船方办妥担保手续后，由法院宣布解除扣船命令，由港务局监督放船。

3. 结案。保险人和第三者之间对于追偿数额的确定存在差异，必须协商，解决赔偿数额的问题。当保险公司最后同意了责任方的赔偿数额，往往要向责任方发函复证。待责任方将赔款汇来后，保险公司就可缮制"红字"赔款计算书。经复核送负责人批准后，一份存档、一份送会计部门、一份送上级公司。

五、追偿时效

按照提单规定，货物损失的追偿时效（Time Limit）为一年。在交货后或自货物应该提交之日起，收货人于一年内未提出诉讼的，承运人即解除对于货物损失的一切责任。如果收货人或保险公司在交货日起，一年以后提出追偿，承运人可以以时效已过为由拒赔。

　　如果收货人第一次索赔是在一年期限内，但船方看到单证不足，复函收货人继续提供证明。而收货人在一年期限之后再与船主联系，船方可以拒赔。反之，如果收货人在一年期限终止之前申请延期，则不受时效已过的限制。在追偿过程中，承运人往往利用时效限制的规定，拖延时间，等一年时效快结束时答复拒赔，致使收货人来不及向法院提出诉讼。因此，在船方未认赔之前，不论结果如何，收货人均应在时效终止前正式办理扩展追偿时效的申请手续。

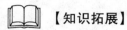【知识拓展】

索赔追偿流程（图 10 −1）

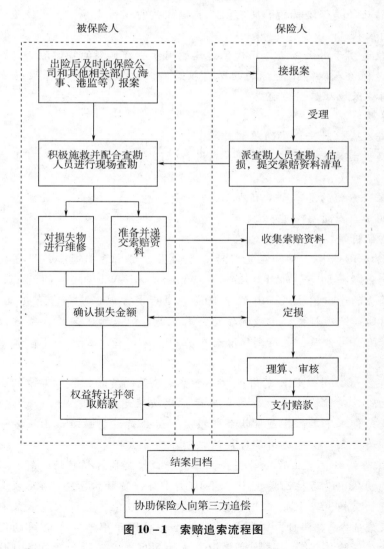

图 10 −1　索赔追索流程图

【思考题】

一、选择题

1. 进口商索赔的对象主要是（　　）。

A. 卖方　　　　　B. 轮船公司　　　　　C. 保险公司　　　　　D. 以上都对

2. 海洋货物运输保险中，向承运人索赔的时效为（　　）年。

A. 1　　　　　B. 2　　　　　C. 3　　　　　D. 4

3. 下列关于委付和代位追偿权关系正确的说法是（　　）。

A. 委付适用于推定全损，而代位追偿适用于全损和部分损失

B. 委付转让的是保险标的的所有权及其他相关的权利义务，而代位追偿转让的是向第三者追偿的权利

C. 委付仅适用于海上保险，而代位追偿适用于所有类型的货运险

D. 委付是保险人取得保险标的的所有权后，向被保险人支付保险赔款，而代位追偿以保险人向被保险人赔偿为前提

二、简答题

1. 被保险人索赔时应提供的单证。

2. 货物损失由第三方责任人造成，在进行保险索赔时，被保险人可否放弃向责任方索赔？

3. 海上保险索赔的基本要素有哪几个？

4. 索赔的参与人员有哪些？

三、案例分析题

1. 有一份 FOB 合同，货物在装船后卖方向买方发出装船通知，买方向保险公司投保了"仓至仓条款一切险"（All Risks with Warehouse to Warehouse Clause），货物在从卖方仓库运往码头的途中被暴风雨淋湿了 10%。事后卖方以保险单含有仓至仓条款为由，要求保险公司赔偿此项损失，但遭到保险公司拒绝。后来卖方又请求买方以投保人名义凭保险单向保险公司索赔，也遭到保险公司拒绝。试问在上述情况下，保险公司能否拒赔？为什么？

2. 我方某外贸公司以 CIF 术语出口一个整集装箱的货物，我方在货物出运前及时投保了海运一切险。在货物从出口公司仓库运往码头装运的路途中，由于驾驶员的疏忽，集装箱货车意外翻车下崖，导致货物全部报废。试分析说明，应该由买方还是卖方向保险公司索赔？为什么？保险公司是否应该赔偿？为什么？

3. 货物保险纠纷案。工贸公司将一批泰国进口聚酯切片销售给化纤公司，委托甲港港务公司将货物从甲港运往乙港。1993 年 10 月 1 日，货物 585 包计 468 吨装上船。装船后，船方在货物交接清单上批注"大破 14 袋、小破 20 袋，另计收包散装料织包 74 个，另收原装改装袋 3 个"。同日，工贸公司向保险公司设于甲港港务公司的保险代理处投保货物运输险，保险单记载：货物重量 468 吨计 585 包，保险金额 5054000 元。12 月 5

日，船在乙港卸货，乙港港务公司装卸公司在货物交接清单上另注"另外在卸货过程中发现有5包外包装底部受潮"。后又书面补充证明货物"大破14包、小破15包，因破损使调包20包，扫舱包6包，另外在卸货过程中发现有5包外包装底部受潮"。保险公司提供两张照片，证实货物装船时有破漏，部分货物装在甲板上。

该批货物由收货人化纤公司自行验收，没有港务部门制作的货运记录，未向有关部门申请公证检验，工贸公司、保险公司及收货人亦未会同检验。1994年1月14日，化纤公司单方面确定货物受损情况为"落地料4.8吨，破包63.2吨，混杂料12吨，短缺3.78吨"，经济损失为342424元，向保险公司提出索赔。

请问保险公司是否应承担赔偿责任，并说明理由。

第十一章

国际航空货物运输保险

【结构图】

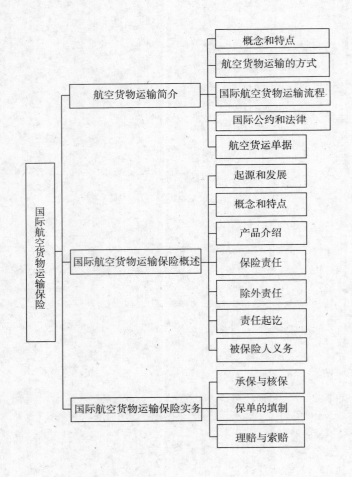

【学习目标】

- 了解国际航空货物运输的流程及特点。
- 了解国际航空货运险的特点。
- 熟悉国际航空货运险的主要险种及承保范围。
- 熟悉国际航空货运险的承保与核保流程。

【引导案例】

　　某年 6 月 14 日，某物流公司传真投保单给保险公司要求投保国际货物运输险，运输方式为航空运输，承保条件为《航空货物运输保险条款》的一切险条款，承保货物的保险金额是 432320 元人民币。被保险人为保险货物的发货人，承运的货物是手机配件电子显示屏，货物共计 25 件，通过某航空公司运往南京。在收货时发现其中 9 件货物被水浸湿，在收货人拒收的情况下，由某物流公司的提货人将受损的 9 件货物再次发回了成都的生产厂家，经生产厂家检查该批湿损货物完全报废。被保险人即向保险公司报案，此时距离出险时间已经有七天。请考虑：该案例保险公司是否该拒赔？

第一节　航空货物运输简介

一、航空货物运输的概念和特点

　　1. 航空货物运输的概念。航空货物运输，是现代物流中的重要组成部分，其提供的是安全、快捷、方便和优质的服务。拥有高效率和能提供综合性物流服务的机场在降低商品生产和经营成本、提高产品质量、保护生态环境、加速资金周转等方面将发挥重要作用，培养了一支经验丰富、专业敬业的员工队伍，可为各类特殊货物提供专业、可靠的运输方案。

　　2. 航空货物运输的特点：

　　（1）运送速度快。常见的喷气式飞机的经济巡航速度大多在每小时 850 ~ 900 公里左右，为时效性、季节性强的商品开辟了远距离市场，也使贵重物品和精密仪器运输降低了风险。

　　（2）特殊商品的最佳运输工具。鲜活易腐商品和季节性强的商品由于性质特殊，对时间要求极为敏感，采用航空运输，为其运输和销售争取了时间，且开辟了市场。

　　（3）安全、准确。与其他运输方式相比，安全性高，货物赔损率低。

　　（4）节约包装、保险、利息等费用。航空运输的包装简单，成本减少，安全性高，相应保险费用就会降低；速度快，加快了资金周转，这些有利于企业隐性成本的降低。

　　（5）不受地面条件影响，深入内陆地区。对于地面条件恶劣交通不便的内陆地区非常适合。与铁路和公路相比，占用土地少，对寸土寸金、地域狭小的地区非常适合。

167

二、航空货物运输的方式

1. 班机运输。班机是指定期开航的定航线、定始发站、定途经站和定目的站的飞机，具有迅速准确、方便货主等特点。但由于班机运输大多是客货混合，舱位有限，不能满足大批量货物的及时出运，只能分期、分批运输。

2. 包机运输。当货物批量较大时，包机运输成为航运的重要方式，通常可分为整架包机和部分包机。

（1）整架包机，即包租整架飞机，是指航空公司或包机代理公司按照与租机人事先约定的条件和费率，将整架飞机租给租机人，从一个或几个航空站装运货物至指定目的地的运输方式。其费用一次一议，随国际市场供求情况而变化。

（2）部分包机指由几架航空货运代理公司（或发货人）联合包租一架飞机装载货物，或者是由航空公司把一架飞机的舱位分别卖给几家航空货运代理公司装载货物。

3. 集中托运。这是集中托运人将若干批单独发运的货物组成一整批货物，集中向航空公司办理托运，填写一份航空总运单发运到同一到达站，由集中托运人委托到达站当地的代理人负责收货、报关，并按集中托运人签发的航空分运单分拨给各实际收货人的一种运输方式。

这种集中托运方式可争取到比零星托运低廉的运价，在国际航空货物运输界使用比较普遍，也是航空货运代理公司的主要业务之一和盈利的主要手段。这种方式给集中托运人带来很大的利益，但贵重物品、危险物品、活动物以及文物不能办理集中托运。

4. 航空快递。航空快递业务又称快件、快运或速递业务，是指具有独立法人资格的企业将进出境的货物或物品从发件人所在地通过自身或代理的网络运达收件人的一种快速运输方式。

三、国际航空货物运输流程

1. 航空货物运输出口业务流程。国际货物运输的出口业务流程是指从托运人委托运输货物到航空承运人将货物装上飞机的货物流、信息流的运输组织与控制管理的全过程。

一般来说，托运人采用委托航空运输代理人运输或直接委托航空公司运输两种方式。因此，国际货物运输的出口业务流程包括航空货物出口运输代理业务程序和航空公司出港货物的业务操作程序两个环节。

（1）航空货物出口运输代理业务程序。航空货物出口运输代理业务程序由以下若干环节构成：接受托运人委托运输，审核单证，接收货物，填制货运单，拴挂标签，预配、预订舱位，出口报关，出仓单提箱、装板，签单、交接发运，航班跟踪信息服务，费用结算。

航空公司根据实际情况安排航班和舱位。航空公司舱位销售的原则有：保证有固定舱位配额的货物，保证邮件、快件舱位，优先预订运价较高的货物舱位，保留一定的零散货物舱位，未订舱的货物按交运时间的先后顺序安排舱位。

订舱后，航空公司签发舱位确认书（舱单），同时给予装货集装器领取凭证，以表示舱位订妥。

（2）航空公司出港货物的操作程序。航空公司出港货物的操作程序是指自代理人将货物交给航空公司，直到货物装上飞机的整个业务操作流程。航空公司出港货物的操作程序分为以下主要环节：

- 预审国际货物订舱单。
- 整理货物单据，主要包括已入库的大宗货物、现场收运的货物、中转的散货三个方面的单据。
- 货物过磅、入库。
- 货物出港。对于货物出港环节，重点处理好制作舱单及转运舱单的业务。货运舱单是每一架飞机所装载货物、邮件的运输凭证清单，是每一航班总申报单的附件，是向出境国、入境国海关申报飞机所载货邮情况的证明文件，也是承运人之间结算航空运费的重要凭证之一。而货物转港舱单由交运承运人填写，是货物交运承运人和货物接运承运人之间交接货物的重要运输凭证；也是承运人之间结算航空运费的重要凭证之一。

2. 国际货物运输的进口业务流程。国际货物运输的进口业务流程同样包括航空货物进口运输代理业务程序和航空公司进港货物的操作程序。

（1）航空货物进口运输代理业务程序。航空货物进口运输代理业务程序包括代理预报、承接运单与货物、货物仓储、整理运单、发出到货通知、进口报关、收费与发货、送货上门及货物转运等业务内容，其中，对于交接运单与货物、收费与发货等业务，航空公司有关部门业务人员应重点做好下列工作：

- 交接运单与货物。航空公司的地面代理公司向货物代理公司交接的有国际货物交接清单，主货运单，随机文件，货物。
- 收取费用与发放货物。对于分批到达货物：待货物全部到齐后，方可通知货主提货。如果部分货物到达，货主要求提货，有关货运部门则收回原提货单，出具分批到达提货单，待后续货物到达后，再通知货主再次提取。属于航空公司责任的破损、短缺，应由航空公司签发商务记录；属于货物运输代理公司责任的破损、短缺，应由该代理公司签发商务记录；对于属于货物运输代理公司责任的货物破损事项，应尽可能协同货主、商检单位立即在仓库作商品检验，确定货损程度，避免续后运输中加剧货物损坏程度。

（2）收取费用。货物运输代理公司在发放货物前，应先将有关费用收齐。收费内容包括到付运费及垫付款、垫付费，单证、报关费，海关、动植检、卫检报验等代收代付费用以及仓储费等。

（3）航空公司进港货物的操作程序。航空公司进港货物的操作程序是指从飞机到达目的地机场，承运人把货物卸下飞机直到交给代理人整个操作流程。该流程包括：

- 进港航班预报。
- 办理货物海关监管。
- 分单业务，其中联程货运单交货物中转部门。
- 核对货运单和运输舱单。

- 制作国际进口货物航班交接单。
- 货物交接。

四、航空货物运输的国际公约和法律

航空业的跨国特征与生俱来，因而航空货物运输的产生、发展必然伴随着调整这种运输方式的统一实体法规范的国际公约的产生、发展。又因为航空业历史较短，得以吸收了包括海运在内的其他各种运输方式有关国际公约、惯例的精神，并根据航空业的自身特征作了修改。这其中较有影响力的国际航空运输公约有《华沙公约》、《海牙议定书》、《瓜达拉哈拉公约》、《危地马拉议定书》、《蒙特利尔第一号附加议定书》、《蒙特利尔第二号附加议定书》、《蒙特利尔第三号附加议定书》和《蒙特利尔第四号附加议定书》8 份文件，合成华沙体系。其中，又以《华沙公约》和《海牙议定书》的适用最为广泛。

《华沙公约》正式名称为《统一航空运输某些规则的公约》，是 1929 年 10 月 12 日由德国、英国、法国、瑞典、苏联、巴西、日本、波兰等国家在华沙签订的。它是最早的国际航空私法，也是至目前为止为世界上大多数国家接受的航空公约，旨在调整不同国家"在航空运输使用凭证和承运人责任方面"的有关问题。《华沙公约》规定了以航空承运人为一方和以旅客、货物托运人、收货人为另一方的航空运输合同双方的权利、义务关系，确定了国际航空运输的一些基本原则。

第二次世界大战后，由于航空运输业的飞速发展以及世界政治形势的急剧变化，《华沙公约》的某些内容与现实的要求脱节，《修订 1929 年 10 月 12 日在华沙签订的统一国际航空运输某些规则的公约的议定书》即《海牙议定书》正是此时诞生的。该协订签订于 1955 年，1963 年 8 月 1 日起生效。我国参加《华沙公约》和《海牙议定书》的时间分别是 1958 年和 1975 年。

五、航空货运单据

1. 航空主运单（Master Air Waybill，MAWB）。它是由航空运输公司签发的航空运单。

2. 航空分运单（House Air Waybill，HAWB）。这是集中托运人在办理集中托运业务时签发的航空运单。

国际航空货运单填制的要求：

航空货运单一般应使用英文大写字母，用计算机打制，各栏内容必须准确、清楚、齐全，不得随意涂改。

货运单已填好内容在运输过程中需要修改时，必须在修改项目的近处盖章注明修改货运单的空运单位名称、地址和日期，修改货运单时，应将所有剩余的各联一同修改。

在始发站货物运输开始后，货运单上"运输声明价值"一栏的内容不得再做任何修改。

每批货物必须全部收齐后，方可填开货运单。每一批货物或集合运输的货物均应填写一份货运单。

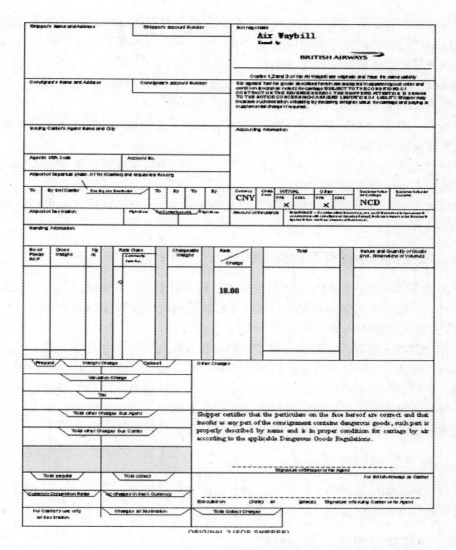

图 11 -1　空运单样式

第二节　国际航空货物运输保险概述

一、航空货物运输保险的起源和发展

最早的航空保险于 1910 年出现在美国。第一次世界大战后，飞机逐渐大型化，飞行事故造成的损失随之增加，20 年代以后便出现了以分散风险为主要目的的分保方式和不同公司的保险联营。第二次世界大战期间，航空技术和航空知识的发展大大地推动了航空保险事业的发展。第二次世界大战后，航空保险业日趋国际化，通过分保方式把大型飞机的巨额风险分散给世界多国保险公司承担。一旦发生空难，每家保险公司只承担一小部分经济赔偿责任。航空保险业的真正发展是在 20 世纪 40 年代末 50 年代初；50 年代中期至 60 年代初期，航空保险以独特的专业形式，不断得到巩固和发展。

1912 年第一张民用航空保险的保险单诞生于英国。

1929 年《华沙公约》规定了承运人的责任限额。它的通过，极大地提高了保险市场承保航空保险业务的积极性。

1933 年英国民用航空保险有限公司成立，是英国劳合社外围公司中最大的两个专门承做民用航空保险业务的公司之一。

1934 年 6 月，国际民用航空保险承保人联合会成立，它旨在代表和保护民用航空保险承保人的利益。

二、航空货物运输保险的概念和特点

1. 航空货物运输保险的概念。航空货物运输保险是以航空运输过程中的各类货物为保险标的，当投保了航空货物保险的货物在运输途中因保险责任造成货物损失时，由保险公司提供经济补偿的一种保险业务。

2. 航空货物运输保险的特点。航空货物运输保险与其他货物运输保险一样，其保险标的具有流动性和可转让性以及保险利益的特殊性等特点。航空货运保险作为一种综合性保险，是航运中必不可少的手段。其专业性和技术性较强；险种一般具有国际性，承保条件与国际市场同步。同时，再保险和共保必不可少，通常需要原保险人与再保险人共同处理赔案。另外，自愿保险与强制保险相结合，以强制保险为主。

三、航空货物运输保险的产品介绍

航空货物运输保险的基本险包括航空运输险和航空运输一切险，其附加险有航空货物运输战争险和航空运输罢工险。

四、国际航空货运险保险责任

（一）国际航空货运险保险责任

1. 被保险货物在运输途中遭受雷电、火灾、爆炸或由于飞机遭受恶劣气候或其他危难事故而被抛弃，或由于飞机遭碰撞、倾覆、坠落或失踪意外事故所造成全部或部分损失。

2. 被保险人对遭受承保责任内危险的货物采取抢救，防止或减少货损的措施而支付合理费用，但以不超过该批被救货物的保险金额为限。

（二）国际航空运输一切险责任

除包括上列航空运输险责任外，本保险还负责被保险货物由于外来原因所致的全部或部分损失。

投保上述任何一种基本险别外，经协商还可以投保附加险。

（三）国际航空运输战争险责任

该保险是航空运输货物险的一种附加险，只有在投保了航空运输险或航空一切险的基础上方可加保。

加保航空运输战争险后，保险公司承担赔偿在航空运输途中由于战争、敌对行为或武装冲突以及各种常规武器和炸弹所造成的货物的损失，但不包括因使用原子或热核制造的武器所造成的损失。

《华沙国际航空运输统一规章公约》与《中华人民共和国民用航空法》规定，投保国际航空货物运输保险，保险人负责赔偿由于下列保险事故造成保险货物的损失：

1. 火灾、爆炸、雷电、冰雹、暴风、暴雨、洪水、海啸、地陷、崖崩。

2. 因飞机遭受碰撞、倾覆、坠落、失踪（在三个月以上），在危难中发生卸载以及遭受恶劣气候或其他危难事故发生抛弃行为所造成的损失。

3. 因受震动、碰撞或压力而造成破碎、弯曲、凹瘪、折断、开裂的损失。

4. 因包装破裂致使货物散失的损失。

5. 凡属液体、半流体或者需要用液体保藏的保险货物，在运输途中因受震动、碰撞或压力致使所装容器（包括封口）损坏发生渗漏而造成的损失，或用液体保藏的货物因液体渗漏而致保藏货物腐烂的损失。

6. 遭受盗窃或者提货不着的损失。

7. 在装货、卸货时和港内地面运输过程中，因遭受不可抗力的意外事故及雨淋所造成的损失。

在发生责任范围内的灾害事故时，因施救或保护保险货物而支付的直接合理费用。

五、国际航空货运险的除外责任

国际航空货运险对下列损失不负赔偿责任：

1. 战争、军事行动、扣押、罢工、哄抢和暴动。

2. 核反应、核子辐射和放射性污染。

3. 保险货物自然损耗，本质缺陷、特性所引起的污染、变质、损坏，以及货物包装不善。

4. 在保险责任开始前，保险货物已存在的品质不良或数量短差所造成的损失。

5. 市价跌落、运输延迟所引起的损失。

6. 属于发货人责任引起的损失。

7. 被保险人或投保人的故意行为或违法犯罪行为。

8. 由于行政行为或执法行为所致的损失，保险人不负责赔偿。

9. 其他不属于保险责任范围内的损失，保险人不负责赔偿。

六、国际航空货运险的责任起讫

航空货物运输保险合同保险责任的起讫期限的规定与海洋货物运输保险合同大体一致，采用"仓至仓条款"确定起讫期限，即自保险货物运离保险单所载明的起运地仓库或储存处所开始运输时生效，包括正常运输过程中的运输工具在内，直至该项货物运达保险单所载明目的地收货人的最后仓库或储存处所或被保险人用做分配、分派或非正常运输的其他储存处所为止。如未运抵上述仓库或储存处所的，则以保险货物在最后卸载地卸离飞机后满 30 天为止（不同于海洋货物运输保险合同规定的 60 天）。如在上述 30 天内保险货物需转送到非保险单所载明目的地时，则以该项货物开始转运时终止保险责任。

如果由于被保险人无法控制的运输延迟、绕道、被迫卸货、重新装载、转载或承运人运用运输契约赋予的权限所做的任何航行上的变更或终止运输契约致使保险货物运到非保险单所载目的地时，在被保险人及时将获知的情况通知保险人并在必要时加缴保险费的情况下，航空货物运输保险合同继续有效，则保险责任按下述标准终止：

1. 保险货物在非保险单所载目的地出售的，保险责任至交货时终止。但不论任何情况，均以保险货物在卸载地卸离飞机后满 30 天为止。

2. 保险货物在上述 30 天期限内继续运往保险单所载原目的地或其他目的地时，保险责任仍按前述"仓至仓条款"的规定终止。

七、被保险人义务

被保险人应按照以下规定的应尽义务办理有关事项。如因未履行规定的义务而影响保险公司利益时，保险公司对有关损失有权拒绝赔偿。

1. 当被保险货物运抵保险单所载目的地以后，被保险人应及时提货。当发现被保险货物遭受任何损失，应即向保险单上所载明的检验、理赔代理人申请检验；如发现被保险货物整件短少或有明显残损痕迹，应即向承运人、受托人或有关当局索取货损货差证明。如果货损货差由于承运人、受托人或其他有关方面的责任所造成，应以书面方式向他们提出索赔，必要时还须取得延长时效的认证。

2. 对遭受承保责任内危险的货物，应迅速采取合理的抢救措施，防止或减少货物损失。

3. 在向保险人索赔时，必须提供下列单证：保险单正本、提单、发票、装箱单、磅码单、货损货差证明、检验报告及索赔清单。如涉及第三者责任还须提供向责任方赔偿的有关函电及其他必要单证或文件。

第三节　国际航空货物运输保险实务

一、国际航空货物运输保险的承保与核保

（一）风险的审定

1. 保险标的。保险标的是保险公司承担风险责任的对象，保险标的本身的特殊性、客观条件与灾害事故，与危及标的的可能性及其损失程度有密切的关系，是保险公司确定是否承保与厘定保险费的依据。

2. 被保险人的信誉。在承保活动中，调查被保险人的信誉与道德风险是至关重要

的。其原因在于风险的发生在很大程度上与人为的因素有关。不诚实、不道德的被保险人会给保险公司带来难以预料的风险。因此在核保时应跟踪被保险人的信誉和其他事项，如经营状况、财务状况和业务往来状况等。

3. 运输工具。以航空运输方式运输的，要详细了解承运人、运输工具、港口、路径状况等情况。

4. 航程地区。航程的长短、有无转机、起讫港的设备及其管理等，对风险的大小与控制影响很大。承保空运业务，必须注意货物运输途中的转机问题，转机过程可能导致货物在机场等待转机时遭雨淋、偷窃或搬运出错等。

5. 保险条件。这是决定费率高低的主要因素，主要审查货物的保险条件是否适当、保险条件与信用证是否相符等。

6. 气候条件。主要分析货物起运期间的气候因素，运输途中经过的地区，诸如寒流、雨季等对货物的影响，准确判别货损的真实原因。航行期间和航行范围内的气候因素，诸如季节风、雨雾、风暴等情况，均在审查范围之内。

7. 标的的以往损失率。根据保险标的以往的损失情况，一方面可以审定是否存在道德风险因素，另一方面可以据以确定承保与否和费率的高低。对高风险、高保额的货物要仔细地分析，谨慎、从严承保，以防止危险逆选择。同时核保人亦应掌握各类大众货物的损失率及适用的特殊条款。

（二）保险单内容的审定

货物运输保险单是保险人履行合同赔偿义务的主要依据，它是以投保单的内容缮制的。鉴于空运与其他运输方式相比较，风险较小；空运货物的特点是体积小、金额大，特别是对运送国际市场上急需的商品、鲜活易腐货物以及贵重货物非常有利，核保人员应认真谨慎的审核货物运输保险单内容及相关条款、附加险措辞等，否则会造成索赔方面的纠纷或引起诉讼等问题。保险单审定的内容包括：

1. 被保险人/受益人问题。

2. 保险标的/包装/数量问题。

3. 保险费率的填写问题。

4. 运输工具问题。

5. 目的港问题。

6. 特殊附加险措辞问题。

7. 免赔率问题。

8. 检验代理人问题。

二、国际航空货运险保单的填制

各保险公司承保国际航空货运险均需填制国际货运险保单。表 11-1 是某财产保险公司的一份航空货物运输保险单的格式。国际货运险保单要求全英文填制，其他注意事项请参看本书第七章海运保单填制一节内容。

表 11 - 1　　　　　　某财产保险股份有限公司进出口货物运输险投保单

被保险人 Insured:		
兹拟向中国××财产保险股份有限公司投保下列货物运输保险： Herein apply to the Company for Transportation Insurance of following cargo： 品名： 唛头： 数量： 请将保险货物项目、标记、数量及包装注明此上。 Please state items, marks, quantity and packing of cargo insured here above.		请将投保的险别及条件注明如下： Please state risks insured against and conditions： TO：

装载运输工具（船名/车号）：　　　　船龄：　　　　　集装箱运输：　　是□　否□　整 船运输：　　是□　否□ Per Conveyance　　　　Age of Vessel ME　　Container Load　Yes　No　　Full Vessel Charter　Yes 　　　No

发票或提单号 　　月　　　　　日 Invoice No. or B/L	开航日期：　　　　年 Slg. On or abt.　Year　APRIL　Day

自：　　　　　国　　港/地　经：　　港/地　至：　　　国 　　港/地 FromFrom：　　Country　　Port　Via：　Port　To：　　　　Country

发票金额 Invoice Value：	保险金额 Amount Insured：

费率 Rate：	保险费 Premium：

备注 Remarks：	

投保人兹声明上述所填内容属实，同意以本投保单作为订立保险合同的依据；对贵公司就货物运输保险条款及附加险条款（包括责任免除和投保人及被保险人义务部分）的内容及说明已经了解。 投保人签章： Name/Seal of Proposer： 日期：　　年　　　月　　　日 Date：　　Year　　Day

三、国际航空货运险的理赔与索赔

国际航空货运险的理赔流程与海洋货物运输保险的理赔流程基本一致，请参看本书第九章海洋货物运输保险理赔。

📄 【案例】

被保险人：×××有限公司

购买险种：出口航空货运险

保　单　号：810022012××××××

承保公司：中国人寿财险

事故日期：2012 年 2 月 24 日

事故地点：香港

事故简述：保险公司承保了一批价值 48584 美元的电子触摸屏从内地某城市运往香港，货物在到达香港国际机场后收货人在提货时发现货物包装箱有损伤，收货人要求索赔。

索赔过程：2012 年 2 月 24 日，收货人在香港机场提货时发现货物包装有损伤。

2012 年 2 月 25 日，保险公司接到报案后，马上联系××公估公司去现场进行查勘定损。公估公司对货物拍照并出具查勘定损报告，承运人向公估公司出具货物发票、装箱单、运单和保单。报告显示货物包装确实有损伤，但是包装内货物完好。

2012 年 5 月，对方以事故没有构成损失终止索赔过程，保险公司以确认事故不属于保险责任为由拒绝赔偿。此案保险公司只需支付公估公司的公估费用（计 412 美元）。此费用按公估公司开具的发票结算。如以外币结算的发票金额按查勘当日的人民币兑外币的实时汇率换算。

合计赔款：核定赔付 = 公估费用 = 412 美元 × 汇率 = 412 美元 × 6.2965 = 2594.16 元人民币

国际航空货物运输保险索赔时效，从被保险货物在最后卸载地卸离飞机后起计算，最多不超过二年。

【思考题】

一、选择题

1. 为便于搬运，鲜活易腐货物每件重量以不超过（　　）千克为宜。

A. 10　　　　　B. 25　　　　　C. 30　　　　　D. 50

2. 以下不是航空运输危险品的是（　　）。

A. 乒乓球　　　B. 手机电池　　C. 氧化剂　　　D. 血清

3. 航空超重货物一般是指每件超过（　　）千克的货物。

A. 100　　　　　B. 150　　　　　C. 180　　　　　D. 250

4. 为了防止运输途中货物被偷窃，应该投保（　　）。

A. 偷窃提货不着险　　　　　　　B. 一切险

C. 一切险加保偷窃险　　　　　　D. 水渍险加保偷窃险

E. 平安险加保偷窃险

5. 战争、罢工风险属于（　　）。

A. 自然灾害　　　B. 意外事故　　　C. 一般外来灾害　D. 特殊外来风险

6. 根据仓至仓条款的规定，从货物在目的港卸离飞机时起满（　　）天，不管货物是否进入保险单载明的收货人仓库，保险公司的保险责任均告终止。

A. 15　　　　　　B. 30　　　　　　C. 10　　　　　　D. 60

7. 国际航空运输规定（　　）属于贵重物品。

A. 手工艺品　　　B. 精密仪器　　　C. 蛋白石　　　　D. 时装样品

8. 在国际航空运输中，由于承运人原因使货物发生损坏，其赔偿要求应当自收到货物之日起（　　）天内提出。

A. 14　　　　　　B. 21　　　　　　C. 7　　　　　　　D. 3

二、简答题

1. 简述国际航空货物运输的特点。

2. 简述国际航空货物运输保险的险种及承保范围。

三、案例分析题

请根据以下内容填写出口航空货物运输保险投保单：

（1）投保人：××省博物馆。

（2）保险标的：文物展品。

（3）数量：103 件（套）。

（4）起运港：长沙黄花机场。

（5）目的港：台湾桃园机场。

（6）离港日期：2011.05.25。

（7）保险标的价值：2000 万元人民币。

（8）投保险种：一切险。

（9）发票号：10077，提单号：AS BPL B/L。

（10）运输工具：MN3116 航班。

进出口货物运输险投保单

被保险人 Insured：	
兹拟向中国××财产保险股份有限公司投保下列货物运输保险： Herein apply to the Company for Transportation Insurance of following cargo: 品名： 唛头： 数量： 请将保险货物项目、标记、数量及包装注明此上。 Please state items, marks, quantity and packing of cargo insured here above.	请将投保的险别及条件注明如下： Please state risks insured against and conditions: TO:

续表

装载运输工具（船名/车号）：	船龄：	集装箱运输： 是□ 否□ 整船运输： 是□ 否□
Per Conveyance	Age of Vessel ME	Container Load Yes No Full Vessel Charter Yes No

发票或提单号 月 日	开航日期： 年
Invoice No. or B/L	Slg. On or abt. Year APRIL Day

自： 国 港/地	港/地 经：	港/地 至： 国
FromFrom: Country	Port Via: Port	To: Country

发票金额	保险金额
Invoice Value:	Amount Insured:

费率	保险费
Rate:	Premium:

备注
Remarks:

投保人兹声明上述所填内容属实，同意以本投保单作为订立保险合同的依据；对贵公司就货物运输保险条款及附加险条款（包括责任免除和投保人及被保险人义务部分）的内容及说明已经了解。

投保人签章：
Name/Seal of Proposer:

日期： 年 月 日

Date: Year Day

第十二章

陆路货物运输保险

【结构图】

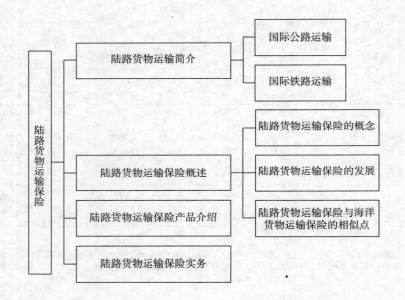

【学习目标】

- 了解陆路货物运输的几种方式。
- 掌握陆路货物运输保险的产品种类，保险责任和责任起讫。
- 掌握陆路货物运输保险实务操作流程。

【引导案例】

图12-1为一种典型的对港铁路货运工作流程图。港方只有铁路，没有装货的车辆，所运货物需在深圳租用车辆继续运输（一般不卸货，原车过轨运往香港）。内地运单在香港无效，需要另行签发承运货物收据，用于结汇和在香港提货。承运货物收据是

物权凭证，法律性质与内地运单有很大不同。九广铁路公司只管铁路内部的行车等事项，香港中旅负责与货主及内地货运部门联系。而在内地，铁路部门既管铁路内部的行车等事项，又负责与货主联系。

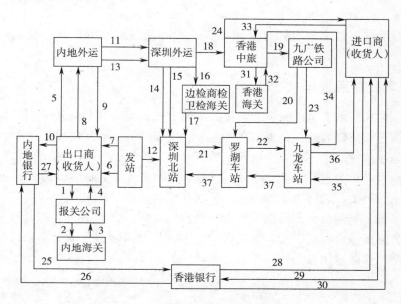

图 12 – 1　对港铁路货运工作流程图

注：1. 提交报关单据；2. 报关；3. 发给关封；4. 交关封；5. 委托运输；6. 送货送关封；7. 签发运单；8. 交运单；9. 签发承运货物收据（物权凭证）；10. 结汇；11. 委托代办中转；12. 内地铁路运输；13. 发起运电；14. 办理租车；15. 办理车检；16. 申报检验、转关；17. 检验；18. 委托港段货运；19. 起票；20. 指令发车；21. 过轨；22. 港段货运；23. 指令放货给中旅；24. 预通知提货；25. 寄承运货物收据；26. 付货款；27. 付货款；28. 通知赎单；29. 前来赎单；30. 取得承运货物收据；31. 报关；32. 放行；33. 向香港中旅交承运货物收据；34. 理货，接管货物；35. 前来向香港中旅提货；36. 提走货物；37. 空车回送。

在国际贸易中，货物运输除了主要采用海洋运输方式外，还采用陆路运输、航空运输以及海运、陆运、空运的两种或两种以上运输方式衔接起来组成的多式联运方式。随着时代的发展，国家贸易往来的增加，陆路、航空运输的保险在整个保险业务中的重要性和业务量也日益增加，它们在很多方面与海洋货物运输保险相似。但由于运输方式与海运的不同，可能遭遇的风险，承保的险别、责任范围等方面与海洋货物运输保险就有不同之处，因此我们把陆路运输和航空运输的内容分为两章介绍。

<h1 style="text-align:center">第一节　陆路货物运输简介</h1>

国际陆路货物运输主要有国际公路运输、国际铁路运输等方式，我们依次作简单介绍。

一、国际公路运输

公路运输指在公路上运送旅客和货物的运输方式，是现代运输的主要方式之一，在整个运输领域占有重要的地位，据有关方面调查，到 2010 年，全球机动车辆约有 7.37 亿辆，公路运输的货运量占到整个货运量的 80%。

公路运输以汽车为运输工具。它是一种机动灵活、方便的运输方式，能深入到厂矿、铁路车站、码头、农村山区等各点。公路运输投入少，回收快，设备容易更新，公路的技术要求低，受到破坏容易恢复，所以公路运输对国民经济发展起着重要作用。但另一方面，公路运输也有局限性，如载重少，不宜长途运输，震动大易造成货物震荡破坏，相比水路和铁路费用较高。

图 12－2　中俄跨国浮桥

公路运输的种类主要有整车货物运输，它是指一次运输货物在 3 吨以上的运输；零担货物运输，在公路运输规定中列明适应于零担货物运输的货物；集装化运输，指以集装单位为运输单位的货物运输；特种货物运输，指被运输货物本身性质特殊，在装卸、储存、运送过程中有特殊要求来保证货物完整和安全的运输；包车货物运输，指把车辆包给托运人使用的运输方式。

二、国际铁路运输

国际铁路运输是指利用铁路进行国际贸易货物运输的一种方式，它是一种有效的陆路交通运输方式，与公路运输运载同一重量货物时可节省五至七成的能量。国际铁路运输在内陆国际间的贸易铁路运输显得格外重要，原因是与其他运输方式相比，铁路的准确性、连续性强，运输速度快，运输量大成本低，安全可靠风险小，而且具有污染小、潜能大、不受天气条件影响的优势，是公路、水运、航空运输无法比拟的。

新中国成立后，铁路建设迅速发展。到2010年铁路营业里程达9.1万公里，是新中国成立前的4.2倍。在全国现代化运输方式中，铁路的货运周转量占71%。此外还修建了与俄罗斯、缅甸、哈萨克斯坦等国相连接的跨境铁路，在国际贸易发展中起着重要作用。

📖 【知识拓展】

2011年12月2日，中国与哈萨克斯坦第二条跨境铁路在新疆霍尔果斯口岸举行对接仪式，这是继20世纪90年代新疆阿拉山口铁路对接之后的第二条中哈铁路通道。该铁路的贯通将为中亚及欧亚地区经济贸易发展奠定更加坚实的基础。据了解，新疆乌鲁木齐经精河至伊宁再到霍尔果斯的货运铁路已于2009年开通。2011年8月下旬，中哈铁路对接工程举行了奠基仪式，双方对修，时至今日完成对接（见图12-3）。

图12-3 中哈跨境铁路正在对接

国际铁路运输也存在着一些缺点，如初始投入大，铁路的修建周期长，人力物力投入量大；参加国多，由于涉及不同国家的铁路管理制度，涉及的各国车站、国境站较多，对运输环节中的组成部门要求高，手续复杂。

第二节　陆路货物运输保险概述

一、陆路货物运输保险的概念

陆路运输主要包括铁路运输和公路运输两种，我国现行的《陆路运输货物险条款》也明确规定以火车、汽车为限。陆路货物运输保险（Overland Transportation Cargo Insurance）是指以火车、汽车等陆路运输工具为载体而进行的货物运输的保险。在我国，无论用汽车还是火车运输货物的保险均采用相同的险别和条款，这与西方有些国家对使用汽车和火车运输货物的保险分别采用不同的险别和条款有所不同。

二、陆路货物运输保险的发展

陆路货物运输保险始于 19 世纪末期，第一次世界大战爆发后得到较快发展。目前在欧洲、非洲和拉丁美洲的内陆国家，通过陆路运输国际贸易货物的比重相当大，于是陆路货物运输保险的发展也非常迅速。我国对周边国家的进出口货物也有很多是通过铁路运送的，还有部分货物是用汽车通过公路运输的，比如通过"大陆桥"运输的货物大多采用陆运方式进行。陆运业务量逐年增长，与之相适应的陆运保险业务也有明显增长。随着陆路交通工具技术的进步，陆路货物运输保险的规模也会更快扩大。

三、陆路货物运输保险与海洋货物运输保险的相似点

陆路货物运输保险脱胎于海洋货物运输保险，很多方面都与海洋货物运输保险相似。具体来说包括：在保险适用的原则方面，如最大诚信原则、可保利益原则、补偿原则及近因原则等同样适应于陆路货物运输保险；在基本险条款方面，有关"除外责任"、"被保险人义务"、"索赔期限"等规定也与海洋货物运输保险规定基本相同；在附加险方面，海洋货物运输保险的一般附加险险别和条款也可适用于陆路货物运输保险；在保险单格式方面，陆路货物运输保险没有自身的保险单格式，而以其保险条款附贴于海洋货物运输保险单上作为保险合同的证明。

第三节　陆路货物运输保险产品介绍

一、陆路货物运输保险种类和责任范围

根据1981年1月1日修订的《中国人民保险公司陆路货物运输保险条款》，陆运货物保险的基本险有陆运险和陆运一切险两种。此外还有为适应冷藏运输货物的需要而专门设置的陆路运输冷藏货物保险，附加险方面有陆路运输货物战争险。

1. 陆运险。陆运险的承保责任范围与海洋货物运输保险条款中的水渍险相似，保险公司负责赔偿被保险货物在运输途中遭受暴风、雷电、洪水、地震等自然灾害，或由于运输工具遭受碰撞、倾覆、出轨，或因驳运工具遭受碰撞、沉没，或由于遭受隧道坍塌、崖崩或失火、爆炸等意外事故造成的全部或部分损失。此外，被保险人对遭受承保责任内危险的货物采取抢救、防止或减少货损的措施而支付的合理费用，保险公司也负责赔偿。

2. 陆运一切险。陆运一切险的承保责任范围与海洋货物运输保险条款中的一切险相似，保险公司除承担上述货运险的赔偿责任外，还负责被保险货物在运输途中由于一般外来原因所造成的全部或部分损失。

陆路货物运输保险的索赔时效为从被保险货物在最后目的地车站全部卸离车辆后算起，最长不超过2年。

3. 陆路运输冷藏货物险。陆路运输冷藏货物险是陆路运输货物险中的一种专门保险，主要责任范围除负责陆运一切险所列举的自然灾害和意外事故所造成的全部或部分损失外，还负责赔偿由于冷藏机器或隔热设备在运输途中损坏所造成的被保险货物解冻融化而腐败的损失。

陆路运输冷藏货物保险的索赔时效为从被保险货物在最后目的地车站全部卸离车辆后算起，最长不超过2年。

4. 陆路运输货物战争险。陆路运输货物战争险是陆路货物运输保险的一种附加险，只有在投保了陆运险或陆运一切险的基础上经过投保人与保险公司协商方可加保，目前仅限于火车运输。它的责任范围是保险公司负责赔偿在火车运输途中由于战争、类似战争行为和敌对行为、武装冲突所致的损失，以及各种常规武器包括地雷、炸弹所致的损失。但由于敌对行为使用原子或热核武器所致的损失和费用以及由于执政者、当权者或其他武装集团的扣押、拘留引起的承保运程的丧失或挫折而造成的损失除外。

📖 【知识拓展】

《中国人民财产保险股份有限公司的陆路货物运输保险条款》（火车、汽车）

一、责任范围

本保险分为陆运险和陆运一切险两种。被保险货物遭受损失时，本保险按保险单上订明承保险别的条款规定，负赔偿责任。

（一）陆运险

本保险负责赔偿：

1. 被保险货物在运输途中遭受暴风、雷电、洪水、地震等自然灾害，或由于运输工具遭受碰撞、倾覆、出轨，或在驳运过程中因驳运工具遭受搁浅、触礁、沉没、碰撞，或由于遭受隧道坍塌，崖崩，或失火、爆炸等意外事故所造成的全部或部分损失。

2. 被保险人对遭受承保责任内危险的货物采取抢救，防止或减少货损的措施而支付的合理费用，但以不超过该批被救货物的保险金额为限。

（二）陆运一切险

除包括上列陆运险的责任外，本保险还负责被保险货物在运输途中由于外来原因所致的全部或部分损失。

二、除外责任

本保险对下列损失，不负赔偿责任：

（一）被保险人的故意行为或过失所造成的损失。

（二）属于发货人责任所引起的损失。

（三）在保险责任开始前，被保险货物已存在的品质不良或数量短差所造成的损失。

（四）被保险货物的自然损耗、本质缺陷、特性以及市价跌落、运输延迟所引起的损失或费用。

（五）本公司陆路运输货物战争险条款和货物运输罢工险条款规定的责任范围和除外责任。

三、责任起讫

本保险负"仓至仓"责任，自被保险货物运离保险单所载明的起运地仓库或储存处所开始运输时生效，包括正常运输过程中的陆路和与其有关的水上驳运在内，直至该项货物运达保险单所载目的地收货人的最后仓库或储存处所或被保险人用做分配、分派的其他储存处所为止。如未运抵上述仓库或储存处所，则以被保险货物运抵最后卸载的车站满六十天为止。

四、被保险人的义务

被保险人应按照以下规定的应尽义务办理有关事项：

（一）当被保险货物运抵保险单所载目的地以后，被保险人应及时提货。当发现被保险货物遭受任何损失，应即向保险单上所载明的检验、理赔代理人申请检验。如发现被保险货物整件短少或有明显残损痕迹，应即向承运人、受托人或有关当局索取货损货差证明。如果货损货差是由于承运人、受托人或其他有关方面的责任所造成，应以书面方式向他们提出索赔，必要时还需取得延长时效的认证。如未履行上述规定义务，保险人对有关损失不负赔偿责任。

（二）对遭受承保责任内危险的货物，应迅速采取合理的抢救措施，防止或减少货物损失。否则，对因此扩大的损失，保险人不承担赔偿责任。

（三）在向保险人索赔时，必须提供下列单证：

保险单正本、提单、发票、装箱单、磅码单、货损货差证明、检验报告及索赔清单。如涉及第三者责任还须提供向责任方追偿的有关函电及被保险人所能提供的其他与确认保险事故的性质、原因、损失程度等有关的证明和资料。

被保险人未履行前款约定的单证提供义务，导致保险人无法核实损失情况的，保险人对无法核实的部分不承担赔偿责任。

五、赔偿处理

保险人收到被保险人的赔偿请求后，应当及时就是否属于保险责任作出核定，并将核定结果通知被保险人。情形复杂的，保险人在收到被保险人的赔偿请求并提供理赔所需资料后三十日内未能核定保险责任的，保险人与被保险人根据实际情形商议合理期间，保险人在商定的期间内作出核定结果并通知被保险人。对属于保险责任的，在与被保险人达成有关赔偿金额的协议后十日内，履行赔偿义务。

二、陆路货物运输保险的除外责任和责任起讫

1. 陆运险和陆运一切险。陆运险和陆运一切险的除外责任与海洋货物运输险的除外责任基本相同，主要包括被保险人的故意行为或过失造成的损失，被保险货物的自然损耗、本质缺陷、特性以及市场跌落、运输延迟所引起的损失或费用，在保险责任开始前被保险货物已存在的品质不良或数量短差所造成的损失。陆运险和陆运一切险的责任起讫也采用"仓至仓"的责任条款，保险人的责任自被保险货物运离保险单所载明的起运地仓库或储存处所开始运输时生效，包括正常运输过程中的陆路和与其有关的水上驳运在内，直至该项货物运抵保险单所载目的地收货人的最后仓库为止。如未运抵仓库或储存处所则以被保险货物运抵最后卸载车站满 60 天为止。

2. 陆路运输冷藏货物险。陆路运输冷藏货物险的被保险货物如果因为战争、工人罢工或运输延迟而造成的被保险货物的腐败或损失以及被保险冷藏货物在保险责任开始时未能保持良好状况，整理、包扎不妥或冷冻不合规造成的损失，保险人不予赔偿，一般的除外责任也适用。保险责任自被保险货物运离保险单所载起运地的冷藏仓库装入运输工具开始运输时生效，包括正常陆运和与其有关的水上驳运在内直至货物到达目的地收货人仓库为止。

3. 陆路运输货物战争险。陆路运输货物战争险的责任起讫与海运战争险相似，以货物置于运输工具时为限，即自被保险货物装上保险单所载起运地的火车时开始到卸载保险单所载目的地火车时为止。

三、陆路货物运输保险与海洋货物运输保险的区别

虽然陆路货物运输保险与海洋货物运输保险在保险责任、除外责任、责任起讫上有相似之处，但是也有以下不同：

1. 在陆路货物运输保险的承保风险中，不包括流冰、海啸等海上运输中的自然灾害，而增加了倾覆、出轨、隧道坍塌、崖崩等陆路运输中所特有的意外事故。

2. 在陆路货物运输保险的承保风险中，没有共同海损牺牲、分摊以及施救费用等海上损失和费用。

3. 在陆路货物运输保险中，凡属承保责任范围内的损失，不论起因于自然灾害或意外事故，也不论损失的程度是全部还是部分，保险人一般都予赔偿，不存在海洋货物运输保险的"单独海损不赔"的问题。也正因为如此，陆路货物运输保险的基本险只有陆运险和陆运一切险，而没有与海洋货物运输保险中的平安险相当的险别。

4. 陆路货物运输保险的责任起讫虽然也采用"仓至仓"原则，但在货物运达目的地后如不卸载运输工具或不及时运往收货人仓库或储存处所，保险期限规定为到达卸载站后满 60 天为止。

第四节　陆路货物运输保险实务

在了解了陆路货物运输保险的产品后，需要进一步知道在实际操作中关于该险种是如何操作的。与海洋货物运输保险实务操作流程类似，陆路货物运输保险也包括投保、承保、理赔、索赔几个环节。

一、陆路货物运输保险投保与承保

陆路货物运输保险面临的风险与海洋货物运输保险不太一样，常见的有车辆碰撞、倾覆或出轨，公路、铁路坍塌，桥梁折断，道路损坏以及火灾、爆炸等意外事故；雷电、洪水、暴风雨、地震、火山喷发、霜雪冰雹等自然灾害。此外，海上运输可能存在的偷窃、短量、破损、渗漏、战争、罢工等外来原因造成的风险，在陆路运输过程中也存在。但是根据上节叙述，陆路货物运输保险的险种选择上相对简单，附加险中一般只有战争险，不像海洋货物运输保险中的附加险那么复杂。在实际操作中以投保陆运一切险居多。

对于保险公司的展业和承保来说，也可以采用预约统保的方式进行协议承保，考虑的风险因素、风险控制措施也跟海洋货物运输保险相类似，在此不再赘述，以一个案例来进行说明。

【案例】

中联重科混凝土机械公司向缅甸出口几台混凝土搅拌设备，由长沙某货运代理公司代理。货运代理公司工作人员到某财产保险公司欲购买陆路运输保险。财险公司业务人员考虑到混凝土搅拌设备的稳定性，面临的意外风险不大，为其投保的是陆运险，但考虑到缅甸的政治因素，附加投保了战争险。

二、陆路货物运输保险的理赔和索赔

陆路货物运输保险的理赔和索赔与海洋货物运输保险基本一致，包括理赔原则、理

赔程序，追偿与索赔等内容，依然以一个案例说明。

 【案例】

被保险人：深圳市××××科技有限公司

购买险种：陆运一切险

保单号：EM66700341/3××××

承保公司：美亚保险

事故日期：2011 年 8 月 28 日

事故地点：西安

事故简述：货物到达目的地后，签收货物的时候发现货物计算机直接制版机上面的盖子和侧面都有摩擦、凹陷，收货人要求退货。

索赔过程：

2011 年 8 月 29 日，保险公司收到承运人周先生的电话报案，且收到货物有摩擦、凹陷照片。应承运人的要求希望保险公司有人去查勘，因此马上联系保险公司确定情况，按下面步骤处理：①对货损拍照，包括外包装及具体的受损部位进行详细拍照。②要求运输公司出具货损报告。③先对货物进行初步检测，如确定损失较大（3 万元以上），再尽快联系保险公司安排查勘定损。

2011 年 8 月 30 日，美亚保险邮件回复：如确认损失不大，收集索赔资料：①运单。②装箱单/发货单。③订购合同/销售发票。④货损签收记录。⑤承运公司出具的货损报告。⑥被保险人向承运方出具的索赔函。⑦索赔清单附详细计算说明。⑧货损照片。⑨检测报告。⑩维修费用清单。⑪被保险人的营业执照复印件。

2011 年 8 月 31 日，指导客户准备相关资料。客户提交了索赔申请书、内贸合同、签收单、送货单、致承运人索赔函、营业执照、运输合同、货损证明。剩下的索赔清单需要等修理之后才有具体的，可能最快也要到 10 月份。因为收货人要客户买新的设备发给他们客户之后，才把坏的换给客户修理。

2011 年 9 月 19 日，客户问运费如何处理？坏的外壳因为陕西大雨塌方无法及时运回来，只能空运，问空运费用是否可以处理？反馈给客户：为了维修，一来一去的运费可以处理，到时候提供运费发票！

2011 年 9 月 23 日，客户来电问维修发票如何开具，答复让客户在发票上写明维修项目。

2011 年 10 月 11 日，帮客户审核索赔清单和检测报告。12 日，把检测报告、内贸合同、签收单、送货单、致承运人索赔函、索赔清单、维修费用发票和运费发票、营业执照、运输合同、货损证明发给了保险公司。

2011 年 10 月 13 日，保险公司审核完毕，出具了理算接受书和赔付通知书，发给客户进行盖章和确认。下午客户将理赔通知书盖好章发给了美亚保险公司。

2011 年 10 月 27 日，和客户确认签收保险理赔款项。

理赔明细：

根据客户的维修费用发票和索赔清单确认进行定损,修理费用7550元,往返运费1800元,扣除免赔635.49元,赔付8714.51元。

理赔依据:

经被保险人专业工程师检验,收货的时候发现木箱内部上方四根横木脱落,造成机器顶部有损伤和变形,机壳和机体无法吻合关闭。被保险人本次客户投保的是陆运一切险,走的是公路。根据美亚版《陆路货物运输保险条款(火车、汽车)》,本保险承保保险标的物在运输过程中因外来原因所引致之物质性损害灭失。此次货物损害是运输过程中造成的损失(有承运人事故证明),被保险人可以向保险公司提出索赔。

点评:

1. 如果发现货物到达目的地有损坏,按以下方式处理:(1)请及时向保运通或者保险公司报案。(2)对货损拍照,包括外包装及具体的受损部位进行详细拍照。(3)要求运输公司出具货损报告。(4)先对货物进行初步检测,如确定损失较大,再尽快联系保险公司安排查勘定损。

2. 如果在目的地无法维修,保险公司可以承担为维修发生的相关运费支出。

3. 此单在客户接受理赔接受书的时候,出具了代为求偿书。保险公司获得了被保险人向第三方责任人进行追偿的权利,有可能会向承运人追偿。

【思考题】

一、选择题

1. 陆路货物运输保险的索赔时效为:从被保险货物在最后目的地车站全部卸离车辆后算,最多不超过( )。

A. 一年   B. 二年   C. 三年

2. 下列说法错误的是( )。

A. 陆运货物保险与海洋货物运输保险所承担的风险不同

B. 在陆运货物保险中,凡属承保责任范围内的损失,不论起因于自然灾害或意外灾害,也不论损失的程度如何,保险人一般都予赔偿

C. 陆运货物保险与海运货物保险的责任终止时期均为到达卸载站后满60天

3. 下列说法正确的是( )。

A. 陆运、海运、空运基本险的保险责任均采用"仓至仓"条款

B. 陆运、海运、空运基本险的保险责任终止时间相同,均为卸载工具后满60天为止

C. 陆运、海运、空运均涉及共同损失牺牲、分摊及救助费用等问题

4. 陆路运输冷藏货物险的承保范围是( )。

A. 冷藏机器或隔热设备在运输途中损坏造成的被保险货物解冻融化而腐败的损失

B. 除了A项外,还承保陆运险所列举的自然灾害和意外事故所造成的全部或部分损失

C. 除了 A、B 选项外，还承保因战争、工人罢工、运输延迟而造成的被保险货物的腐败或损失

二、简答题

1. 简述铁路运输的基本特点及其在我国对外贸易货物运输中的作用。

2. 陆路货物运输保险与海洋货物运输保险的基本险的主要区别体现在哪里？

3. 保险公司承保陆路货物运输保险的风险主要有哪些？

国际货物运输保险常用术语（英汉对照）

1. Terminology for International Trade 国际贸易常用术语

(1) liner transport 班轮运输

(2) policy 保单

(3) premium 保费

(4) insurer 保险人

(5) insurable interest 保险利益

(6) insurance clause 保险条款

(7) clearance 报关

(8) customs clearance fee 报关费

(9) confirming bank 保兑行

(10) endorsement 背书

(11) notify party 被通知人

(12) force majeure 不可抗力

(13) liner schedule 船期表

(14) name of vessel 船名

(15) exclusions and exceptions 除外责任

(16) exclusions and exceptions provision 除外责任及责任免除条款

(17) carrier 承运人

(18) reimbursing bank 偿付行

(19) unit price 单价

(20) voyage charter 定程租船

(21) time charter 定期租船

(22) partial shipment 分批装运

(23) paying bank 付款行

(24) road transport 公路运输

(25) bare boar charter 光船租船

(26) general average，GA 共同海损

（27）particular average，PA 单独海损

（28）air transport 航空运输

（29）air waybill，A/W 航空运单

（30）bill of lading，B/L 海运提单

（31）contract 合同

（32）cargo owner 货主

（33）freight forwarder 货运代理人

（34）bill of exchange，B/L 汇票

（35）trade terms 价格术语

（36）securing charges 加固费

（37）money of account 计价货币

（38）container 集装箱

（39）time of delivery 交货时间

（40）net weight，NW 净重

（41）lashing charges 捆扎费

（42）applicant 开证申请人

（43）issuing bank 开证银行

（44）claim adjustment 理赔

（45） stowage fee 理舱费

（46）marks 唛头

（47）gross weight，GW 毛重

（48）trimming charges 平舱费

（49）minimum rate 起码运费

（50）clean B/L 清洁提单

（51）commodity inspection fee 商检费

（52）commercial invoice 商业发票

（53）mate's receipt 收货单（大副收据）

（54）consignee 收货人

（55）beneficiary 受益人

（56）rail transport 铁路运输

（57）rail waybill 铁路运单

（58）booking note 托运单

（59）shipper 托运人

（60）advising bank 通知行

（61）letter of credit，L/C 信用证

（62）port of discharge 卸货港

（63）commission 佣金

（64）on board B/L, shipped B/L 已装船提单

（65）transshipment 转运

（66）shipping order，S/O 装货单

（67）port of loading 装运港

（68）time of shipment 装运时间

（69）advice of shipment 装运通知

（70）money of payment 支付货币

（71）arbitration 仲裁

（72）chartering 租船

（73）charter party 租船合同

（74）charter transport 租船运输

2. Risks & Coverage 险别

（1）free from particular average（FPA）平安险

（2）with particular average（WA）水渍险（基本险）

（3）all risk 一切险（综合险）

（4）total loss only（TLO）全损险

（5）war risk 战争险

（6）cargo（extended cover）clauses 货物（扩展）条款

（7）additional risk 附加险

（8）from warehouse to warehouse clauses 仓至仓条款

（9）theft，pilferage and nondelivery（TPND）盗窃提货不着险

（10）rain fresh water damage 淡水雨淋险

（11）risk of shortage 短量险

（12）risk of contamination 沾污险

（13）risk of leakage 渗漏险

（14）risk of clashing & breakage 碰损破碎险

（15）risk of odour 串味险

（16）damage caused by sweating and/or heating 受潮受热险

（17）hook damage 钩损险

（18）loss and/or damage caused by breakage of packing 包装破裂险

（19）risk of rusting 锈损险

（20）risk of mould 发霉险

（21）strike，riots and civel commotion（SRCC）罢工、暴动、民变险

（22）risk of spontaneous combustion 自燃险

（23）deterioration risk 腐烂变质险

（24）inherent vice risk 内在缺陷险

（25）risk of natural loss or normal loss 途耗或自然损耗险

（26）special additional risk 特别附加险

（27）risk of failure to delivery 交货不到险

（28）import duty 进口关税险

（29）on deck risk 舱面险

（30）risk of rejection 拒收险

（31）aflatoxin 黄曲霉素险

（32）fire risk extension clause – for storage of cargo at destination hongkong, including Kowloon, or Macao 出口货物到香港（包括九龙在内）或澳门存仓火险责任扩展条款

（33）survey in customs risk 海关检验险

（34）survey at jetty risk 码头检验险

（35）property insurance 财产保险

（36）overland transportation risks 陆运险

（37）overland transportation all risks 陆运综合险

（38）air transportation risk 航空运输险

（39）air transportation all risk 航空运输综合险

（40）air transportation war risk 航空运输战争险

（41）parcel post risk 邮包险

（42）parcel post all risk 邮包综合险

（43）parcel post war risk 邮包战争险

（44）investment insurance（political risks）投资保险（政治风险）

3. Stipulations for Insurance 保险条款

（1）marine insurance policy 海运保险单

（2）specific policy 单独保险单

（3）voyage policy 航程保险单

（4）time policy 期限保险单

（5）floating policy（or open policy）流动保险单

（6）ocean marine cargo clauses 海洋货物运输保险条款

（7）ocean marine insurance clauses（frozen products）海洋运输冷藏货物保险条款

（8）ocean marine cargo war clauses 海洋运输货物战争险条款

（9）ocean marine insurance clauses（woodoil in bulk）海洋运输散装桐油保险条款

（10）overland transportation insurance clauses（train, trucks）陆路货物运输保险条款（火车、汽车）

（11）overland transportation insurance clauses（frozen products）陆路运输冷藏货物保险条款

（12）air transportation cargo insurance clauses 航空运输货物保险条款

（13）air transportation cargo war risk clauses 航空运输货物战争险条款

（14）parcel post insurance clauses 邮包保险条款

（15）parcel post war risk insurance clauses 邮包战争保险条款

（16）livestock & poultry insurance clauses（by sea, land or air）活牲畜、家禽的海上、陆路、航空保险条款

协会货物条款 （A） —1/1/82

承保危险

1. 本保险承保保险标的物毁损或灭失之一切危险，但下列第4、第 危险条款
   5、第6及第7条另有规定者除外。

2. 本保险承保因避免保险事故所致损失而产生的且依据运送契约 共同海损条款
   及适用之法律与惯例理算确定之共同海损及救助费用，但下列
   第4、第5、第6及第7各条款及其他除外事项不包括在内。

3. 本保险另对被保险人在运送契约内"双方过失碰撞条款"所负 双方过失碰撞条款
   之责任，按照保单应付之比例额予以赔偿。倘船舶所有人依据
   该条款要求赔偿时，被保险人应立即通知保险人，保险人有权
   自费为被保险人就该赔偿提出抗辩。

除外事项

4. 本保险在任何情况下均不承保下列事项： 一般除外条款

   4.1 归因于被保险人之故意不当行为所致之毁损灭失或费用。

   4.2 保险标的物之正常漏损、重量或容量之正常减少，或自然
   耗损。

   4.3 由于保险标的物之包装或配置不固或不当所致之毁损灭失
   或费用。
   （本条款4.3所指之"包装"包括集装箱或底盘内之堆放，
   但此项堆放以完成于本保险生效前或由被保险人或其受雇
   人所为者为限）。

   4.4 由于保险标的物之固有瑕疵或性质所致之毁损灭失或费用。

   4.5 直接由于迟延所致之毁损灭失或费用，即使此项迟延系因
   承保危险所致者（但上述第2条可支付之费用不在此限）。

   4.6 因船舶所有人、经理人、租船人或营运人之无力偿债或财
   务失信所引起之毁损灭失或费用。

   4.7 由于使用核子分裂或融合或其他类似反应或放射能，放射
   性物质之武器所引起的毁损灭失或费用。

5.

    5.1 本保险无论如何，不承保下列事项所引起之毁损灭失或费用：船舶或驳船之不适合安全航行。船舶、驳船、运输工具、集装箱或底盘不适合保险标的物之安全装运。但上述不适航、不适运，以被保险人或其受雇人于保险标的物装船时已知情者为限。

不适航不适运除外条款

    5.2 保险人放弃违反船舶适航及船舶适运保险标的物至目的地之任何默许的保证，但被保险人或其受雇人对于此项不适航或不适运已知情者不在此限。

6. 本保险在任何情况下均不承保下列事项所致之毁损灭失或费用：

危险除外条款

    6.1 战争、内战、革命、叛乱、颠覆或因而引起之内乱，或来自交战国或其对抗之敌对行为。

    6.2 捕获、扣押、拘留、禁制或扣留及其结果，或任何此项之企图。

    6.3 遗弃之水雷、鱼雷、炸弹或其他武器。

7. 本保险在任何情况下均不承保下列事项所致之毁损灭失或费用：

罢工除外条款

    7.1 由于罢工工人、停工工人，或参与劳工骚扰、暴动或内乱之人所致者。

    7.2 因罢工、停工、劳工骚扰、暴动或内乱所产生者。

    7.3 由于任何恐怖分子或因政治动机之行为所致者。

保险期间

8.

    8.1 本保险自货物离开本保险单所载地点之仓库或储存处所开始运输时生效，经正常之运送过程，于下述之一情况时为止：

运送条款

      8.1.1 交付与本保险单所载目的地收货人所属或其他最终之仓库或储存处所。

      8.1.2 交付与本保险单所载目的地或其途中之任何其他仓库或储存处所而由被保险人用为：

        8.1.2.1 正常运送过程以外之储存，或

        8.1.2.2 货物之分配或分发，或

      8.1.3 被保险货物自货轮于最终卸货港卸载完毕之日起届满60天，以上三种终止情形以孰先发生者为准。

8.2 如被保险货物自货轮于最终卸货港卸载完毕后，而在本保险尚未终止时，欲再运往本保险单所载以外之其他目的地时，本保险之效力仍受前述保险终止约定之限制，但应于该项货物开始再运往其他目的地时终止。

8.3 本保险对于非由被保险人所能控制之迟延、偏航、被迫卸货、重运或转船，以及船东或船舶租用人依据运送契约授权自由裁量所作的任何航程变更期间继续有效（但仍受上述终止之约定，及以下第9条之限制）。

9. 在被保险人无法控制情况下，运送契约在原定目的港以外之港口或地点终止，或因其他缘故在货物未能如前述第8条之约定交货前该运送即告终止时，则本保险亦同时终止，除非保险人立即接获通知并被要求继续保险效力，并于必要时加收保险费，则本保险仍得有效，以迄下列情形之一者为止。 **运送契约终止条款**

9.1 货物已在该港或该地出售并交付，或者，除非另有特别约定，则以被保险货物到达该港或该地届满60天，二者以孰先发生者为准。

9.2 如货物在上述60天内（或在任何协议延长之期间内）运往本保险所定的目的地或其他目的地时，本保险之效力依上述第8条之约定终止。

10. 本保险生效后，如被保险人变更目的地，应立即通知保险人，使本保险继续有效，但须另行确定保险费及条件。 **航程变更条款**

理赔

11.

11.1 被保险人在损害发生时，须对保险标的物具有保险利益，始能要求本保险之赔偿。 **保险利益条款**

11.2 依上述11.1之约定，被保险人对保险期间内所发生之保险标的物之损失，有权利要求赔偿，即使损失发生于保险契约签订之前亦同。但被保险人知道损害已经发生而保险人不知者，则不在此限。

12. 由于本保险所承保危险之发生，致使被保险航程在本保单所载明以外之港口或地点终止时，被保险人因卸货、储存及转运保险标的物至保单所载明目的地，其所支出之适当而合理之一切额外费用，保险人同意予以补偿。 **转运费用条款**

本条不适用于共同海损或救助费用，除仍须受上述第4、第5、第6、第7条除外约定之限制外，并且不包括因被保险人或其受雇人之过失、疏忽、无力清偿或债务失信所引起之费用。

13. 除非保险标的物之实际全损显已无法避免，或其恢复、整修及　　推定全损条款
    运还原承保目的地之费用，势将超过其抵达后之价值而经合理
    委付者，被保险人不得以推定全损请求赔偿。

14.

14.1 若被保险人对本保险之货物投保增值保险时，该货物协议　　增值条款
    价值应视为本保险与增值保险的保险金额之总和，而本保
    险之责任则按其保险金额占上述保险总金额之比例分担
    之。索赔时被保险人须向保险人提出所有其他保险有关保
    险金额之证明。

14.2 本保险为增值保险时，必须适用下列条款：
    被保险人投保同一损害危险之增值保险，该货物协议价值
    应视为原保险与全部增值保险二者保险金额之总和，而本
    保险之责任则按其保险金额占上述保险总金额之比例分担
    之。索赔时被保险人须向保险人提出所有其他保险有关保
    险金额之证明。

保险之利益

15. 承运人或其他受托人不得妄用本保险之利益。　　　　　　不受益条款

损失之减轻

16. 被保险人及其受雇人及代理人对本保险之可赔损失，应尽下列　　被保险人义务条款
    义务：

16.1 应采取避免或减轻上述损失之适当措施。

及

16.2 一切对抗承运人、受托人或其他第三者之权利应予适当保
    留及行使。
    保险人同意除本保险可得之任何损失赔偿外，对于被保险
    人为履行上述义务所作适当、合理支出之一切费用另予
    补偿。

17. 被保险人或保险人为救助、保护或恢复保险标的物所采取之措　　放弃条款
    施，不得视为对委付之放弃或接受，或影响任何一方当事人之
    权益。

迟延之避免

18. 被保险人在其所能控制之一切情况下应作合理而迅速之处理，　　合理处置条款
    为本保险之必要条件。

法律及惯例

19. 本保险适用英国法律及惯例。　　　　　　　　　　　　法律及惯例条款

注意：当被保险人知悉本保险"暂予承保"之情况发生时，应立
即通知保险人。
被保险人履行上述通知义务是享有本保险项下之权利之先决
条件。

金融保险丛书
高等院校实务教程

协会货物条款（B）–1/1/82

承保危险   危险条款

1. 本保险承保下列危险，但以下第 4、第 5、第 6、第 7 条另有规
   定者除外：

   1.1   保险标的物之毁损或灭失合理归因于：

      1.1.1   火灾或爆炸。

      1.1.2   船舶或航船触礁、搁浅、沉没或倾覆。

      1.1.3   陆路运输工具之翻覆或出轨。

      1.1.4   船舶之驳船或运输工具与除水以外之任何外界物体之
碰撞或接触。

      1.1.5   在避难港卸货。

      1.1.6   地震、火山爆发或闪电。

   1.2   由于下列原因所致保险标的物之毁损或灭失：

      1.2.1   共同海损牺牲。

      1.2.2   投弃或浪击落海。

      1.2.3   海水、湖水或河水浸入船舶、驳船、船舱、运输工具、
货柜、货箱或储存处所。

   1.3   在装船或卸时、货物整件落海或掉落之全损。

2. 本保险承保因避免保险事故所致损失而产生的且依据运送契约   共同海损条款
   及适用之法律与惯例理算确定之共同海损及救助费用，但下列
   第 4、第 5、第 6 及第 7 各条款及其他除外事项不包括在内。

3. 本保险另对被保险人在运送契约内"双方过失碰撞条款"所负   双方过失碰撞条款
   之责任按照保单应付之比例额予以赔偿。倘船舶所有人依据该
   条款要求赔偿时，被保险人应即通知保险人，保险人有权自费
   为被保险人就该赔偿提出抗辩。

除外事项

4. 本保险在任何情况下均不承保下列事项：   一般除外条款

   4.1   归因于被保险人之故意不当行为所致之毁损灭失或费用。

4.2　保险标的物之正常漏损、重量或容量之正常减少，或自然耗损。

4.3　由于保险标的物之包装或配制不固或不当所致之毁损灭失或费用（本条款4.3所指之"包装"包括集装箱或底盘内之堆放，但此项堆放以完成于本保险生效前或由被保险人或其受雇人所为者为限）。

4.4　由于保险标的物之固有瑕疵或性质所致之毁损灭失或费用。

4.5　直接由于迟延所致之毁损灭失或费用，即使此项迟延系因承保危险所致者（但上述第2条可支付之费用不在此限）。

4.6　因船舶所有人、经理人、承租人或营运人之无力偿债或财务失信所引起之毁损灭失或费用。

4.7　由于任何人之恶意行为对保险标的物全部或部分的故意毁损或破坏。

4.8　由于使用核子分裂或融合或其他类似反应或放射能，放射性物质之武器所引起毁损灭失或费用。

5.

5.1　本保险在任何情况下均不承保下列事项所引起之毁损灭失或费用：

　　船舶或驳船之不适合安全航行。

　　船舶、驳船、运输工具、集装箱或底盘不适合保险标的物之安全装运。

　　但上述不适航、不适运，以被保险人或其受雇人于保险标的物装船时已知情者为限。

不适航不适运除外条款

5.2　保险人放弃违反船舶适航及船舶适运保险标的物至目的地之任何默示保证，但被保险人或其受雇人对于此项不适航或不适运已知情者不在此限。

6. 本保险无论如何，不承保下列事项所致之毁损灭失或费用：　　**危险除外条款**

6.1　战争、内战、革命、叛乱、颠覆或因而引起之内乱，或来自交战国或其对抗之敌对行为。

6.2　捕获、扣押、拘管、禁制或扣留及其结果，或任何此项之企图。

6.3　遗弃之水雷、鱼雷、炸弹或其他武器。

7. 本保险在任何情况下，不承保下列事项所致之毁损灭失或费用：　　**罢工除外条款**

7.1　由于罢工工人、停工工人，或参与劳工骚乱、暴动或内乱之人所致者。

7.2　因罢工、停工、劳工骚乱、暴动或内乱所产生者。

7.3　由于任何恐怖分子或任何人因政治目的之行为所致者。

203

保险期间

8.

8.1 本保险自货物离开本保险单所载地点之仓库或储存处所开
始运输时生效，经正常之运送过程，于下述情况之一时
为止。   运送条款

8.1.1 在本保险单所载目的地交付收货人运送至最终仓库或
储存处所。

8.1.2 本保险单所载目的地或其途中之任何其他仓库或储存
处所而由被保险人用为：

8.1.2.1 正常运送过程以外之储存，或

8.1.2.2 货物之分配或分发，

或

8.1.2.3 被保险货物自货轮于最终卸货港卸载完毕之日起
届满 60 天，以上三种终止情形以孰先发生者
为准。

8.2 如被保险货物自货轮于最终卸货港卸载完毕后，而在本保
险尚未终止时，欲再运往本保险单所载以外之其他目的地
时，本保险之效力仍受前述保险终止约定之限制，应于该
项货物开始再运往其他目的地时终止。

8.3 本保险对于非由被保险人所能控制之迟延、偏航、被迫卸
货、重运或转船，以及船东或船舶租用人依据运送契约授
权自由裁量所作之任何航程变更期间继续有效（但仍受上
述终止之约定，及以下第 9 条之限制）。

9. 在被保险人无法控制情况下，运送契约在原定目的港以外之港
口或地点终止，或因其他缘故在货物未能如前述第 8 条之约定
交货前该运送即告终止时，则本保险亦同时终止。倘若保险人
立即接获通知并被要求继续保险效力，并于必要时加收保险费，
则本保险仍得有效，以下列情形之一者为止。   运送契约终止条款

9.1 货物已在该港或该地出售并交付，或者，除非另有特别约
定，则以被保险货物到达该港或该地届满 60 天，二者以孰
先发生者为准。

9.2 如货物在上述 60 天内（或在任何协议延长之期间内）运
往本保险所定其他目的地时，本保险之效力依上述第 8 条
之约定终止。

10. 本保险生效后，如被保险人变更目的地，应立即通知保险人，
使本保险继续有效，但须另行确定保险费及条件。   航程变更条款

理赔

11.

11.1　被保险人在损害发生时，须对保险标的物具有保险利益，　保险利益条款
　　　始能要求本保险之赔偿。

11.2　依上述 11.1 之约定，被保险人对保险期间内所发生之保
　　　险标的物之损失，有权利要求赔偿，即使损失发生于保险
　　　契约签订之前亦同，但被保险人知道损失已经发生而保险
　　　人不知者，则不在此限。

12.　由于本保险所承保危险之发生，致使被保险运输在本保单所载　转运费用条款
　　明以外之港口或地点终止时，被保险人因卸货、储存及转运保
　　险标的物至保单所载明目的地，其所支出之适当而合理之一切
　　额外费用，保险人同意予以补偿。
　　本条不适用于共同海损或救助费用，除仍须受上述第 4、第 5、
　　第 6、第 7 条除外约定之限制外，并且不包括因被保险人或其
　　受雇人之过失、疏忽、无力清偿或债务失信所引起之费用。

13.　除非保险标的物之实际全损显已无法避免，或其恢复、整修及　推定全损条款
　　运还原承保目的地之费用，势将超过其抵达后之价值而经合理
　　委付者，被保险人不得以推定全损请求赔偿。

14.

14.1　若被保险人对本保险之货物投保增值保险时，该货物协议　增值条款
　　　价值应视为本保险与增值保险的保险金额之总和，而本保
　　　险之责任则按其保险金额占上述保险总金额之比例分担
　　　之。索赔时被保险人须向保险人提出所有其他保险有关保
　　　险金额之证明。

14.2　本保险为增值保险时，必须适用下列条款：
　　　被保险人投保同一损害危险之增值保险，该货物协议价值
　　　应视为原保险与全部增值保险二者保险金额之总和，而本
　　　保险之责任则按其保险金额占上述保险金额之比例分担
　　　之。索赔时被保险人须向保险人提出所有其他保险有关保
　　　险金额之证明。

保险之利益

15.　承运人或其他受托人不得妄用本保险之利益。　不受益条款

损害之减轻

16.　被保险人及其受雇人及代理人对本保险之可赔损失，应尽下列　被保险人
　　义务。　义务条款

16.1　应采取避免或减轻上述损失之适当措施。
　　　及

16.2 对于承运人、受托人或其他第三者之一切对抗权利应予适当保留及行使。保险人同意除本保险可得之任何损害赔偿外，对于被保险人为履行上述义务所作适当、合理支出之一切费用另予补偿。

17. 被保险人或保险人为救助、保护或恢复保险标的物所采取之措施，不得视为对委付之放弃或接受，或影响任何一方当事人之权益。 放弃条款

迟延之避免

18. 被保险人在其所能控制之一切情况下应作合理而迅速之处理，为本保险之必要条件。 合理处置条款

法律及惯例

19. 本保险适用英国法律及惯例。 法律及惯例条款

注意：当被保险人知悉本保险"暂予承保"之情况发生时，应立即通知保险人，被保险人履行上述通知义务是享有本保险项下之权利之先决条件。

协会货物条款（C）–1/1/82

承保危险

1. 本保险承保下列危险，但以下第4、第5、第6、第7条另有规定　危险条款
   者除外：

   1.1　保险标的物之毁损或灭失合理归因于：

   1.1.1　火灾或爆炸。

   1.1.2　船舶或驳船搁浅、触礁、沉没或倾覆。

   1.1.3　陆路运输工具之倾覆或出轨。

   1.1.4　船舶、驳船或运输工具与除水以外之任何外界物体之
   碰撞或接触。

   1.1.5　在遇难港卸货。

   1.2　由于下列原因所致保险标的物之毁损或灭失：

   1.2.1　共同海损牺牲。

   1.2.2　投弃。

2. 本保险承保因避免保险事故所致损失而产生的且依据运送契约　共同海损条款
   及适用之法律与惯例理算确定之共同海损及救助费用，但下列
   第4、第5、第6及第7各条款及其他除外事项不包括在内 。

3. 本保险另对被保险人在运送契约内"双方过失碰撞条款"所负　双方过失碰撞条款
   之责任，按照保单应付之比例额予以赔偿，倘船舶所有人依据
   该条款要求赔偿时，被保险人应即通知保险人，后者得自费为
   被保险人就该赔偿要求提出抗辩。

除外事项

4. 本保险在任何情况下均不承保下列事项：　一般除外条款

   4.1　归因于被保险人之故意不当行为所致之毁损灭失或费用。

   4.2　保险标的物之正常漏损、重量或容量之正常减少，或自然
   耗损。

4.3 于保险标的物之包装或配制不固或不当所致之毁损灭失或费用（本条款4.3指之"包装"包括集装箱或底盘内之堆放，但此项堆放以完成于本保险生效前或由被保险人或其受雇人所为者为限）。

4.4 由于保险标的物之固有瑕疵或性质所致之毁损灭失或费用。

4.5 直接由于迟延所致之毁损灭失或费用，即使此项迟延承保危险所致者。

4.6 船舶所有人、经理人、承租人或营运人之无力偿债或财务失信所引起之毁损灭失或费用。

4.7 由于任何人之恶意行为对保险标的物全部或部分的故意毁损或破坏。

4.8 由于使用核子分裂或融合或其他类似反应或放射能、放射性物质之武器所引起毁损灭失或费用。

5.

5.1 本保险在任何情况下，不承保下列事项所引起之毁损灭失或费用：　　　　　　　　　　　　　　　　　　　　不适航不适运
除外条款

船舶或驳船之不适合安全航行。

船舶、驳船、运输工具、集装箱或底盘不适合保险标的物之安全装运。

但上述不适航、不适运，以被保险人或其受雇人于保险标的物装船时已知情者为限。

5.2 保险人放弃违反船舶适航及船舶适运保险标的物至目的地之任何默示保证，但被保险人或其受雇人对于此项不适航或不适运已知情者不在此限。

6. 本保险在任何情况下均不承保下列事项所致之毁损灭失或费用：　　危险除外条款

6.1 战争、内战、革命、叛乱、颠覆或因而引起之内乱，或来自交战国或其对抗之敌对行为。

6.2 捕获、扣押、拘留、禁制或扣留及其结果，或任何此项之企图。

6.3 遗弃之水雷、鱼雷、炸弹或其他武器。

7. 本保险无论无论如何，不承保下列事项所致之毁损灭失或费用　　罢工除外条款

7.1 由于罢工工人、停工工人，或参与劳工骚乱、暴动或内乱之人所致者。

7.2 因罢工、停工、劳工骚乱、暴动或内乱所产生者。

7.3 由于任何恐怖分子或任何人因政治目的之行为所致者。

保险期间

8.

8.1　本保险自货物离开本保险单所载地点之仓库或储存处　运送条款
　　　所开始运输时生效，经正常之运送过程，于下述情况
　　　之一时为止：

8.1.1　在本保险单所载目的地交付收货人运送至或其他
　　　　最终仓库或储存处所。

8.1.2　由被保险人选择在交付本保险单所载目的地或其
　　　　途中之任何其他仓库或储存处所而由被保险人
　　　　用为：

8.1.2.1　正常运送过程以外之储存，或

8.1.2.2　货物之分配或分发，或

8.1.2.3　被保险货物自货轮于最终卸货港卸载完毕之
　　　　　日起届满60天。

以上三种终止情形以孰先发生者为准。

8.2　如被保险货物自货轮于最终卸货港卸载完毕后，而在
　　　本保险尚未终止时，欲再运往本保险单所载以外之其
　　　他目的地时，本保险之效力仍受前述保险终止约定之
　　　限制，但应于该项货物开始再运往其他目的地时终止。

8.3　本保险对于非由被保险人所能控制之迟延、偏航、被
　　　迫卸货、重运或转船，以及船东或船舶租用人依据运
　　　送契约授权自由裁量所作之航程变更期间继续有效
　　　（但仍受上述终止之约定，及以下第9条之限制）。

9. 在被保险人无法控制情况下，运送契约在原定目的港以外　运送契约终止条款
　　之港口或地点终止，或因其他缘故在货物未能如前述第8
　　条之约定交货前被运送即告终止时，则本保险亦同时终止，
　　倘若保险人立即接获通知并被要求继续保险效力，并于必
　　要是加收保险费，则本保险仍得有效，以迄下列情形之一
　　者为止。

9.1　货物已在该港或该地出售并交付，或者，除非另有特
　　　别约定，则以被保险货物到达该港或该地届满60天，
　　　二者以孰先发生者为准。

9.2　如货物在上述60天内（或在任何协议延长之期间内）
　　　运往本保险所定其他目的地时，本保险之效力依上述
　　　第8条之约定终止。

10. 本保险生效后，如被保险人变更目的地，应立即通知保险　航程变更条款
　　　人，使本保险继续有效，但须另行确定保险费及条件。

理赔

11.

　11.1　被保险人在损害发生时，须对保险标的物具有保险利　　保险利益条款
　　　　益，始能要求本保险之赔偿。

　11.2　依上述 11.1 之约定，被保险人对保险期间内所发生
　　　　之保险标的物之损失，有权要求赔偿，即使损失发生
　　　　于保险契约签订之前亦同，但被保险人知道损害已经
　　　　发生而保险人不知者，则不在此限。

12. 由于本保险所承保危险之发生，致使被保险运输在本保单　　转运费用条款
　　所载明以外之港口或地点终止时，被保险人因卸货、储存
　　及转运保险标的物至保单所载明目的地，其所支出之适当
　　而合理之一切额外费用，保险人同意予以补偿。
　　本条不适用于共同海损或救助费用，除仍须受上述第 4、
　　第 5、第 6、第 7 条除外约定之限制外，并且不包括因被
　　保险人或其受雇人之过失、疏忽、无力清偿或债务失信所
　　引起之费用。

13. 除非保险标的物之实际全损显已无法避免，或其恢复、整　　推定全损条款
　　修及运还原承保目的地之费用，势将超过其抵达后之价值
　　而经合理委付者，被保险人不得以推定全损请求赔偿。

14.

　14.1　若被保险人对本保险之货物投保增值保险时，该货物　　增值条款
　　　　协议价值应视为本保险与增值保险的保险金额之总
　　　　和，而本保险之责任则按其保险金额占上述保险总金
　　　　额之比例分担之。索赔时被保险人须向保险人提出所
　　　　有其他保险有关保险金额之证明。

　14.2　本保险为增值保险时，必须适用下列条款：
　　　　被保险人投保同一损害危险之增值保险，该货物协议
　　　　价值应视为原保险与全部增值保险二者保险金额之总
　　　　和，而本保险之责任则按其保险金额占上述保险金额
　　　　之比例分担之。索赔时被保险人须向保险人提出所有
　　　　其他保险有关保险金额之证明。

保险之利益

15. 承运人或其他受托人不得妄用本保险之利益。　　　　　　**不受益条款**

损害之减轻

16. 被保险人及其受雇人及代理人对本保险之可赔损失，应尽　　被保险人义务条款
　　下列义务：

16. 1 应采取避免或减轻上述损失之适当措施。
        及

16. 2 一切对抗承运人、受托人或其他第三者之权利应予适
        当保留及行使。
        保险人同意除本保险可得之任何损害赔偿外，对于被
        保险人为履行上述义务所作适当、合理支出之一切费
        用另予补偿。

17. 被保险人或保险人为救助、保护或恢复保险标的物所采取   放弃条款
    之措施，不得视为对委付之放弃或接受，或影响任何一方
    当事人之权益。

迟延之避免

18. 被保险人在其所能控制之一切情况下应作合理而迅速之处   合理处置条款
    理，为本保险之必要条件。

法律及惯例

19. 本保险适用英国法律及惯例。   法律及惯例条款

注意：当被保险人知悉本保险"暂予承保"之情况发生时，
      应立即通知保险人，被保险人履行上述通知义务是享有
      本保险项下之权利之先决条件。

金融保险丛书
高等院校实务教程

附录 5

INSTITUTE CARGO CLAUSES (A)　　1/1/82

RISKS COVERED

1. This insurance covers all risks of loss of or damage to the subject
   – matter insured except as provided in Clauses 4, 5, 6 and 7
   below.

   Risks Clause

2. This insurance covers general average and salvage charges, ad-
   justed or determined according to the contract of affreightment
   and/or the governing law and practice, incurred to avoid or in
   connection with the avoidance of loss from any cause except
   those excluded in Clauses 4, 5, 6 and 7 or elsewhere in this in-
   surance.

   General Average Clause

3. This insurance is extended to indemnify the Assured against such
   proportion of liability under the contract of affreightment "Both
   to Blame Collision " Clause as is in respect of a loss recoverable
   hereunder. In the event of any claim by shipowners under the
   said Clause the Assured agree to notify the Underwriters who
   shall have the right, at their own cost and expense, to defend
   the Assured against such claim.

   " Both to Blame Colli-
   sion" Clause

EXCLUSIONS

4. In no case shall this insurance cover

   General Exclusions
   Clause

   4.1　loss damage or expense attributable to wilful misconduct of
   the Assured General

   4.2　ordinary leakage, ordinary loss in weight or volume, or or-
   dinary wear and tear of the subject – matter insured Exclu-
   sions

4. 3   loss damage or expense caused by insufficiency or unsuita-
        bility of packing or preparation of the subject – matter in-
        sured (for the purpose of Clause this Clause 4. 3 "pack-
        ing" shall be deemed to include stowage in a container or
        liftvan but only when such stowage is carried out prior to
        attachment of this insurance or by the Assured or their
        servants)

4. 4   loss damage or expense caused by inherent vice or nature
        of the subject – matter insured

4. 5   loss damage or expense proximately caused by delay, even
        though the delay be caused by a risk insured against (ex-
        cept expenses payable under Clause 2 above)

4. 6   loss damage or expense arising from insolvency or financial
        default of the owners managers charterers or operators of
        the vessel

4. 7   loss damage or expense arising from the use of any weapon
        of war employing atomic or nuclear fission and/or fusion or
        otherlike reaction or radioactive force or matter.

5.

5. 1   In no case shall this insurance cover loss damage or ex-   Unseaworthiness and Un-
        pense arising from unseaworthiness of vessel or craft, and   fitness Exclusion Clause
        Unfitness unfitness of vessel craft conveyance container or
        liftvan for the safe carriage of the subject – matter insured,
        where the Assured or their servants are privy to such un-
        seaworthiness or unfitness, at the time the subject – matter
        insured is loaded Clausetherein.

5. 2   The Underwriters waive any breach of the implied warran-
        ties of seaworthiness of the ship and fitness of the ship to
        carry the subject – matter insured to destination, unless the
        Assured or their servants are privy to such unseaworthiness
        or unfitness.

6. In no case shall this insurance cover loss damage or expense   War Exclusion Clause
caused by

6. 1   war civil war revolution rebellion insurrection, or civil
        strife arising therefrom, or any hostile act by or against a
        belligerent power

6. 2   capture seizure arrest restraint or detainment (piracy excepted) , and the consequences thereof or any attempt thereat

6. 3   derelict mines torpedoes bombs or other derelict weapons of war.

7. In no case shall this insurance cover loss damage or expense   Strikes Exclusion Clause

7. 1   caused by strikers, locked – out workmen, or persons taking part in labour disturbances, riots or civil commotions

7. 2   resulting from strikes, lock – outs, labour disturbances, riots or civil commotions

7. 3   caused by any terrorist or any person acting from a political motive.

DURATION
8.

8. 1   This insurance attaches from the time the goods leave the   Transit Clause warehouse or place of storage at the place named herein for the commencement of the transit, continues during the ordinary course of transit and terminates either

8. 1. 1   on delivery to the Consignees' or other final warehouse or place of storage at the destination named herein,

8. 1. 2   on delivery to any other warehouse or place of storage, whether prior to or at the destination named herein, which the Assured elect to use either

8. 1. 2. 1   for storage other than in the ordinary course of transit or

8. 1. 2. 2   for allocation or distribution,
    or

8. 1. 3   on the expiry of 60 days after completion of discharge overside of the goods hereby insured from the oversea vessel at the final portof discharge, whichever shall first occur.

8.2　If, after discharge overside from the oversea vessel at the final port of discharge, but prior to termination of this insurance, the goods are to be forwarded to a destination other than that to which they are insured hereunder, this insurance, whilst remaining subject to termination as provided for above, shall not extend beyond the commencement of transit to such other destination.

8.3　This insurance shall remain in force (subject to termination as provided for above and to the provisions of Clause 9 below) during delaybeyond the control of the Assured, any deviation, forced discharge, reshipment or transshipment and during any variation of theadventure arising from the exercise of a liberty granted to shipowners or charterers under the contract of affreightment.

9. If owing to circumstances beyond the control of the Assured either the contract of carriage is terminated at a port or place other than the destination named therein or the transit is otherwise terminated before delivery of the goods as provided for in Clause 8 above, then this insurance shall also terminate unless prompt notice is given to the Underwriters and continuation of cover is requested when the insurance shall remain in force, subject to an additional premium if required by the Underwriters, either

Termination of Contract of Carriage Clause

9.1　until the goods are sold and delivered at such port or place, or, unless otherwise specially agreed, until the expiry of 60 days after arrival ofthe goods hereby insured at such port or place, whichever shall first occur, or

9.2　if the goods are forwarded within the said period of 60 days (or any agreed extension thereof) to the destination named herein or to any other destination, until terminated in accordance with the provisions of Clause 8 above.

10. Where, after attachment of this insurance, the destination is changed by the Assured, held covered at a premium and on conditions to be arranged subject to prompt notice being given to the Underwriters Voyage Clause

Change of Voyage Clause

CLAIMS

11.

11. 1   In order to recover under this insurance the Assured must have an insurable interest in the subject – matter insured at the time of the loss.   Insurable Interest Clause

11. 2   Subject to 11. 1 above, the Assured shall be entitled to recover for insured loss occurring during the period covered by this insurance, notwithstanding that the loss occurred before the contract of insurance was concluded, unless the Assured were aware of the loss and the Underwriters were not.

12. Where, as a result of the operation of a risk covered by this insurance the insured transit is terminated at a port or place other than that to which the subject – matter is covered under this insurance, the Underwriters will reimburse the Assured for any extra charges properly and reasonably incurred in unloading storing and forwarding the subject – matter to the destination to which it is insured hereunder.   Forwarding Charges Clause

This Clause 12, which does not apply to general average or salvage charges, shall be subject to the exclusions contained in Clauses 4, 5, 6 and 7 above, and shall not include charges arising from the fault negligence insolvency or financial default of the Assured or their servants.

13. No claim for Constructive Total Loss shall be recoverable hereunder unless the subject – matter insured is reasonably abandoned either on account of its actual total loss appearing to be unavoidable or because the cost of recovering, reconditioning and forwarding the subject – matter to the destination to which it is insured would exceed its value on arrival.   Constructive Total Loss Clause

14.

14. 1   If any Increased Value insurance is effected by the Assured on the cargo insured herein the agreed value of the cargo shall be deemed to be increased to the total amount insured under this insurance and all Increased Value insurances covering the loss, and liability under this insurance shall be in such proportion as the sum insured herein bears to such total amount insured.   Increased Value Clause

216

In the event of claim the Assured shall provide the Underwriters with evidence of the amounts insured under all other insurances.

14. 2　Where this insurance is on Increased Value the following clause shall apply:

The agreed value of the cargo shall be deemed to be equal to the total amount insured under the primary insurance and all Increased Value insurances covering the loss and effected on the cargo by the Assured, and liability under this insurance shall be in such proportion as the sum insured herein bears to such total amount insured.

In the event of claim the Assured shall provide the Underwriters with evidence of the amounts insured under all other insurances.

BENEFIT OF INSURANCE

15. This insurance shall not inure to the benefit of the carrier or other bailee.　　　　　Not to Inure Clause

MINIMISING LOSSES

16. It is the duty of the Assured and their servants and agents in respect of loss recoverable hereunder　　　Duty of Assured Clause

　16. 1　to take such measures as may be reasonable for the purpose of averting or minimizing such loss,

　16. 2　to ensure that all rights against carriers, bailees or other third parties are properly preserved and exercised

and the Underwriters will, in addition to any loss recoverable hereunder, reimburse the Assured for any charges properly and reasonablyincurred in pursuance of these duties.

17. Measures taken by the Assured or the Underwriters with the object of saving, protecting or recovering the subject - matter insured shall not be considered as a waiver or acceptance of abandonment or otherwise prejudice the rights of either party.　　Waiver Clause

AVOIDANCE OF DELAY

18. It is a condition of this insurance that the Assured shall act with reasonable despatch in all circumstances within their control.　　Reasonable Despatch Clause

LAW AND PRACTICE

19. This insurance is subject to English law and practice.

    NOTE. —It is necessary for the Assured when they become a-
    ware of an event which is "held covered" under this insurance
    to give prompt notice to the Underwriters and the right to such
    cover is dependent upon compliance with this obligation.

English Law and Practice
Clause

金融保险丛书
高等院校实务教程

INSTITUTE CARGO CLAUSES (B)   1/1/82

RISKS COVERED

1. This insurance covers, except as provided in Clauses 4, 5, 6   Risks Clause
   and 7 below,

   1. 1   loss of or damage to the subject – matter insured reasonably
          attributable to

   1. 1. 1   fire or explosion

   1. 1. 2   vessel or craft being stranded grounded sunk or cap-
             sized

   1. 1. 3   overturning or derailment of land conveyance

   1. 1. 4   collision or contact of vessel craft or conveyance with
             any external object other than water

   1. 1. 5   discharge of cargo at a port of distress,

   1. 2   loss of or damage to the subject – matter insured caused by

   1. 2. 1   general average sacrifice

   1. 2. 2   jettison or washing overboard

   1. 2. 3   entry of sea lake or river water into vessel craft hold
             conveyance container liftvan or place of storage,

   1. 3   total loss of any package lost overboard or dropped whilst
          loading on to, or unloading from, vessel or craft.

2. This insurance covers general average and salvage charges, ad-   General Average Clause
   justed or determined according to the contract of affreightment
   and/or the governing law and practice, incurred to avoid or in
   connection with the avoidance of loss from any cause except
   those excluded in Clauses 4, 5, 6and 7 or elsewhere in this in-
   surance.

3. This insurance is extended to indemnify the Assured against such proportion of liability under the contract of affreightment "Both to Blame Collision" Clause as is in respect of a loss recoverable hereunder. In the event of any claim by shipowners under the said Clause the Asured agree to notify the Underwriters who shall have the right, at their own cost and expense, to defend the Assured against such claim.

"Both to Blame Collision" Clause

EXCLUSIONS

4. In no case shall this insurance cover

General
Exclusions Clause

    4.1   loss damage or expense attributable to wilful misconduct of the Assured

    4.2   ordinary leakage, ordinary loss in weight or volume, or ordinary wear and tear of the subject – matter insured

    4.3   loss damage or expense caused by insufficiency or unsuitability of packing or preparation of the subject – matter insured (for the purpose of this Clause 4.3 "packing" shall be deemed· to include stowage in a container or liftvan but only when such stowage is carried out prior to attachment of this insurance or by the Assured or their servants)

    4.4   loss damage or expense caused by inherent vice or nature of the subject – matter insured

    4.5   loss damage or expense proximately caused by delay, even though the delay be caused by a risk insured against (except expensespayable under Clause 2 above)

    4.6   loss damage or expense arising from insolvency or financial default of the owners managers charterers or operators of the vessel

    4.7   deliberate damage to or deliberate destruction of the subject – matter insured or any part thereof by the wrongful act of any person orpersons

    4.8   loss damage or expense arising from the use of any weapon of war employing atomic or nuclear fission and/or fusion or other like reaction or radioactive force or matter.

5.

    5.1 In no case shall this insurance cover loss damage or expense arising from unseaworthiness of vessel or craft, unfitness of vessel craft conveyance container or liftvan for the safe carriage of the subject – matter insured, where the Assured or their servants are privy to such unseaworthiness or unfitness, at the time the subject – matter insured is loaded therein.

    5.2 The Underwriters waive any breach of the implied warranties of seaworthiness of the ship and fitness of the ship to carry the subject – matter insured to destination, unless the Assured or their servants are privy to such unseaworthiness or unfitness.

Unseaworthiness and Unfitness Exclusion Clause

6. In no case shall this insurance cover loss damage or expense caused by

    6.1 war civil war revolution rebellion insurrection, or civil strife arising therefrom, or any hostile act by or against a belligerent power

    6.2 capture seizure arrest restraint or detainment (piracy excepted), and the consequences thereof or any attempt thereat

    6.3 derelict mines torpedoes bombs or other derelict weapons of war.

War Exclusion Clause

7. In no case shall this insurance cover loss damage or expense

    7.1 caused by strikers, locked – out workmen, or persons taking part in labour disturbances, riots or civil commotions

    7.2 resulting from strikes, lock – outs, labour disturbances, riots or civil commotions

    7.3 caused by any terrorist or any person acting from a political motive.

Strikes Exclusion Clause

DURATION

8.

    8.1 This insurance attaches from the time the goods leave the warehouse or place of storage at the place named herein for the commencement of the transit, continues during the ordinary course of transit and terminates either

Transit Clause

221

8. 1. 1　on delivery to the Consignees' or other final warehouse or place of storage at the destination named herein,

8. 1. 2　on delivery to any other warehouse or place of storage, whether prior to or at the destination named herein, which the Assured elect to use either

8. 1. 2. 1　for storage other than in the ordinary course of transit or

8. 1. 2. 2　for allocation or distribution,

or

8. 1. 3　on the expiry of 60 days after completion of discharge overside of the goods hereby insured from the oversea vessel at the final port of discharge, whichever shall first occur.

8. 2　If, after discharge overside from the oversea vessel at the final port of discharge, but prior to termination of this insurance, the goods are to be forwarded to a destination other than that to which they are insured hereunder, this insurance, whilst remaining subject to termination as provided for above, shall not extend beyond the commencement of transit to such other destination.

8. 3　This insurance shall remain in force (subject to termination as provided for above and to the provisions of Clause 9 below) during delay beyond the control of the Assured, any deviation, forced discharge, reshipment or transshipment and during any variation of the adventure arising from the exercise of a liberty granted to shipowners or charterers under the contract of affreightment.

9. If owing to circumstances beyond the control of the Assured either the contract of carriage is terminated at a port or place other than the destination named therein or the transit is otherwise terminated before delivery of the goods as provided for in Clause 8 above, then this insurance shall also terminate unless prompt notice is given to the Underwriters and continuation of cover is requested when the insurance shall remain in force, subject to an additional premium if required by the Underwriters, either

Termination of Contract of Carriage Clause

9. 1   until the goods are sold and delivered at such port or place, or, unless otherwise specially agreed, until the expiry of 60 days after arrival of the goods hereby insured at such port or place, whichever shall first occur,

        or

9. 2   if the goods are forwarded within the said period of 60 days (or any agreed extension thereof) to the destination named herein or to any other destination, until terminated in accordance with the provisions of Clause 8 above.

10. Where, after attachment of this insurance, the destination is changed by the Assured, held covered at a premium and on conditions to be arranged subject to prompt notice being given to the Underwriters.

                                          Change of Voyage Clause

CLAIMS

11.

11. 1   In order to recover under this insurance the Assured must have an insurable interest in the subject – matter insured at the time of the loss.   *Insurable Interest Clause*

11. 2   Subject to 11. 1 above, the Assured shall be entitled to recover for insured loss occurring during the period covered by this insurance, notwithstanding that the loss occurred before the contract of insurance was concluded, unless the Assured were aware of the loss and theUnderwriters were not.

12. Where, as a result of the operation of a risk covered by this insurance the insured transit is terminated at a port or place other than that to which the subject – matter is covered under this insurance, the Underwriters will reimburse the Assured for any extra charges properly and reasonably incurred in unloading storing and forwarding the subject – matter to the destination to which it is insured hereunder.   *Forwarding Charges Clause*

This Clause 12, which does not apply to general average or salvage charges, shall be subject to the exclusions contained in Clauses 4, 5, 6 and 7 above, and shall not include charges arising from the fault negligence insolvency or financial default of the Assured or their servants.

13. No claim for Constructive Total Loss shall be recoverable here-under unless the subject – matter insured is reasonably abandoned either on account of its actual total loss appearing to be unavoidable or because the cost of recovering, reconditioning and forwarding the subject – matter to the destination to which it is insured would exceed its value on arrival.

Constructive Total Loss Clause

14.

14.1 If any Increased Value insurance is effected by the Assured on the cargo insured herein the agreed value of the cargo shall be deemed to be increased to the total amount insured under this insurance and all Increased Value insurances covering the loss, and liability under this insurance shall be in such proportion as the sum insured herein bears to such total amount insured.

Increased Value Clause

In the event of claim the Assured shall provide the Underwriters with evidence of the amounts insured under all other insurances.

14.2 Where this insurance is on Increased Value the following clause shall apply:

The agreed value of the cargo shall be deemed to be equal to the total amount insured under the primary insurance and all Increased Value insurances covering the loss and effected on the cargo by the Assured, and liability under this insurance shall be in such proportion as the sum insured herein bears to such total amount insured.

In the event of claim the Assured shall provide the Underwriters with evidence of the amounts insured under all other insurances.

BENEFIT OF INSURANCE

15. This insurance shall not inure to the benefit of the carrier or other bailee.

Not to Inure Clause

MINIMISING LOSSES

16. It is the duty of the Assured and their servants and agents in respect of loss recoverable hereunder

Duty of Assured Clause

16.1 to take such measures as may be reasonable for the purpose of averting or minimizing such loss,

and

16.2 to ensure that all rights against carriers, bailees or other third parties are properly preserved and exercised and the Underwriters will, in addition to any loss recoverable hereunder, reimburse the Assured for any charges properly and reasonably incurred in pursuance of these duties.

17. Measures taken by the Assured or the Underwriters with the object of saving, protecting or recovering the subject – matter insured shall not be considered as a waiver or acceptance of abandonment or otherwise prejudice the rights of either party.

Waiver Clause

AVOIDANCE OF DELAY

18. It is a condition of this insurance that the Assured shall act with reasonable despatch in all circumstances within their control.

Reasonable Despatch Clause

LAW AND PRACTICE

19. This insurance is subject to English law and practice.

English Law and Practice Clause

NOTE. —It is necessary for the Assured when they become aware of an event which is "held covered" under this insurance to give prompt notice to the Underwriters and the right to such cover is dependent upon compliance with this obligation.

INSTITUTE CARGO CLAUSES（C）　1/1/82

RISKS COVERED

1. This insurance covers, except as provided in Clauses 4, 5, 6　Risks Clause
   and 7 below,

   1.1　loss of or damage to the subject – matter insured reasonably
   attributable to

   1.1.1　fire or explosion

   1.1.2　vessel or craft being stranded grounded sunk or cap-
   sized

   1.1.3　overturning or derailment of land conveyance

   1.1.4　collision or contact of vessel craft or conveyance with
   any external object other than water

   1.1.5　discharge of cargo at a port of distress,

   1.2　loss of or damage to the subject – matter insured caused by

   1.2.1　general average sacrifice

   1.2.2　jettison.

2. This insurance covers general average and salvage charges, ad-　General Average Clause
   justed or determined according to the contract of affreightment
   and/or the governing law and practice, incurred to avoid or in
   connection with the avoidance of loss from any cause except
   those excluded in Clauses 4, 5, 6 and 7 or elsewhere in this in-
   surance.

3. This insurance is extended to indemnify the Assured against such proportion of liability under the contract of affreightment "Both to Blame Collision" Clause as is in respect of a loss recoverable hereunder. In the event of any claim by shipowners under the said Clause the Assured agree to notify the Underwriters who shall have the right, at their own cost and expense, to defend the Assured against such claim.

"Both to Blame Collision" Clause

EXCLUSIONS

4. In no case shall this insurance cover

General
Exclusions Clause

- 4.1 loss damage or expense attributable to wilful misconduct of the Assured

- 4.2 ordinary leakage, ordinary loss in weight or volume, or ordinary wear and tear of the subject – matter insured

- 4.3 loss damage or expense caused by insufficiency or unsuitability of packing or preparation of the subject – matter insured (for the purpose of this Clause 4.3 "packing" shall be deemed to include stowage in a container or liftvan but only when such stowage is carried out prior to attachment of this insurance or by the Assured or their servants)

- 4.4 loss damage or expense caused by inherent vice or nature of the subject – matter insured

- 4.5 loss damage or expense proximately caused by delay, even though the delay be caused by a risk insured against (except expenses payable under Clause 2 above)

- 4.6 loss damage or expense arising from insolvency or financial default of the owners managers charterers or operators of the vessel

- 4.7 deliberate damage to or deliberate destruction of the subject – matter insured or any part thereof by the wrongful act of any person or persons

- 4.8 loss damage or expense arising from the use of any weapon of war employing atomic or nuclear fission and/or fusion or other like reaction or radioactive force or matter.

5.

5. 1   In no case shall this insurance cover loss damage or expense arising from unseaworthiness of vessel or craft, unfitness of vessel craft conveyance container or liftvan for the safe carriage of the subject – matter insured, where the Assured or their servants are privy to such unseaworthiness or unfitness, at the time the subject – matter insured is loaded therein.

Unseaworthiness and Unfitness Exclusion Clause

5. 2   The Underwriters waive any breach of the implied warranties of seaworthiness of the ship and fitness of the ship to carry the subject – matter insured to destination, unless the Assured or their servants are privy to such unseaworthiness or unfitness.

6. In no case shall this insurance cover loss damage or expense caused by

War Exclusion Clause

6. 1   war civil war revolution rebellion insurrection, or civil strife arising therefrom, or any hostile act by or against a belligerent power

6. 2   capture seizure arrest restraint or detainment (piracy excepted), and the consequences thereof or any attempt thereat

6. 3   derelict mines torpedoes bombs or other derelict weapons of war.

7. In no case shall this insurance cover loss damage or expense

Strikes Exclusion Clause

7. 1   caused by strikers, locked – out workmen, or persons taking part in labour disturbances, riots or civil commotions

7. 2   resulting from strikes, lock – outs, labour disturbances, riots or civil commotions

7. 3   caused by any terrorist or any person acting from a political motive.

DURATION

8.

8. 1   This insurance attaches from the time the goods leave the warehouse or place of storage at the place named herein for the commencement of the transit, continues during the ordinary course of transit and terminates either

Transit Clause

8. 1. 1   on delivery to the Consignees' or other final warehouse or place of storage at the destination named herein,

8. 1. 2   on delivery to any other warehouse or place of storage, whether prior to or at the destination named herein, which the Assured elect to use either

     8. 1. 2. 1   for storage other than in the ordinary course of transit or

     8. 1. 2. 2   for allocation or distribution, or

8. 1. 3   on the expiry of 60 days after completion of discharge overside of the goods hereby insured from the oversea vessel at the final port of discharge, whichever shall first occur.

8. 2   If, after discharge overside from the oversea vessel at the final port of discharge, but prior to termination of this insurance, the goods are to be forwarded to a destination other than that to which they are insured hereunder, this insurance, whilst remaining subject to termination as provided for above, shall not extend beyond the commencement of transit to such other destination.

8. 3   This insurance shall remain in force (subject to termination as provided for above and to the provisions of Clause 9 below) during delay beyond the control of the Assured, any deviation, forced discharge, reshipment or transshipment and during any variation of the adventure arising from the exercise of a liberty granted to shipowners or charterers under the contract of affreightment.

9. If owing to circumstances beyond the control of the Assured either the contract of carriage is terminated at a port or place other than the destination named therein or the transit is otherwise terminated before delivery of the goods as provided for in Clause 8 above, then this insurance shall also terminate unless prompt notice is given to the Underwriters and continuation of cover is requested when the insurance shall remain in force, subject to an additional premium if required by the Underwriters, either

Termination of Contract of Carriage Clause

229

9.1 until the goods are sold and delivered at such port or place, or, unless otherwise specially agreed, until the expiry of 60 days after arrival of the goods hereby insured at such port or place, whichever shall first occur, or

9.2 if the goods are forwarded within the said period of 60 days (or any agreed extension thereof) to the destination named herein or to any other destination, until terminated in accordance with the provisions of Clause 8 above.

10. Where, after attachment of this insurance, the destination is changed by the Assured, held covered at a premium and on conditions to be arranged subject to prompt notice being given to the Underwriters.   **Change of Voyage Clause**

CLAIMS

11.

11.1 In order to recover under this insurance the Assured must have an insurable interest in the subject – matter insured at the time of the loss.   **Insurable Interest Clause**

11.2 Subject to 11.1 above, the Assured shall be entitled to recover for insured loss occurring during the period covered by this insurance, notwithstanding that the loss occurred before the contract of insurance was concluded, unless the Assured were aware of the loss and theUnderwriters were not.

12. Where, as a result of the operation of a risk covered by this insurance the insured transit is terminated at a port or place other than that to which the subject – matter is covered under this insurance, the Underwriters will reimburse the Assured for any extra charges properly and reasonably incurred in unloading storing and forwarding the subject – matter to the destination to which it is insured hereunder.   **Forwarding Charges Clause**

This Clause 12, which does not apply to general average or salvage charges, shall be subject to the exclusions contained in Clauses 4, 5, 6 and 7 above, and shall not include charges arising from the fault negligence insolvency or financial default of the Assured or their servants.

13. No claim for Constructive Total Loss shall be recoverable here-under unless the subject – matter insured is reasonably aban-doned either on account of its actual total loss appearing to be unavoidable or because the cost of recovering, reconditioning and forwarding the subject – matter to the destination to which it is insured would exceed its value on arrival.

Constructive Total Loss Clause

14.

    14. 1 If any Increased Value insurance is effected by the As-sured on the cargo insured herein the agreed value of the cargo shall be deemed to be increased to the total amount insured under this insurance and all Increased Value in-surances covering the loss, and liability under this insur-ance shall be in such proportion as the sum insured here-in bears to such total amount insured.

Increased Value Clause

    In the event of claim the Assured shall provide the Un-derwriters with evidence of the amounts insured under all other insurances.

    14. 2 Where this insurance is on Increased Value the following clause shall apply:

    The agreed value of the cargo shall be deemed to be equal to the total amount insured under the primary insurance and all Increased Value insurances covering the loss and effected on the cargo by the Assured, and liability under this insurance shall be in such proportion as the sum in-sured herein bears to such total amount insured.

    In the event of claim the Assured shall provide the Under-writers with evidence of the amounts insured under all other insurances.

BENEFIT OF INSURANCE

15. This insurance shall not inure to the benefit of the carrier or other bailee.

Not to Inure Clause

MINIMISING LOSSES

16. It is the duty of the Assured and their servants and agents in re-spect of loss recoverable hereunder

Duty of Assured Clause

    16. 1 to take such measures as may be reasonable for the pur-pose of averting or minimizing such loss,

    and

231

16. 2   to ensure that all rights against carriers, bailees or other third parties are properly preserved and exercised and the Underwriters will, in addition to any loss recoverable hereunder, reimburse the Assured for any charges properly and reasonably incurred in pursuance of these duties.

17. Measures taken by the Assured or the Underwriters with the object of saving, protecting or recovering the subject – matter insured shall not be considered as a waiver or acceptance of abandonment or otherwise prejudice the rights of either party.   Waiver Clause

AVOIDANCE OF DELAY

18. It is a condition of this insurance that the Assured shall act with reasonable despatch in all circumstances within their control.   Reasonable Despatch Clause

LAW AND PRACTICE

19. This insurance is subject to English law and practice.   English Law and Practice Clause

NOTE. — It is necessary for the Assured when they become aware of an event which is "held covered" under this insurance to give prompt notice to the Underwriters and the right to such cover is dependent upon compliance with this obligation.

中国人民保险公司海洋货物运输保险条款

一、责任范围

本保险分为平安险、水渍险及一切险三种。被保险货物遭受损失时，本保险按照保险单上订明承保险别的条款规定，负赔偿责任。

（一）平安险

本保险负责赔偿：

1. 被保险货物在运输途中由于恶劣气候，雷电、海啸、地震、洪水等自然灾害造成整批货物的全部损失或推定全损。当被保险人要求赔付推定全损时，须将受损货物及其权利委付给保险公司。被保险货物用驳船运往或运离海轮的，每一驳船所装的货物可视做一个整批。

推定全损是指被保险货物的实际全损已经不可避免，或者恢复、修复受损货物以及运送货物到原定目的地的费用超过该目的地的货物价值。

2. 由于运输工具遭受搁浅、触礁、沉没、互撞、与流冰或其他物体碰撞以及失火、爆炸意外事故造成货物的全部或部分损失。

3. 在运输工具已经发生搁浅、触礁、沉没、焚毁等意外事故的情况下，货物在此前后又在海上遭受恶劣气候、雷电、海啸等自然灾害所造成的部分损失。

4. 在装卸或转运时由于一件或数件货物落海造成的全部或部分损失。

5. 被保险人对遭受承保责任内危险的货物采取抢救、防止或减少货损的措施而支付的合理费用，但以不超过该批被救货物的保险金额为限。

6. 运输工具遭遇海难后，在避难港由于卸货所引起的损失以及在中途港、避难港由于卸货、存仓以及运送货物所产生的特别费用。

7. 共同海损的牺牲、分摊和救助费用。

8. 运输契约订有"船舶互撞责任"条款，根据该条款规定应由货方偿还船方的损失。

（二）水渍险

除包括上列平安险的各项责任外，本保险还负责被保险货物由于恶劣气候、雷电、海啸、地震、洪水等自然灾害所造成的部分损失。

（三）一切险

除包括上列平安险和水渍险的各项责任外，本保险还负责被保险货物在运输途中由于外来原因所致的全部或部分损失。

二、除外责任

本保险对下列损失，不负赔偿责任：

（一）被保险人的故意行为或过失所造成的损失。

（二）属于发货人责任所引起的损失。

（三）在保险责任开始前，被保险货物已存在的品质不良或数量短差所造成的损失。

（四）被保险货物的自然损耗、本质缺陷、特性以及市价跌落、运输延迟所引起的损失或费用。

（五）本公司海洋运输货物战争险条款和货物运输罢工险条款规定的责任范围和除外责任。

三、责任起讫

（一）本保险负"仓至仓"责任，自被保险货物运离保险单所载明的起运地仓库或储存处所开始运输时生效，包括正常运输过程中的海上、陆路、内河和驳船运输在内，直至该项货物到达保险单所载明目的地收货人的最后仓库或储存处所或被保险人用做分配、分派或非正常运输的其他储存处所为止。如未抵达上述仓库或储存处所，则以被保险货物在最后卸载港全部卸离海轮后满六十天为止。如在上述六十天内被保险货物需转运到非保险单所载明的目的地时，则以该项货物开始转运时终止。

（二）由于被保险人无法控制的运输延迟、绕道、被迫卸货、重行装载、转载或承运人运用运输契约赋予的权限所作的任何航海上的变更或终止运输契约，致使被保险货物运到非保险单所载明目的地时，在被保险人及时将获知的情况通知保险人，并在必要时加缴保险费的情况下，本保险仍继续有效。保险责任按下列规定终止：

1. 被保险货物如在非保险单所载明的目的地出售，保险责任至交货时为止，但不论任何情况，均以被保险货物在卸载全部卸离海轮后满六十天为止。

2. 被保险货物如在上述六十天期限内继续运往保险单所载原目的地或其他目的地时，保险责任仍按上述第（一）款的规定终止。

四、被保险人的义务

被保险人应按照以下规定的应尽义务办理有关事项。如因未履行规定的义务而影响保险人利益时，本公司对有关损失，有权拒绝赔偿。

（一）当被保险货物运抵保险单所载明的目的港（地）以后，被保险人应及时提货，当发现被保险货物遭受任何损失，应即向保险单上所载明的检验、理赔代理人申请检验，如发现被保险货物整件短少或有明显残损痕迹应即向承运人、受托人或其他有关方面的责任所造成，应以书面方式向他们提出索赔，必要时还须取得延长时效的认证。

（二）对遭受承保责任内危险的货物，被保险人和本公司都可迅速采取合理的抢救措施，防止或减少货物的损失。被保险人采取此项措施，不应视为放弃委付的表示，本公司采取此项措施，也不得视为接受委付的表示。

（三）如遇航程变更或发现保险单所载明的货物、船名或航程有遗漏或错误时，被保险人应在获悉后立即通知保险人并在必要时加缴保险费，本保险才继续有效。

（四）在向保险人索赔时，必须提供下列单证：

保险单正本、提单、发票、装箱单、磅码单、货损货差证明、检验报告及索赔清单。如涉及第三者责任，还须提供向责任方追偿的有关函电及其他必要单证或文件。

（五）在获悉有关运输契约中"船舶互撞责任"条款的实际责任后，应及时通知保险人。

五、索赔期限

本保险索赔时效，从被保险货物在最后卸载港全部卸离海轮后起算，最多不超过二年。

参考书目

［1］冯芳怡. 海上保险实务［M］. 北京：中国金融出版社，2009.

［2］袁建华. 海上保险原理与实务（第三版）［M］. 成都：西南财经大学出版社，2011.

［3］李育良，池娟. 国际货物运输与保险［M］. 北京：北方交通大学出版社，2005.

［4］应世昌. 新编国际货物运输与保险［M］. 北京：首都经济贸易大学出版社，2011.

［5］杨海芳，李哲. 国际货物运输与保险［M］. 北京：清华大学出版社，北京交通大学出版社，2010.

［6］姚新超. 国际贸易保险［M］. 北京：对外经济贸易大学出版社，1999.

［7］全国国际商务单证专业培训考试办公室编. 2011年全国国际商务单证专业培训考试指导用书［M］. 北京：中国商务出版社，2010.

［8］张卿. 进出口贸易实务［M］. 合肥：合肥工业大学出版社，2006.

［9］蒋晓荣，何志华. 国际货运与保险实务［M］. 北京：北京大学出版社，2006.

［10］Andrew Fisher Principle of Marine Insurance. London：the Chartered Insurance Institute，2005.

［11］Marine Insurance FSI507 - 8（v06. 01）. Melbourne：Australian and New Zealand Institute of Insurance and Finance，2006.

［12］Marine Underwriting Management FSI508（v06. 01）. Melbourne：Australian and New Zealand Institute of Insurance and Finance，2006.

［13］Marine Claims Management FSI507（v06. 01）. Melbourne：Australian and New Zealand Institute of Insurance and Finance，2006.

［14］Neville Gough An Introduction to Marine and Aviation Insurance London：the Chartered Insurance Institute，1999.